Do fim do inverno medieval ao avivamento morávio do século 18

Do fim do inverno medieval ao avivamento morávio do século 18

Marcelo Almeida
Mário A. Silva
Denise Américo
Melva Webb

São Paulo, 2021

Do fim do inverno medieval ao avivamento morávio do século 18
Copyright © 2021 by Marcelo Almeida, Mario A. Silva, Denise Américo, Melva Webb
Todos os direitos desta publicação reservados para Ágape Editora e Distribuidora Ltda.

DIREÇÃO GERAL: **Luiz Vasconcelos**
EDITOR RESPONSÁVEL: **Omar Souza**
PREPARAÇÃO DE TEXTO: **Pedro Jorge**
REVISÃO DE TEXTO: **Lucas Nagem**
DIAGRAMAÇÃO: **Plinio Ricca**
CAPA: **Kelson Spalato Marques**

Imagens reproduzidas sob licença de Shutterstock.

Texto de acordo com as normas do Novo Acordo Ortográfico da Língua Portuguesa (1990), em vigor desde 1º de janeiro de 2009.

Dados Internacionais de Catalogação na Publicação (CIP)

Do fim do inverno medieval ao avivamento morávio do século 18 / Marcelo Almeida...[et al]. -- Barueri, SP : Ágape, 2021.
240 p. : il.

Bibliografia
ISBN versão impressa 978-65-5724-023-6
ISBN ebook 978-65-5724-024-3

1. Cristianismo - História 2. Igreja Cristã - História I. Título

21-1102   CDD 230

Índice para catálogo sistemático:
1. Cristianismo - História

EDITORA ÁGAPE LTDA.
Alameda Araguaia, 2190 — Bloco A — 11º andar — Conjunto 1112
CEP 06455-000 — Alphaville Industrial, Barueri — SP — Brasil
Tel.: (11) 3699-7107 | Fax: (11) 3699-7323
www.editoraagape.com.br | atendimento@agape.com.br

Sumário

INTRODUÇÃO: UMA ERA DE REFORMA
E MUITOS AVANÇOS 7

1. AS CONDIÇÕES HISTÓRICAS
QUE ANTECEDERAM A REFORMA....................................13

2. O RENASCIMENTO DAS ARTES,
DAS CIÊNCIAS E DA FILOSOFIA 24

3. A REVOLUÇÃO DA IMPRENSA...34

4. A DEGRADAÇÃO DO CRISTIANISMO MEDIEVAL....................38

5. OS SEIS PAPAS CONTEMPORÂNEOS DA REFORMA 47

6. O ABSOLUTO CLERICALISMO MEDIEVAL 53

7. OS PRECURSORES DA REFORMA PROTESTANTE 58

8. A DEFLAGRAÇÃO DA REFORMA NA ALEMANHA 69

9. OS PARADIGMAS QUESTIONADOS 103

10. A REFORMA AVANÇA E FLORESCE 110

11. A REFORMA CALVINISTA 118

12. A REFORMA SE ALASTRA PELA EUROPA 130

13. A REFORMA NA INGLATERRA...144

14. A CONTRARREFORMA CATÓLICA 151

15. O AVIVAMENTO CATÓLICO 164

16. NOVOS RAMOS BROTAM NA VINHA 168

17. OUTROS RAMOS DA REFORMA..178

18. A GUERRA DOS TRINTA ANOS 184

19. O PIETISMO..188

20. AS CIÊNCIAS E AS FILOSOFIAS MODERNAS 199

21. O CRISTIANISMO NAS AMÉRICAS..203

22. FILOSOFIAS SECULARES: O DEÍSMO....................................210

23. O EXTRAORDINÁRIO AVIVAMENTO MORÁVIO 215

REFERÊNCIAS 230

INTRODUÇÃO
UMA ERA DE REFORMA E MUITOS AVANÇOS

Neste segundo volume da trilogia "O Essencial do Cristianismo", como no anterior, vamos narrar a História sob a perspectiva cristã dos moveres do Espírito Santo. Não é nosso interesse apenas reproduzir eventos, datas e personagens. Desejamos *entrar na História,* percebendo esses movimentos soberanos do Deus invisível que manifesta ações visíveis e muito palpáveis entre os homens. Nessa perspectiva, a Igreja de Cristo é cooperadora e principal protagonista da expressão da vontade soberana do Senhor. Finalmente, é nosso anelo mais profundo que você seja grandemente inspirado, desafiado e tenha a sua fé fortalecida por intermédio dessa História inspirativa do Cristianismo.

A maravilhosa História dos moveres de Deus na Igreja revela claramente a mão invisível do Senhor operando por intermédio de seu Corpo, a Igreja. Em nenhum momento, mesmo nos de maior escuridão, o Espírito Santo deixou de operar, agindo e regendo a História. Nos três primeiros séculos do Cristianismo, a Igreja de Cristo, cheia de paixão e poder, e sobre o sangue de incontáveis mártires, fez vergar o poderoso Império Romano pagão. Após esses primeiros séculos de gloriosa manifestação divina, a Igreja Cristã entra em grave processo de perda da vida e da paixão que a caracterizavam.

Muitos foram os momentos em que os revezes ocultaram a mão Soberana de Deus, e houve situações em que o Espírito Santo aparentemente deixara de agir por intermédio da Igreja. Após aqueles primeiros séculos de decisivo avanço, mesmo diante de tanta oposição das trevas e inúmeros obstáculos, alguns marcos decisivos demonstraram essa presença de Deus operante na História do Cristianismo.

Se considerarmos os séculos posteriores àquela era apostólica primitiva, nenhum outro fato histórico foi tão importante quanto a Reforma Protestante do século 16. Nenhum outro evento foi tão marcante, profundo e definitivo, afetando tão profundamente a Cristandade, quanto a Reforma que eclodiu na pequena Wittenberg, Alemanha, em 31 de outubro de 1517. Trata-se de um acontecimento que trouxe desdobramentos e consequências em escala planetária. A Reforma foi resultado de uma ação divina que influenciou não apenas a Igreja, mas transformou toda a geopolítica mundial, gerando mudanças definitivas nas relações de poder, na riqueza das nações e na civilização ocidental.

A Igreja foi amplamente mobilizada pela Reforma Protestante, e nunca mais sua prática, sua doutrina, sua liturgia e sua expressão seriam as mesmas. Nunca houve no Cristianismo um marco capaz de desencadear movimentos tão fortes quanto a Reforma Protestante. Podemos dizer, sem sombra de dúvida, que foi o momento mais decisivo para a Igreja após a era apostólica primitiva.

A partir de um país à época ainda pobre e de limitada influência política, um monge desconhecido e sem nenhum destaque afixa suas despretensiosas 95 teses destinadas a mero debate entre acadêmicos. Wittenberg era uma cidadezinha pequena, e sua universidade não possuía tradição alguma. Aquilo que ali começa, entretanto, seria a gota d'água usada por Deus para abalar e varrer as velhas tradições de muitos séculos, a corrupção enrustida e a superstição institucionalizada a fim de libertar a Igreja do "cativeiro babilônico" e inaugurar uma nova era.

Ali, em Wittenberg, à porta da igreja da universidade, a mão invisível do Deus onipotente estava novamente escolhendo as coisas pequenas e loucas, aquelas que não são, a fim de confundir as grandes, as sábias de acordo com o mundo e aquelas consideradas inabaláveis. Após aquele

---

A ESPIRITUALIDADE FRATERNAL

"Senhor, fazei-me instrumento de tua paz!" A presença de Deus é uma dádiva concedida gratuitamente a todo ser humano. Não é um privilégio exclusivo de alguns poucos religiosos que, por sua alta disciplina moral, isolam-se do mundo dentro das fortificações de suas ordens monásticas. Nem também é privilégio do alto clero, que muitas vezes exerce seu ofício distanciado da dura realidade de vida que o povo enfrenta.

outubro, avivamentos, restaurações, reformas e poderosos moveres do Espírito Santo estarão destinados a ser manifestados na Igreja, pela Igreja e para a Igreja de Cristo. O abalo foi tão profundo que reconfigurou toda a História. A sociedade, as artes, as ciências, o direito, o Estado e a economia serão outros a partir desse século da Primavera Protestante.

Mesmo entendendo que o movimento de reforma na Igreja foi algo alinhado pela mão invisível de Deus, devemos fazer aqui algumas perguntas que desejamos responder à medida que nosso estudo se aprofunda:

- Quais alinhamentos reunidos durante vários séculos finalmente farão precipitar a Reforma Protestante?
- Quais os eventos imediatos que deflagraram a Reforma?
- Ainda que a Reforma tenha sido um fenômeno fundamentalmente espiritual, quais outros desdobramentos sociais, políticos e econômicos essa ação divina fez manifestar?
- Quais os principais aspectos "reformados" pelos assim chamados "reformadores"?
- Quais as consequências definitivas produzidas pela Reforma que passaram a moldar o Cristianismo, a geopolítica mundial, o protagonismo econômico das nações protestantes e até a ideologia capitalista dos dias atuais?
- Como esse mover espiritual e sobrenatural passou a determinar a vida dos crentes, tanto católicos quanto protestantes?

Como veremos, o mundo nunca mais será o mesmo após aquele outubro de 1517.

A necessidade da Reforma (ou o avivamento do século 16)

O imperativo da Reforma se revelou nas condições que prevaleciam no mundo conhecido antes de 1517. O papa supostamente infalível, os concílios e a tradição tomaram o lugar da Bíblia. O bispo de Roma dominava toda a Cristandade, e como vigário de Cristo na terra, estava acima de todo tipo de autoridade espiritual e temporal. Havia um enorme formalismo, e os sete sacramentos (batismo, confirmação, eucaristia, penitência, matrimônio, ordem e extrema unção) tinham tomado o lugar da pregação da Palavra.

O clericalismo estabelecera uma grande parede de separação entre o clero e os leigos pelo sacramento da ordem, ao mesmo tempo que o clero era corrompido. Savonarola dizia que se sentia constrangido diante da imundície que a Igreja derramava no mundo inteiro, e a classificou como "prostituta". (LOPES, 1955, p. 15) A salvação, segundo o ensino da Igreja, era obtida por obras. "Podemos dizer que a prosperidade mata o espiritual em todas as instituições; elas engordam e se mundanizam. Os ideais pelos quais lutaram uma vez cessam, e os sucessores dos mártires acomodam-se à situação." (FISCHER, 1961, p. 13/17) Portanto, a Igreja estava cheia de pessoas que professavam o cristianismo apenas nominalmente. Ela foi dominada pelo amor ao dinheiro e ao poder. O culto era realizado na língua latina, estranha para os fiéis, e a Bíblia era proibida ao povo.

O propósito da Reforma

A Reforma derrubou os obstáculos que a Igreja papal tinha posto entre Cristo e o cristão. A Reforma estabelece a supremacia das Escrituras Sagradas sobre a tradição como princípio objetivo. Esse princípio reconhece apenas a Bíblia, com sua autoridade canônica, como a única regra infalível de fé e prática. A Igreja Romana, ao contrário disso, submete as Escrituras à tradição, que nada mais é do que o conjunto das opiniões e ideias de escritores não canônicos, bispos, papas e concílios. Grande parte dessa tradição é composta de práticas e doutrinas condenadas pelas próprias Escrituras Sagradas, muito anteriores à tal tradição.

A Bíblia foi restaurada ao povo e traduzida na linguagem do povo. "Se hoje temos a Bíblia, à Reforma a devemos." (LOPES, 1955, p. 41) Os homens eram instruídos a estudá-la pessoalmente, e, assim, foram libertados dos preconceitos e das superstições impostas pela hierarquia romana. O sílabo[1] de Pio IX (1864) classificou as sociedades bíblicas ao lado do socialismo, do

---

1 Documento com uma série de proposições relacionadas a questões filosóficas ou morais. (Nota do editor)

comunismo e das sociedades secretas. Os papas não favoreciam as sociedades bíblicas católicas por receio do que a livre leitura, a livre consciência e a livre interpretação poderiam gerar no rebanho católico. Graças a Deus e ao Concílio Vaticano II, essa atitude tem mudado.

A supremacia da fé sobre as obras

O protestantismo não negligenciou as boas obras nem favoreceu o antinomismo, isto é, a ideia de que "salvação por fé" e "boas obras" seriam coisas necessariamente opostas e antagônicas. Lutero define a fé nas seguintes palavras: "A fé não consiste somente em saber e crer que o que se prega a respeito de Cristo é verdade, mas em tomá-lo para si e aplicá-lo a si." Já Calvino afirma que a fé é "um conhecimento firme e certo da boa vontade de Deus para conosco revelado ao nosso entendimento e selado em nosso coração pelo Espírito Santo". Sendo assim, para Lopes (1955, p. 36), "a fé consiste na entrega total da alma a Deus, na aceitação de uma vida nova que vem de Cristo e que reflete em nós os seus atributos espirituais e morais".

As boas obras não são a condição para a salvação, mas a evidência da salvação. É fruto, não raiz. Lutero diz que "a fé é uma coisa viva, ativa, ocupada e poderosa, e é impossível que ela não realize boas obras sem cessar". Ele não pergunta se as boas obras são necessárias ou não; antes, sugere que a fé está sempre ocupada em realizá-las. Não se pode separar o brilho e a queimadura do fogo, assim como as obras não podem ser separadas da fé.

> **A ESPIRITUALIDADE FRATERNAL**
> Francisco surge na História para desafiar os padrões de sua época, propondo um novo paradigma de vida espiritual para o povo, independente da classe social. A espiritualidade franciscana é uma espiritualidade de alcance fraternal e popular. Cristo é salvação para todos. Ele é pão que alimenta a fome, tanto a minha quanto a do meu próximo. Afinal, o grande milagre da salvação foi que Deus amou o mundo de tal maneira... (Jo 3:16). Essa espiritualidade alegre, descontraída e livre foi a que encantou Francisco, talvez porque espelhava o Cristo do amor, da aceitação e do perdão que ele mesmo havia experimentado como Salvador de sua alma. Francisco dedicou a sua vida à proclamação de um Evangelho encarnado, comunitário e fraternal.

A supremacia do cristão sobre o sacerdócio exclusivo

O sacerdócio universal dos cristãos é um princípio eclesiástico, um fundamento e um paradigma inegociável. Este princípio afirma que cada cristão tem acesso a Deus por meio da fé em Cristo, contrário ao princípio romano segundo o qual esse acesso depende de uma classe sacerdotal especial como mediadora entre os leigos e Cristo. Cada cristão é um sacerdote, segundo I Pedro 2:9. Portanto, pode desenvolver seus dons e ser útil no Reino de Deus.

Princípios civis da Reforma

Há outros princípios que podem ser considerados práticos:
- Liberdade cristã: não uma licença, mas liberdade de fato para fazer a vontade de Deus. "A liberdade religiosa é a mãe da liberdade civil." Esse ambiente conquistado pela Reforma é a base das liberdades e garantias individuais.
- Direito à inviolabilidade e privacidade do cidadão.
- Liberdade de imprensa.
- Liberdade do Estado laico, o que só aconteceu pelo fortalecimento do Estado e sua libertação do jugo de Roma.
- O valor ético da vida.
- A santidade do trabalho diário, do casamento, dos filhos e do lar.

Pela Reforma, a vocação é sacra, ainda que seja clerical ou leiga. Há virtude na prosperidade e na diligência, no trabalho, no direito à propriedade e à defesa. É por esses princípios que todos os reformadores lutavam e oravam. Em tudo isso, o princípio da justiça e da igualdade perante a lei é o que influenciará, nos séculos vindouros, todas as Constituições modernas. Vemos, assim, que o alcance da Reforma foi muito além de uma renovação religiosa — ela representou um profundo movimento de renovação que revolucionou o mundo.

A Reforma finalmente abrirá as portas a muitos avivamentos, despertamentos espirituais e moveres soberanos de Deus em todo o planeta.

CAPÍTULO 1
AS CONDIÇÕES HISTÓRICAS QUE ANTECEDERAM A REFORMA

"Nessa batalha, vocês devem ficar firmes e não ter medo, não pensar em fugir, mas se inspirem para resistir com uma força ainda mais hercúlea."
Constantino XI

Com um alinhamento de condições, começa a Era Cristã, que inaugura o surgimento e a posterior propagação do Cristianismo. O que a Bíblia chama de "plenitude dos tempos" era esse alinhamento extraordinário das condições históricas, ou seja, a conjunção de fatores sociais, econômicos, religiosos e políticos sendo trabalhados por Deus para o momento da manifestação de seu Messias. Mil e quinhentos anos depois, temos a mesma percepção de Deus novamente alinhando soberanamente cada aspecto da história humana.

Esse complexo conjunto de fatores se forma nos séculos finais do período medieval conhecido como Baixa Idade Média, do século 13 ao século 15. As condições vão amadurecendo todo o ambiente para que o movimento de Reforma possa se manifestar na Igreja, consolidar suas bases e se desenvolver até se tornar definitivo. A confluência de muitos aspectos históricos marca distintamente o fim da Idade Média. O desaparecimento lento do feudalismo com o ressurgimento do comércio e o renascimento urbano foram alguns desses fatores.

Na velha Europa feudal, foram surgindo pequenas rotas onde aconteciam trocas comerciais. Por séculos, as rotas comerciais medievais, nas confluências de vários feudos, foram crescendo vertiginosamente, tornando-se verdadeiras artérias por onde circulavam mercadorias e riqueza. A convergência de várias artérias comerciais fez surgir, com os séculos, as principais cidades europeias atuais.

À medida que o mundo medieval vai chegando ao fim, preparando o terreno para o surgimento da Idade Moderna, o ambiente permite a unificação de nações inteiras e a formação dos primeiros Estados nacionais, gerando novos núcleos de poder e de influência econômica, militar e política. Isso aconteceria, muitas vezes, em claro conflito com a Sé romana e o papado.

As novas classes sociais emergentes da riqueza que o comércio passa a fazer circular, as novas tecnologias, como a imprensa e os conhecimentos sobre navegações, o surgimento na Europa de um volume crescente e sem precedentes de livros, informação e de opinião, o Renascimento filosófico, cultural e artístico — tudo isso junto permite uma gama imensa de novas liberdades e iniciativas na Filosofia e no pensamento, na produção científica e nas artes. Esse alinhamento faz sepultar definitivamente o modo de organização econômica, política, social e religiosa da velha Idade Média em declínio. Essa atmosfera dá à luz a Idade Moderna.

Por outro lado, o impacto que Lutero causou se deve, em boa parte, às circunstâncias que estavam fora do alcance de sua mão, das quais não se apercebia. A invenção da imprensa fez com que suas obras fossem difundidas de uma maneira inimaginável poucas décadas antes. O crescente nacionalismo alemão, de que ele mesmo era, até certo ponto, um participante prestou-se a ser apoio inesperado e muito valioso. Os humanistas que sonhavam com uma Reforma como concebida por Erasmo, conquanto frequentemente não pudessem aceitar o que lhes parecia ser os exageros e a rudeza do monge alemão, tampouco estavam dispostos a permitir que o esmagassem sem antes ser ouvido, como ocorrera no século anterior com João Huss. As circunstâncias políticas no começo da Reforma constituíram um dos fatores que impediram Lutero de ser condenado imediatamente. Quando, por fim, as autoridades eclesiásticas e políticas se viram livres para agir, já era demasiado tarde para calar o seu protesto. (GONZÁLEZ, 2011, p. 29) Era ali o Deus Soberano agindo e regendo a História para restaurar a Igreja e manifestar a sua vontade.

O ressurgimento do comércio

Durante os séculos em que predominou na Europa o sistema feudal, na Idade Média, cada feudo possuía relativa capacidade de autossustentação em termos de produção de subsistência e de pequenas trocas. Em seus modestos começos, tratava-se de um conjunto de pequenas propriedades rurais que praticamente produziam (plantação e criação de animais) apenas o que consumiam. Por mil anos, aquelas hordas bárbaras iletradas e invasoras foram se fixando, integrando e assumindo o Cristianismo como religião nominal, miscigenando-se com as populações locais e alterando a língua falada.

Da metade até o fim da Idade Média, entretanto, começaram a surgir pequenas rotas comerciais entre esses feudos, que, com os séculos, foram crescendo em importância, fluxo e intensidade. Esse admirável movimento de mercadorias e comércio entre feudos, bem como a importação de produtos procedentes de terras longínquas, como Índia e China, tornaram essas rotas verdadeiras conexões de riqueza, desenvolvimento e prosperidade econômica. Cada confluência de rotas comerciais vai fazendo, assim, surgir essas novas "urbes" ou "burgos", que são a gênese das cidades europeias nos dias de hoje. Essa autêntica revolução transformaria aquela velha e fechada sociedade medieval feudal em uma outra sociedade pujante, economicamente conectada e muito mais próspera.

> **A ESPIRITUALIDADE FRATERNAL**
> São Francisco é um dos nomes mais conhecidos da História da espiritualidade. Quase ninguém conseguiu, como ele, influenciar tanta gente dentro e fora do Cristianismo através dos séculos. Sua pessoa, mesmo que tenha vivido nos tempos medievais, é ainda hoje admirada e querida das gerações. Assim, crianças, jovens e adultos têm encontrado inspiração em seus ensinamentos, cantado suas canções e encontrado nele estímulo renovador para uma vida de fé.

O ressurgimento das cidades

Ao mesmo tempo que há um ressurgimento do comércio que faz circular importante movimentação de riqueza na Europa medieval, surgem também importantes centros urbanos com uma crescente massa populacional. Cidades como Veneza, Gênova, Milão, Florença, Paris, Lyon, Londres, Madri, Barcelona, Lisboa, Colônia, Frankfurt, Amsterdã, Bruxelas, Genebra, Viena, Budapeste, Varsóvia e Praga são exemplos de aglomeração urbana crescente que se desenvolveu e avançou em importância, acompanhando o grande afluxo de riquezas em fins da Idade Média, acabando por tornar-se importantes centros de poder.

Esse ressurgimento urbano e o nascimento de muitas cidades que se seguiram ao ressurgimento comercial fizeram surgir também importantes centros universitários com crescente importância econômica. Tais centros populacionais urbanos ganharam, naturalmente, crescente independência, pondo fim definitivo ao mundo medieval unipolar, cujo maior centro de inquestionável fonte de poder era Roma. Até então, o papa era visto como intermediário legítimo para todas as questões jurídicas que envolviam a Europa. Cada tratado, cada legitimação das emergentes coroas europeias tinha, na cidade de Roma e na figura do papa, a fonte de certificação legal entre as partes envolvidas. As bulas normativas da vida europeia vinham de Roma. Os arcabouços legais de cada monarquia buscavam ali sua fonte de confirmação e legitimação. Nenhum casamento real poderia ser confirmado ou anulado sem a aquiescência do papa.

As definições de fronteiras e, mais tarde, a distribuição da América — o chamado "Novo Mundo" — entre Portugal e Espanha foram também objeto dessa intermediação papal por intermédio da bula *Inter Coetera* e, posteriormente, do Tratado de Tordesilhas. Com o renascimento das cidades, esse papel moderador de conflitos desempenhado por Roma será paulatinamente sendo substituído por outras fontes de definições legais e formação de jurisprudência.

Os Estados nacionais

O fim da Idade Média vê também surgir as primeiras monarquias nacionais que darão origem às configurações dos Estados nacionais, o que, por fim, desenha o mapa da Europa moderna. As nações que surgem a partir da aglutinação política de importantes centros regionais onde predominavam as mesmas línguas, origens étnicas e poder militar prevalecente sobre outras minorias acaba por fazer emergir os primeiros Estados europeus: Espanha, Inglaterra, França, Portugal, Holanda e uma grande constelação de cidades-estados como Gênova, Veneza, Florença, Genebra e Milão. Esses Estados nacionais competirão com a Igreja por maior independência e autonomia, trazendo enorme pressão em suas relações com a Sé Romana.

No entanto, outras nações, por inúmeros fatores, retardarão esse momento de unidade nacional sob a forma de um Estado único. É o caso da Alemanha e da Itália, que ganham essa configuração de Estado nacional bem mais tarde. A Alemanha da época da Reforma era um país fragmentado, dividido em muitos principados, cada qual governado por um "príncipe-eleitor" — todos parte do antigo e decadente Sacro Império Romano-Germânico, que tinha Carlos V como imperador quando todos esses eventos relacionados à Reforma se precipitaram.

Condições políticas à época da Reforma

A Inglaterra foi o primeiro país a solidificar a sua nacionalidade. A Carta Magna de 1215, "a primeira Constituição nacional moderna, é a chave de todas as liberdades inglesas". A Guerra das Duas Rosas (1455-1495) foi um conflito entre as linhagens reais rivais, York e Lancaster. A rosa branca era símbolo de York e a rosa vermelha, o de Lancaster. Cada linhagem era sustentada por fortes grupos de nobres. Essa guerra arruinou os senhores feudais de maneira que Henrique VII (1485-1509) e Henrique VIII (1509-1547) puderam reinar a seu bel-prazer. Esse forte poder monárquico limitou o domínio da Igreja Católica.

A França de Francisco I (1515-1547), que sofrera imensamente com a Guerra dos Cem Anos (1338-1453), conflito que praticamente arruinou a nobreza, consolidou o poder nas mãos do rei. A Concordata de Bolonha, de 1516, constituía o rei como o cabeça da Igreja Católica na França. A Espanha expulsou os mouros muçulmanos de seu território em 1492 e a monarquia saiu fortalecida com a união das duas coroas rivais pelo casamento de Fernando de Aragão com Isabel de Castela. A morte do rei Fernando e a coroação de Carlos I, em 1519, o tornou imperador do Sacro Império Romano-Germânico, com o nome de Carlos V.

A severidade da Inquisição e o despotismo do rei Fernando causaram uma série de revoltas (1504-1522) que impediram que o imperador concentrasse as suas energias contra a Reforma Luterana. Da mesma forma, a ameaça turca nas fronteiras do império também impediu Carlos V de juntar forças contra o movimento reformista.

A Alemanha estava dividida em muitos Estados independentes com sete príncipes, quatro seculares e três clericais de mais destaque. Os governantes usaram vários títulos, tais como "eleitor", "landgrave", "margrave" e "príncipe." Eles reconheciam o imperador como o senhor feudal de todos, mas cada um governava seu território com relativa independência. O império tinha um tipo de autoridade central na Dieta, uma assembleia composta por todos os príncipes e nobres, os homens que mantinham as terras como vassalos.

Maximiliano I (1493-1519) conquistou o poder na Europa pelo casamento. Herdou a Áustria, parte da Alsácia e, pelo casamento, tornou-se dono dos Países Baixos e da Borgonha. Ao contrair segundas núpcias, anexou o ducado de Milão ao império. Casou a filha e o filho com o filho e a filha de Fernando e Isabel e, desse modo, estendeu o império à Espanha, à

> **A ESPIRITUALIDADE FRATERNAL**
> Natural de Assis, na Itália (1181), Francisco foi batizado Giovanni di Pietro di Bernardone. Filho único de Pedro Bernardone, um comerciante de tecidos, Francisco renuncia à sua herança após a expulsão do lar paterno, depois de sua conversão. Daí em diante, põe em prática seu estilo de vida comunitário. A vida seria regida pelos princípios do Evangelho, que ele seguia ao pé da letra, numa expressão prática de serviço e de amor ao próximo. Dependente de Deus para a sua subsistência, viveu da misericórdia e da providência divina, bem como daquilo que o povo lhe destinava.

Sardenha e às duas repúblicas da Sicília. Pela generosidade do papa, tornou-se senhor de toda a América do Sul, menos do Brasil.

Carlos V foi escolhido imperador do Sacro Império Romano-Germânico em 1519. Era neto de Maximiliano I e também de Fernando da Espanha. Herdou um vastíssimo território composto por Alemanha, Itália, Espanha, Hungria, Dalmácia, Croácia, Navarra, Ilhas Canárias, Sicília, Sardenha e Córsega. Foi arquiduque da Áustria, duque da Borgonha, Luxemburgo e margrave do Sacro Império Romano-Germânico.

Em meados do século 15, a Itália estava dividida em cinco Estados: o ducado de Milão, as duas repúblicas de Veneza e Florença, o Estado da Igreja e o velho reino de Nápoles. Com toda essa configuração política, ficou impossível para Roma manter sua hegemonia e algum controle sobre a vontade dos soberanos e sobre seus Estados nacionais.

O fim do comércio com o Oriente através de Constantinopla

As rotas comerciais europeias que surgiram e se desenvolveram durante o meio e o fim da Idade Média nutriam-se também da marcante importação de bens vindos do Extremo Oriente, da China e da Índia. Eram importadas especiarias, seda, porcelana e uma enorme variedade de outros artigos que faziam seu caminho até Constantinopla. Essa cidade, antiga capital do Império Romano do Oriente e sede do Império Bizantino cristão e decadente, cumpria esse papel de importante porto e entreposto comercial entre o Oriente e a velha Europa medieval.

Um grave evento, porém, marca o fim da Idade Média, dá início à Idade Moderna e traz o colapso final desse importante fluxo comercial: a conquista da antiquíssima cidade cristã de Constantinopla, antiga Bizâncio dos tempos de Alexandre, o Grande, pelos turcos otomanos em 23 de maio de 1453. Portanto, a antiga capital do Império Bizantino cristão sucumbe definitivamente sob o domínio muçulmano dos turcos, inaugurando a Idade Moderna.

O Império Otomano passou a constituir a grande potência islâmica. Constantinopla caiu em mãos dos muçulmanos e o reino da Hungria foi derrotado entre os anos 1526 e 1529. Em 1529, sitiaram Veneza, mas foram detidos pelas forças unidas dos príncipes europeus. Os turcos ocuparam de tal modo a atenção do imperador Carlos V e dos príncipes católicos que estes não puderam concentrar as suas forças contra a Reforma.

Gênova e Veneza, poderosas cidades-estados, dominaram por muito tempo aquelas rotas comerciais europeias que eram conectadas a Constantinopla e de lá para o Oriente, a Índia e a China. Entretanto, seu crucial entreposto comercial foi bloqueado sob o domínio turco, e aquelas antigas rotas de comércio para a Europa foram definitivamente extintas. Isso criou uma enorme pressão para a abertura de outras rotas alternativas de comércio com o Oriente. Quem descobrisse e abrisse essas novas rotas com o Oriente dominaria o comércio e o afluxo de enorme riqueza para a Europa.

Nesse ambiente de mudanças rápidas, um pequeno e afastado país, o mais Ocidental da Europa, estava destinado a assumir esse importante papel. Portugal foi pioneiro a estudar as navegações e investir no aprimoramento de tecnologias a fim de lançar-se ao mar. Por essas iniciativas durante todo o século 15, e mais ativamente após 1453, com a queda de Constantinopla, Portugal se lançará às Grandes Navegações e às conquistas.

Novas rotas comerciais e os descobrimentos

Portugal, portanto, entra em cena assumindo poderoso protagonismo e dominando as novas rotas comerciais. Com as antigas rotas orientais bloqueadas, a localização de Portugal, país banhado pelo Oceano Atlântico, passa a ser sua fundamental vantagem sobre as demais nações europeias. A monarquia portuguesa passa a investir na pesquisa de instrumentos de navegação, assim como na construção de embarcações mais seguras e mais capazes de zarpar rumo a fronteiras jamais imaginadas.

Monumento em Lisboa em memória dos grandes navegadores portugueses.

A Escola de Sagres, no Algarve português, torna-se esse importante centro de onde se desenvolvem avançadas pesquisas, produzem-se cartas de navegação mais precisas, aperfeiçoam-se instrumentos como o astrolábio e forja-se uma nova geração de navios conhecidos como caravelas. Sob a liderança do Infante Dom Henrique, essa escola molda o destino português na Europa. Desse ambiente pioneiro, surgem nomes que farão história, como Vasco da Gama e, posteriormente, Cristóvão Colombo. Aos poucos, as caravelas portuguesas avançam rumo ao oceano Atlântico Sul e chegam ao Oceano Índico.

A coroa portuguesa passa, assim, à vanguarda comercial e finalmente chega a Ceuta, na Índia, ainda em fins do século 15. Durante uma geração em que exerce o absoluto monopólio das novas tecnologias de navegação e do comércio, Portugal torna-se a nação mais rica e próspera da Europa. A partir da costa africana, passo a passo, cruza o Cabo da Boa Esperança, no extremo sul do continente africano, até finalmente chegar à Índia, à China e ao Japão. As antigas fontes de bens e produtos, comercializados por milênios através da antiga Rota da Seda, que desembocava na velha Constantinopla, agora tomada pelos muçulmanos turcos, finalmente são acessadas pelos portugueses.

Assim, Portugal consegue um feito inimaginável: inaugura um novo "caminho para as Índias". É nesse afã, buscando também chegar à Índia navegando para o Ocidente, que Espanha e Portugal passam a disputar a hegemonia dos mares. Nessa outra frente, a 21 de abril de 1500, Pero Vaz de Caminha, membro da frota portuguesa de Pedro Álvares Cabral, reivindica oficialmente o Brasil, no "Novo Continente", para a coroa lusitana.

Colombo já aportara na América Central, e por acreditarem que haviam alcançado as Índias, os exploradores deram o nome aos nativos americanos de "índios". O mundo seria outro a partir de então, e foi nessa efervescência que se moldou o ambiente da Reforma Protestante. O mundo europeu tornou-se cada vez mais multipolar e diversificado. Surgiriam muitos novos centros de poder competindo com a Roma dos papas.

Esse domínio absoluto português dos Oceanos Atlântico e Índico, bem

> **A ESPIRITUALIDADE FRATERNAL**
> Mais afinal, quem foi Francisco e por que sua vida e seus ensinamentos são tão importantes ainda hoje? De acordo com Chiara Frugoni, grande conhecedora da História franciscana, "Francisco foi um ex-mercador que se converteu lentamente e decidiu não ajudar os pobres, mas fazer-se pobre entre os pobres e pôr em prática, ao pé da letra, a mensagem de amor do Evangelho — amar o próximo, perdoar, não julgar, escutar o outro. Para quem crê, sua mensagem baseada no Evangelho é obviamente atual. Para quem não crê, sua mensagem é igualmente atual. Convida a viver pensando nos outros, ser solidário, e não egoísta, e não se fazer escravo das coisas".

como as riquezas advindas do comércio, logo atraiu uma corrida pelos domínios ultramarinos. Os italianos Américo Vespúcio e Cristóvão Colombo, a serviço e financiados pela coroa espanhola, chegam ao Novo Mundo. Os espanhóis finalmente dominam os impérios centro-americanos asteca e maia, bem como os incas, na América do Sul. Passam a levar para a Europa enormes quantidades de ouro e prata espoliados desses domínios americanos. É tão grande a quantia de ouro introduzida pelos espanhóis no continente que uma inflação nos preços das mercadorias, bens e serviços castiga toda a Europa.

Por causa desse impressionante espólio asteca, maia e inca, outras nações passam a buscar também suas fontes de metais preciosos. Holandeses e ingleses, retardatários, acabam também por conquistar importante acesso às rotas ultramarinas. Os franceses se fixam ao norte do "Novo Mundo", e somente mais tarde, no século 17 — portanto, bem após a vanguarda portuguesa —, será o momento de os ingleses se fixarem com suas treze colônias, fundando a Nova Inglaterra na costa nordeste da América do Norte. Naquele mundo efervescente, esse era o ambiente de novos desafios a preparar o caminho dos reformadores. O Novo Mundo é diametralmente diferente daquele da Idade Média.

CAPÍTULO 2
O RENASCIMENTO DAS ARTES, DAS CIÊNCIAS E DA FILOSOFIA

"A opinião de que o sol se posiciona no centro do mundo e que é a terra que se move não deve ser defendida, ensinada de nenhuma maneira ou forma, seja de modo oral ou por escrito." **Papa Paulo V**

Com o grande afluxo de riquezas para a Europa, as novas tecnologias das navegações e a revolução intelectual causada pela imprensa, que permitiu a imediata publicação e circulação de milhares de livros, disseminando ideias, filosofia e ciência, um novo ambiente de estímulo à liberdade do pensamento surge naquela fechada sociedade medieval europeia. O Renascimento foi um movimento que resgatou, principalmente, a Filosofia e as artes clássicas da antiguidade. Filósofos como Aristóteles, Platão, Sócrates e toda a galeria da Filosofia clássica grega foram sistematicamente revisitados, estudados e publicados.

A arquitetura e as artes — especialmente a escultura e a pintura — ganharam imenso peso, e inúmeros artistas e pensadores passaram a contar com maior expressão e até patrocínio. Michelangelo, Leonardo da Vinci nas artes e Desiderius Erasmus, conhecido como Erasmo de Roterdã, na Filosofia, foram algumas das expressões mais marcantes desse Renascimento.

As ciências se tornaram uma nova fronteira nesse movimentado ambiente europeu. Nicolau Copérnico (1473-1543), astrônomo e matemático, publicou seu livro, numa tiragem impressionante para a época (mais de setecentas cópias), acerca de sua teoria heliocêntrica. Algumas décadas mais tarde, Galileu Galilei (1564-1642), que aperfeiçoou o telescópio e fez inúmeras observações astronômicas, demonstraria cientificamente a teoria heliocêntrica de Copérnico, que, contrariando a Igreja, coloca o sol no lugar da terra como centro do sistema solar. Ambos se chocaram frontalmente com o sistema obtuso dominado pela Igreja Romana. O Papa Paulo V ordenou que Galileu abandonasse sua teoria heliocêntrica, considerada herética, e decretou: "A opinião de que o sol se posiciona no centro do mundo e que é a terra quem se move não deve ser defendida, ensinada de nenhuma maneira ou forma, seja de modo oral ou por escrito."

Estátua em homenagem a Nicolau Copérnico em Varsóvia, na Polônia.

Com o renascimento das ciências, da Filosofia e das artes, um novo momento surgia. Tratava-se de um ambiente inédito na fechada e vigiada Europa que fora sufocada por séculos, e agora finalmente se abria numa lufada de frescor intelectual, científico e de produção artística. Cada vez mais pensadores, teólogos, filósofos e cientistas passavam a questionar as práticas folclóricas, supersticiosas e irracionais de uma velha religião na sua prática cotidiana. Era hora daquele cristianismo fúnebre ser abalado, experimentando um novo, profundo e poderoso despertamento espiritual.

O despertamento intelectual

A Renascença aconteceu e se disseminou ao mesmo tempo que o "cativeiro babilônico" e o cisma papal estavam em andamento. No sentido mais estrito, foi o relançamento da cultura grega e romana e dos clássicos. O Renascimento foi uma reação contra o ascetismo monástico e o escolasticismo que impediam a liberdade intelectual. No sentido amplo, foi o resultado de todos os avanços dos últimos dois séculos da Idade Média, a redescoberta do mundo e do homem.

O humanismo na Itália, na Alemanha, na Inglaterra e na França

Essa filosofia contribuiu para a decadência moral e uma liberdade intelectual que resultou na indulgência sem limite da natureza sensual. Alguns dos humanistas eram crentes, como Leonardo, Buni, Frade Angélico, Frade Bartolomeu, Michelangelo, Savonarola e Santa Catarina de Siena, mas a maioria era indiferente à religião, como Poggio, Filelfo, Valla e Maquiavel. Esses humanistas substituíram o Cristianismo pela cultura, e alguns sacrificavam secretamente aos deuses gregos e romanos, ao invés de adorar ao verdadeiro Deus.

Não abertamente, separaram-se da ortodoxia por terem medo da Inquisição. Os humanistas, de maneira geral, eram inimigos dos monges. Castigavam com

A ESPIRITUALIDADE FRATERNAL
Francisco, como a maior parte das pessoas de sua época, não sabia ler. As passagens das Sagradas Escrituras que lhe eram preferidas constavam do livro de Salmos e dos Evangelhos. Depois de ouvir a leitura do Evangelho de Mateus, Francisco abraçou a Palavra de Deus e, a partir dali, viveu segundo os princípios do Evangelho. Cristo e seu Reino tornaram-se, para ele, referencial de sua missão e de sua vida na terra.

ironia e sátira a hipocrisia e impureza deles, mas praticavam as mesmas coisas. Além disso, inclinavam-se ao ceticismo e ao paganismo, e não eram dignos de julgar o clero.

Os escritores de romances e peças teatrais descreviam a imoralidade doméstica e social. Maquiavel disse: "A Itália é a corrupção do mundo." Leão X abriu um teatro na capital e assistiu a essas dramatizações imorais e obscenas. Os cardeais abriram teatros em seus palácios. O humanismo na Itália deu liberdade ao indivíduo, mas era um individualismo fora do controle da consciência e da reverência para com Deus. Era um reavivamento do paganismo.

O humanismo na Alemanha tomou uma forma mais séria. Começou com a invenção da imprensa (1450). Entrou no serviço do progresso religioso. Os dois representantes mais importantes eram Reuchlin e Erasmo, considerados precursores da Reforma. Na Inglaterra, João Colet (1467?-1519) introduziu reformas educativas e fez discursos sobre as epístolas de Paulo em Oxford e Londres. Em grande medida, influenciou Erasmo a iniciar os estudos bíblicos.

Na França, Jaques Le Fèvre (1455-1536) publicou, em 1512, uma tradução latina com comentário das epístolas de Paulo em que ele negava os méritos das boas obras para a justificação e sustentava que a salvação é um dom gratuito de Deus. Em 1509, publicou o *Psalterium Quincuplex*, uma combinação de cinco versões latinas dos salmos, incluindo uma revisão e um comentário de sua própria lavra. Uma tradução do Novo Testamento para o francês da Vulgata do Antigo Testamento foi publicada por ele em 1523. Em 1522 e 1525, apareceram seus comentários sobre os quatros evangelhos e as Epístolas Católicas. Ele permaneceu na Igreja Romana, mas muitos de seus discípulos tomaram parte da luta da Reforma, como William Farel, na Suíça.

Para todos os humanistas religiosos, o caminho da Reforma era a correção da ignorância, da imoralidade e dos abusos que faria a Igreja se tornar o que ela deveria ser. A Renascença, em todos os seus aspectos, ajudou o povo a lançar fora as velhas ideias e aceitar os novos caminhos propostos pela Reforma.

O estudo do hebraico e do grego

Como mencionado, dois dos humanistas que mais influenciaram a Reforma foram Erasmo (1455-1536) e Reuchlin (1455-1522). Kaulbach, na sua pintura da Reforma nas paredes do museu em Berlim, deu um lugar proeminente a Erasmo e Reuchlin. São representados num grupo de humanistas com vestuário de formatura, com livros nos seus braços e com suas costas viradas para Lutero, a figura central. Esses homens prepararam o caminho para a Reforma e o estudo moderno das Escrituras nas línguas hebraicas e grega, mas permaneceram na Igreja Romana.

Reuchlin escreveu uma gramática hebraica, *De Rudimentis Hebraicis*, a qual ajudou no estudo da Bíblia. Erasmo de Roterdã escreveu as cinco edições do Novo Testamento em grego. Reuchlin é famoso como pioneiro do estudo da língua hebraica no norte da Europa. O que ele fez para a língua hebraica, Erasmo fez para a língua grega. Como João Batista preparou o caminho para Jesus, esses homens prepararam o caminho para a Reforma. A Igreja é devedora a eles tanto quanto a Lutero, Zwínglio, Calvino e outros reformadores.

Erasmo de Roterdã

Um dos expoentes das ideias e da Filosofia mais relacionados ao ideário protestante. Filósofo humanista e de espírito questionador, quando Lutero surgiu com ideias reformadoras, passou a trocar correspondência com ele, mas preferiu manter sua independência, não se comprometendo com nenhum dos lados da controvérsia que surgiria. Era um profícuo escritor, e embora fosse um ferrenho crítico do clericalismo decadente romano, afastou-se de qualquer alinhamento com as correntes reformistas.

Erasmo representava uma expressiva escola de pensadores independentes que passaram a questionar e a escrever publicamente críticas contundentes contra os abusos daquela instituição degradada, cujas práticas eram irracionais e injustificáveis aos olhos dos cérebros pensantes renascentistas. Era filho de um padre católico na cidade de

Gouda, e sua mãe, Margaretha Rogers, era possivelmente governanta do pai de Erasmo, Gerard. Mesmo sendo um filho fora do casamento, Erasmo recebeu cuidados e tratamento decentes dos pais. No entanto, as poucas evidências que temos sobre suas origens mostram que preferiu manter esse assunto em segundo plano em sua vida. Gerrit Gerritszoon Desiderius Erasmus Roterodamus recebeu o nome em homenagem a Santo Erasmo, o santo do dia, e a ligação com Roterdã surgiu pelo fato de ele ter lá permanecido por quatro anos.

Sua formação inclui o seminário agostiniano, tendo prestado seus votos como monge aos 25 anos. Em seguida, dirigiu-se para o principal centro de estudos da teologia escolástica, na Universidade de Paris. Desde o início em seu humanismo, Erasmo escolheu manter uma clara independência e equidistância de qualquer escola, de qualquer líder e de qualquer movimento. Apesar de os tempos serem de radicalismos e extremismos, ele conseguiu alcançar seu intento. Muitos viram nisso covardia e fraqueza de caráter, mas o fato é que, mesmo com suas críticas ácidas contra as práticas consideradas corrompidas na Igreja, ele não estava disposto a se tornar um paladino da Reforma.

Somente quando aprendeu o latim é que Erasmo iniciou sua produção literária e religiosa, sempre na direção de provocar uma abertura e uma liberalização nas fechadas e pesadas instituições da Igreja. Acusado de "botar o ovo que Lutero chocou", ele replicou dizendo que concordava, mas que não estava preparado para o pássaro que dele saíra.

Lutero e Erasmo sempre mantiveram um relacionamento cordial. O rompimento finalmente veio por parte do humanista, que escreveu, discordando

A ESPIRITUALIDADE FRATERNAL
A conversão de Francisco veio depois de uma vida dissoluta, na prática de pecados comuns aos homens de sua época, principalmente em farras noturnas e esbanjando o dinheiro que possuía. Mercador e herdeiro do comércio de seu pai, Francisco também era cavaleiro, e, como tal, viajou por muitos lugares, fazendo comércio internacional. Por volta de seus 25 anos, doente, ele passou a perceber outro sentido da vida, e foi então que a voz de Deus se fez ouvir.

do reformador, acerca da doutrina do livre arbítrio. Erasmo defendia a completa liberdade da vontade humana para escolher o que bem desejasse; para Lutero, a natureza humana era de tal monta corrompida que até mesmo o livre arbítrio estava comprometido e carecia da intervenção divina para nos capacitar a escolher a vontade divina.

Pintura representando Erasmo de Roterdã.

Erasmo teve uma vida rica em produção literária, especialmente no estudo das línguas antigas, ligadas aos pensadores cristãos dos primeiros séculos. Seus estudos no Novo Testamento Grego são inestimáveis, e suas sátiras, que lhe renderam vários inimigos, foram amplamente divulgadas. Entre seus trabalhos mais importantes, estão *O elogio da loucura* (1509), *De Duplici Copia Verborum et Rerum* (1511), *Os pais cristãos* (1521), *Colóquios familiares* (1516-1536), *De Libero Arbitrio* (1526) — a obra em que discorda de Martinho Lutero —, *As navegações dos antigos* (1532) e *Preparação para a morte* (1533). Erasmo morreu em 1536, na Basileia, Suíça.

O elogio da loucura é um texto de caráter satírico que, porém, guarda uma crítica mordaz aos costumes de muitos setores da sociedade europeia de sua época. Nesse texto, a própria loucura assume para si o papel de narradora e empreende uma crítica sem citar explicitamente nenhuma personalidade. Dentre os principais criticados estão médicos, artistas, filósofos, sábios, príncipes e, principalmente, os religiosos. É sobre estes que cai com maior vigor a língua mordaz da "deusa Loucura". É ela a responsável pela existência e pela permanência da maioria das instituições da época, denunciando-lhes a hipocrisia e a mediocridade.

A Igreja parecia ser o principal alvo de Erasmo, que, pela voz da loucura, critica sua hierarquia, seus atos e seus integrantes que, segundo ele, em nome de Cristo, fizeram "loucuras" como guerras, acumular poder e riqueza, esquecendo da caridade e da simplicidade do verdadeiro cristianismo. Ele parece propor um retorno aos tempos iniciais da fé cristã.

Ele é especialmente duro e irônico com o papa:

Quem desejaria comprar, com todos os haveres, esse cargo eminente, ou quem, uma vez elevado ao mesmo, desejaria, para sustentar-se nele, empregar a espada, os venenos e toda sorte de violência? Ai! Quantos bens perderiam eles se a sabedoria se apoderasse por um instante do seu ânimo! A sabedoria? Bastaria que tivessem um grãozinho apenas daquele sal de que fala o Salvador. Perderiam, então, aquelas imensas riquezas, aquelas honras divinas, aquele vasto domínio, aquele gordo patrimônio, aquelas faustosas vitórias, todos aqueles cargos, aquelas dignidades e aqueles ofícios de que participam; todos aqueles impostos que perceberam, quer nos próprios Estados, quer nos alheios, o fruto de todos os favores e de todas aquelas indulgências, com as quais vão traficando tão vantajosamente: aquela numerosa corte de cavalos, de mulas, de servos; aquelas delícias e aqueles prazeres de que gozam continuamente.

Esse trecho nos lembra de quão ligados estavam os religiosos às atividades e aos prazeres considerados anticristãos e mundanos na época de Erasmo. A influência dos papas ia muito além da esfera religiosa, penetrando profundamente nos domínios da política e até da economia. Além disso, na época, os papas eram criticados pela imoralidade, pelo luxo, pelo orgulho, pela manipulação e outros vícios apontados por Erasmo em *O elogio da loucura*.

Um panfleto anônimo de 1501 declara: "Não há nenhuma forma de ultraje ou de vício que não se pratique abertamente no palácio do papa." Erasmo afirmou igualmente, e de forma irônica: "Graças a mim, a loucura, é que nunca houve alguém que mais vivesse no ócio e na moleza do que um papa." E ao falar sobre a ira e o ódio dos papas, afirma: "É verdade que nem ao menos poupam os corpos, e, inflamados pelo zelo de Jesus Cristo, desfraldam a bandeira da morte. Sem piedade, empregam o fogo para sustentar suas razões [...] os papas governam com sangue, como se nunca Jesus Cristo tivesse existido", e segue com uma intensa condenação à guerra, associada aos instintos bestiais e ao inferno.

Parece que, para Erasmo, a Igreja de Roma se tornara materialista, egoísta e viciosa. Em *O elogio da loucura*, ele parece fazer uma *pregação* em nome da simplicidade que possuíam, segundo

> **A ESPIRITUALIDADE FRATERNAL**
> Da crise existencial de Francisco emergiu uma nova vida que deu o tom de sua missão, também marcada pelos ensinamentos do Evangelho. Ao ouvir Mateus falando do Reino do Céus como um tesouro a ser encontrado, Francisco achou o sentido de sua vocação. Foi então que passou por um período de recolhimento pessoal do qual surgiu sua rica vida de oração. Mais, tarde, quando lhe pediram que ensinasse como orar, ele simplesmente recomendou a Oração do Pai Nosso.

ele, os primeiros apóstolos do cristianismo, e contrastar essas qualidades com a prática e a qualidade da classe religiosa de seu tempo. Para Erasmo, ser cristão era basicamente imitar a vida de Cristo e de seus apóstolos. É, no entanto, curioso o fato de que, apesar das críticas, Erasmo não tenha se vinculado à Reforma defendida por Lutero, já que sua crítica, em muitos, pontos concordava com a do reformador.

CAPÍTULO 3
A REVOLUÇÃO DA IMPRENSA

"A imprensa é um exército de 26 soldados de chumbo com o qual se pode conquistar o mundo." **Johannes Gutenberg**

A invenção da imprensa veio como uma ferramenta revolucionária para o pensamento, as ciências e a disseminação de ideias. Johannes Gensfleisch Gutenberg (1398-1468) finalmente consegue reunir as condições para criar os "tipos gráficos móveis" que, na prática, eram letras fundidas em chumbo, bem mais versáteis e duráveis, usadas em forma de carimbo para prensar o papel. Reunidas as letras, formavam-se palavras; reunidas as palavras, formavam-se frases; reunidas as frases, formavam-se parágrafos e páginas. Dessa forma, compunham-se as páginas de livros, antes tradicionalmente copiados à mão, e que, por isso, custavam caríssimo, tendo seu acesso reservado a uma minoria. Gutenberg provocou uma revolução. Ele pesquisou e desenvolveu tintas e papéis para o uso em sua prensa.

O primeiro livro a ser publicado foi a Bíblia, iniciada em 1450, tomando cinco anos de trabalho e finalizada ainda em 1455. Portanto, meio século antes da Primavera Protestante. A versão usada em Latim possuía 1282 páginas impressas em duas colunas e dois volumes. Foi o primeiro livro a ser publicado no Ocidente, com apenas 180 cópias.

O salto impressionante e de consequências inimagináveis provocado por aquela tecnologia fez espalhar rapidamente por toda a Europa livros de pensadores clássicos, disseminando artigos e ideias com uma rapidez sem precedentes. O que um copista fazia artesanalmente, cobrando enormes somas de dinheiro, agora a "imprensa de tipos móveis" produzia em escala industrial aos milhares com baixíssimo custo.

Assim, as ideias, as descobertas científicas, o pensamento, as novas opiniões e as Escrituras Sagradas passaram a circular sem fronteiras e sem paralelo por todo o velho Continente. Debates, trocas de opinião e o necessário embasamento de argumentos verbais em textos citados inauguraram uma nova era. Depois disso, não será mais possível à velha Igreja dizer o que queria e como queria: seria necessário mostrar, nas Escrituras Sagradas, o fundamento do que se afirmava, se ensinava e se exigia.

O acesso à leitura provocou um salto substancial na Europa e forçou os Estados a forjar leis escritas e Constituições em que o Direito e a Justiça tomariam a vanguarda. Acabaram-se as trevas e as ideias absolutas. Essas são, em linhas gerais, algumas das mais cruciais condições que trariam à existência a Reforma Protestante. As graves condições de corrupção e a inaceitável degradação moral no seio da Igreja também foram determinantes. De modo inédito, entretanto, cada um dos fatores necessários foi sendo colocado em seu lugar pela mão divina a fim de permitir que um genuíno despertar espiritual acontecesse no cristianismo.

Numa Europa que dava os primeiros passos para alfabetizar e incluir pessoas numa crescente massa de "opinião pública", a imprensa de Gutenberg foi o motor original a deflagrar essa poderosa força em favor do avanço, do progresso, da liberdade e da livre consciência. Não mais seria possível a alguém "letrado"

A ESPIRITUALIDADE FRATERNAL
Francisco não se formou em Teologia nem escreveu livros, mas sua vida espiritual tem sido assunto e tema de muitos livros mundo afora que, se reunidos, formariam uma grande biblioteca sobre o homem de Assis. Dos poucos escritos originais de Francisco, selecionamos parte de seu testamento que relata a nova forma de viver: "E depois que o Senhor me deu irmãos, ninguém me mostrou o que eu deveria fazer, mas o Altíssimo mesmo me revelou como eu deveria viver, segundo a forma do santo Evangelho [...] E os que vinham para abraçar este estilo de vida distribuíam aos pobres o que por acaso possuíam. E eles se contentavam com uma só túnica remendada por dentro e por fora, com um cíngulo e as calças. E mais não queríamos ter [...] E gostávamos muito de estar nas igrejas. Éramos iletrados e nos sujeitávamos a todos."

ter senhores a ditar-lhes normas, regras e manipular sua consciência. O conhecimento libertador da imprensa de Gutenberg fez dela o invento mais importante da Idade Média.

Era preocupação da Igreja que a imprensa estimulasse cidadãos comuns do povo a estudar os textos religiosos por conta própria, ao invés de obedecer às interpretações oficiais do clero. Já no século 16, os sapateiros, tintureiros e pedreiros reivindicavam o direito de interpretar as Escrituras. Talvez por isso a Bíblia fora incluída na lista de livros proibidos pelo Concílio de Trento. No meio protestante, o problema era outro: depois de se aprender a ler, com os preços tão baratos dos livros, as pessoas comuns desejavam ler outros escritos além da Bíblia.

Em gravura de 1881, Gutenberg (à direita) confere página impressa

No século 17, além das preocupações religiosas, havia também os efeitos políticos de uma imprensa livre e com opiniões próprias contrárias aos governos. Era época de as pessoas comuns passarem a discutir abertamente e com liberdade suas opiniões acerca das medidas governamentais. Isso criava muita instabilidade, mas é indiscutível que essa liberdade está na base e no cerne da origem das democracias modernas. Governos autoritários, assim como a Igreja Romana medieval, nunca lidaram bem com a imprensa livre e seus efeitos no meio político. De acordo com Burke (2002, p. 2),

> Os estudiosos ou, mais genericamente, os que buscassem o conhecimento também enfrentavam problemas. Observemos, desse ponto de vista, a assim chamada "explosão" da informação — uma metáfora desconfortável que faz lembrar a pólvora — subsequente à invenção da imprensa. A informação se alastrou em quantidades nunca vistas e numa velocidade inaudita.

Na Alta Idade Média, o problema fora a escassez, a falta de livros. No século 16, o problema era o da abundância. Antonfrancesco Doni, escritor italiano, em 1550 já se queixava da existência de "tantos livros que não temos tempo para sequer ler os títulos". Livros eram uma "floresta" na qual os leitores poderiam se perder, segundo João Calvino. Eram um "oceano" pelo qual os leitores tinham de navegar, ou uma "inundação" de material impresso em meio à qual era difícil não se afogar.

Vale a pena repetir alguns dados estatísticos muito conhecidos para lembrar a escala das mudanças que aconteceram no início das comunicações no início da Idade Moderna. Por volta do ano de 1500, havia impressoras em mais de 250 centros europeus, e elas já haviam produzido cerca de 27 mil edições. Fazendo uma estimativa conservadora de quinhentos exemplares por edição, havia, então, algo em torno de 13 milhões de livros em circulação no ano de 1500 numa Europa de 100 milhões de habitantes (excluindo-se o mundo ortodoxo, que escrevia em grego, russo ou eslavo eclesiástico).

Já no período entre 1500 e 1750, foram publicados na Europa tantos volumes cujos totais os estudiosos da História do livro não conseguem calcular. Com base no índice de produção do século 15, o total estaria ao redor de 130 milhões, apontando para uma produção que aumentou dramaticamente.

CAPÍTULO 4
A DEGRADAÇÃO DO CRISTIANISMO MEDIEVAL

"Eles pensavam poder abafar e vencer a verdade, que é sempre vitoriosa, ignorando que a própria essência da verdade é que, quanto mais quisermos comprimi-la, mais ela cresce e se eleva." **João Huss**

O fim da Idade Média representou para a Igreja Cristã o lugar mais baixo de sua decadência espiritual e moral. Cercada pelas hordas muçulmanas que por séculos dominaram todo o Norte da África, conquistaram Jerusalém, dominaram o que restara do Império Bizantino cristão, agora os turcos chegavam às portas de Viena, na Áustria. As principais ordens monásticas haviam entrado num longo e profundo processo de declínio sem precedentes. O que outrora fora refúgio de profunda espiritualidade cristã havia cedido lugar a um cristianismo nominal e a um estilo de vida superficial e sem propósito.

Enquanto algumas ordens monásticas mergulharam num intelectualismo morto e vazio, outras se tornaram lugar de licenciosidade, prazeres e de um estilo de vida de luxo e escândalos. Ninguém, entretanto, ousava questionar essa superestrutura hermeticamente fechada e ameaçadora. Mesmo assim, a vida monástica ainda era vista como a maneira de fugir da ignorância, da pobreza e do analfabetismo. Portanto, pouco e quase nada sobrara de alguma expectativa de se praticar uma profunda e genuína espiritualidade numa vida monástica reclusa e piedosa.

As sedes de poder episcopal, bem como os mais altos cargos eclesiásticos, eram compradas a peso de ouro e quase nada havia de uma vida devotada a Deus. Cardeais, bispos e papas eram membros das famílias mais ricas e influentes da Europa. Frequentemente essa disputa por poder desembocava em guerras, divisões e assassinatos. Era comumente aceito que bispos, cardeais e mesmo papas vivessem com suas concubinas e vários filhos dentro dos aposentos eclesiais. A vida amorosa controversa dos religiosos era de comum conhecimento de todo o povo, e o alto clero em nada se esforçava por ocultar essas práticas. Altos cargos na Igreja significavam poder, glamour, riqueza e influência, ao invés de encargo, espiritualidade e força moral.

O uso abusivo do dinheiro vinculado às coisas sagradas, a distribuição de cargos para parentes próximos — conhecida como "simonia" — e a manipulação grosseira e bruta da consciência dos fiéis sobre quem a Igreja tinha o poder de excomungar, lançando as almas dos incautos no inferno, compunham um conjunto deprimente de um Cristianismo em decomposição que quase nada preservara de sua pureza e santidade originais.

Nessa época triste, o papa de Roma era o "príncipe" a governar como um monarca que vivia uma vida suntuosa, reinando sobre amplos territórios protegidos por um exército regular que se envolvia frequentemente em guerras e querelas pelo poder. Sempre havia profunda divisão e animosidade, ao fim da Idade Média, entre Roma e as outras poderosas cidades-estados da região, como Gênova, Veneza, Florença e Milão, dependendo de qual família ocupava o chamado "trono de São Pedro". Quem, porém, ousaria levantar a voz para questionar essa instituição tão poderosa?

Mesmo assim, entendemos que um remanescente de crentes fiéis permaneceu e permanece até os dias de hoje dentro daquela instituição que jamais deve ser confundida com a real, invisível, redimida e santa Igreja de Cristo.

> **A ESPIRITUALIDADE FRANCISCANA**
> A espiritualidade franciscana é a espiritualidade da alegria, do canto, da comunhão e do serviço ao próximo. Os primeiros frades, como eram chamados, rompiam seus laços familiares, bem como de outros envolvimentos, por desejarem a liberdade para viver sob a inspiração do Evangelho pregado por Francisco. Precisavam sobreviver, daí a opção por um estilo de vida simples e descomplicado. Os primeiros irmãos levavam consigo um espírito despojado de posses, bens e riquezas. Almejavam uma vida simples, sem as amarras e as preocupações cotidianas deste mundo.

Tradições e entulhos antiapostólicos

Na epístola que escreveu aos gálatas, Paulo afirma, categórico e peremptório: "Mas ainda que nós mesmos ou um anjo vindo do céu vos anuncie outro evangelho que vá além do que vos tenho anunciado, seja anátema!" Na época, o apóstolo combatia a introdução de um ensino paralelo ao da graça e salvação exclusivamente pela obra suficiente de Cristo. Era "outro" evangelho qualquer que induzisse os cristãos a depender de obras e méritos obtidos por comportamento ou obediência às leis do Antigo Testamento. Paulo dizia àqueles que assim procediam: "... da graça decaístes." Infelizmente, durante os séculos de trevas e o inverno medieval, foi precisamente isso que aconteceu.

Muitas tradições foram sendo acrescentadas, entulhando a doutrina e o ensino com adições injustificáveis e trazendo práticas repugnantes. O pior é que essas adições tornam-se justificáveis por uma presumida liberdade da Igreja de ir aceitando e incorporando quaisquer tradições controversas, tornando-as legítimas, muitas vezes com até maior autoridade do que as Escrituras Sagradas. Isso violentava abusivamente a antiga tradição apostólica, e acabou trazendo uma pesada e supersticiosa influência pagã em conflito direto com a toda a tradição primitiva estabelecida pela própria Igreja a fim de combater heresias.

Assim, muitos rituais e práticas folclóricas sem nenhum fundamento bíblico no Novo Testamento foram ganhando espaço e se consolidando na prática da Igreja. Tais tradições foram lentamente se tornando prática corrente por toda a Igreja Católica Romana medieval. Entre as mais antigas estão as preces e a veneração aos anjos e aos santos defuntos, a partir de 375 A.D.; o culto e as orações a Maria, mãe de Jesus — o termo "mãe de Deus", aplicado a ela, teve origem no Concílio de Éfeso, em 431. Ainda que, à época, o que se pretendesse fosse definir a dupla natureza de Cristo, o termo impróprio induziu a Igreja a trazer Maria a uma posição que as Escrituras definitivamente não lhe dão. A Bíblia, ao contrário, ensina que devemos orar exclusivamente a Deus.

Na Igreja primitiva nunca houve orações dirigidas a Maria nem aos santos mortos. Tal prática se consolidou na Igreja Romana a partir de

600 A.D. A doutrina do purgatório foi estabelecida por Gregório, o Grande, como se o sacrifício de Cristo não fosse suficiente e completo para remissão de pecados e que o infeliz que morre "em dívida" de pecados ainda precisasse "pagar com sofrimento" seu "expurgo" como caminho de volta ao Paraíso. Em aproximadamente 593, os títulos "papa" e "bispo universal" foram concedidos a Bonifácio III, que foi o primeiro a assumir tal honraria. Não há qualquer menção nas Escrituras onde se afirme que Pedro, em algum momento, fosse papa em Roma ou assumisse uma posição acima dos demais bispos.

Outra prática injustificável e controversa é a veneração de milhares de relíquias consideradas "sagradas" e com pretensos poderes mágicos e místicos: pedaços da cruz em quantidade tão grande que daria pra se construir um navio, de acordo com Calvino; restos mortais de defuntos; cerca de doze crânios de São João Batista, venerados em diferentes lugares da Europa; sempre havia um espinho com uma gota do "legítimo" sangue de Cristo; e aqueles que afirmavam até possuir um pouco do leite de Maria santíssima.

O repugnante uso de relíquias sagradas foi autorizado a partir do ano 788 por ordem da imperatriz Irene de Constantinopla. Essa infeliz ingerência do poder secular na vida da Igreja justificaria as absurdas adições que foi aceitando, incorporando e legitimando. A canonização dos santos mortos começou com o papa João XV, em 995. A missa foi desenvolvida gradualmente como um "sacrifício incruento", isto é, sem sangue, e passou a ser obrigatória no século 11. As Escrituras, porém, ensinam que o sacrifício de Cristo foi oferecido uma vez para todas,

---

A ESPIRITUALIDADE FRANCISCANA

Os ensinamentos de Francisco eram simples e práticos, e havia em seu coração um amor tão deliberado por Jesus Cristo que o levava a passar noites em oração. A pobreza era um estilo de vida a ser praticado, e era chamada de senhora, mãe e esposa. A humildade era uma característica marcante de sua vida, pois acreditava que a perfeita alegria consistia em sofrer com paciência, por amor a Cristo, todos os tipos de ultraje e humilhação. Não obstante, a alegria espiritual fazia parte da vida, sendo remédio contra os ataques inimigos. O alegre Francisco de Assis era um homem apaixonado pela natureza. Amou e respeitou as criaturas criadas pelas mãos de Deus.

e não deve ser repetido, mas apenas lembrado na Ceia do Senhor, conforme registrado no livro bíblico de Hebreus, nos capítulos 7:27; 9:26-28; 10:10-14.

O celibato clerical foi decretado em 1079. O uso do rosário (ou terço de oração) foi introduzido em 1090, provavelmente copiado dos muçulmanos, que se utilizam de algo semelhante. A Santa Inquisição, também chamada Tribunal do Santo Ofício, tornou-se uma instituição cruel, abusiva e abrutalhada que frequentemente aplicava a tortura para se arrancar de suas vítimas a confissão pelo uso excessivo da força. Milhares de inocentes considerados "hereges" foram submetidos às mais horríveis e degradantes formas de violência e às mais cruéis formas de morte durante séculos sem nenhuma chance de justiça. Esse tribunal de duvidosa justiça foi instituída pelo Concílio de Verona, no ano 1184.

A venda de indulgências, isto é, bulas papais que pretensamente tinham o poder de atribuir perdão de pecados, permitiria indultar até o pecado de parentes já mortos, e começou a ser amplamente usada a partir de 1190. A confissão dos pecados ao padre uma vez ao ano foi instituída pelo papa Inocêncio III no Concílio de Latrão, em 1215. A adoração à hóstia foi decretada em 1220. A proibição da leitura da Bíblia por leigos e a sua inclusão na lista de livros proibidos ao laicato foi definida pelo Concílio de Valência, em 1287, e também no Concílio de Trento. O escapulário foi inventado por Simon Stock, um monge inglês, no ano de 1287, e trata-se de uma tira de tecido castanho com o desenho de Maria que conteria "virtudes sobrenaturais" e mágicas para proteger de todos os perigos aqueles que as vestissem sobre a pele nua. A doutrina do purgatório foi finalmente proclamada como dogma de fé pelo Concílio de Florença, em 1439.

Perdidas no meio dessa floresta de heresias e adições estavam as Escrituras Sagradas, que, infelizmente, tornaram-se uma referência secundária, irrelevante, esquecida, contraditória e fora do alcance da maioria do clero. Quase ninguém as lia ou nelas meditava. Poucos a estudavam, conheciam ou entendiam. Claramente as Escrituras Sagradas se tornaram um livro desconhecido e fechado para a maioria da Igreja Romana. Por essa razão, o Cristianismo tornou-se, na prática, uma religião moribunda, e a Europa estava à mercê das poderosas forças muçulmanas que chegaram ao centro do continente sem ser detidas por ninguém. O contexto não podia ser mais sombrio.

Gravura retratando o Concílio de Trento.

Concílios gerais, decisões injustificáveis

Os diversos concílios gerais da Igreja foram convocados, cada qual à sua época, para resolver pendências doutrinárias graves ou deliberar sobre assuntos controversos. Vários, entretanto, foram os que estabeleceram doutrinas, práticas e tradições frontalmente contrárias às próprias Escrituras Sagradas. Mais tarde, já durante a Reforma, Lutero faz entender que, em sua opinião, as decisões dos concílios eram sempre contraditórias, frágeis, inseguras e não poderiam ser colocadas no mesmo nível de autoridade e peso das Escrituras Sagradas.

No Concílio de Latrão, de 1512 a 1517, convocado pelo papa Júlio II e concluído por Leão X, a Igreja Romana teve a iniciativa de um lampejo frágil de reforma e disciplina numa instituição profundamente corrompida, especialmente dentro dos monastérios. As decisões do Concílio de Latrão, porém, foram simplesmente ignoradas, tal era a falta de autoridade da Igreja sobre a cristandade como um todo.

A ESPIRITUALIDADE FRANCISCANA

O Cântico das criaturas ou do sol nasceu durante um período difícil, no qual Francisco tratava de uma cegueira. Antes de ser uma lamentação dolorosa, o Cântico é um salmo de louvor a Deus pela Criação.

Altíssimo, onipotente e bom Senhor,
Teus são o louvor, a glória, a honra
E toda a bênção.
Só a ti, Altíssimo, são devidos;
E homem algum é digno
De te mencionar.

Louvado sejas, meu Senhor,
Com todas as tuas criaturas,
Especialmente o senhor irmão sol,
Que clareia o dia
E com sua luz nos alumia.
E ele é belo e radiante
Com grande esplendor:
De ti, Altíssimo, é a imagem.

Louvado sejas, meu Senhor,
Pela irmã lua e as estrelas
Que no céu formaste claras
E preciosas e belas.
Louvado sejas, meu Senhor,
Pelo irmão vento,
Pelo ar ou nublado
Ou sereno, e todo o tempo,
Pelo qual às tuas criaturas dás sustento

Louvado sejas, meu Senhor
Pela irmã água,
Que é muito útil e humilde
E preciosa e casta.
Louvado sejas, meu Senhor,
Pelo irmão fogo,
Pelo qual iluminas a noite.
Ele é belo e jovial, vigoroso e forte.

Louvado sejas, meu Senhor,
Por nossa irmã e mãe terra,
Que nos sustenta e governa,
E produz frutos diversos,
e coloridas flores e ervas.
Louvado sejas, meu Senhor,
pelos que perdoam por teu amor,
E suportam enfermidades e tribulações.

Bem-aventurados os que
sustentam em paz,
Que por ti, Altíssimo, serão coroados.
Louvai e bendizei a meu Senhor,
e dai-lhes graças,
E servi-o com grande humildade.

Os concílios reformadores

Nos séculos 14 e 15 surgiu, dentro da própria Igreja, um forte desejo de reforma. A Universidade da Paris, a maior escola teológica, era quase totalmente dirigida por homens reformadores. Em todos os países, especialmente na Alemanha e na França, houve o grito por uma reforma. O resultado foi a realização de alguns concílios gerais conhecidos como "concílios reformadores." O alvo desses concílios foi terminar com o cisma papal e instituir reformas disciplinarias que purificassem a Igreja. Alcançaram o primeiro objetivo, mas houve pouco progresso no segundo.

Foi convocado o Concílio de Pisa, em 1409, que falhou completamente na sua tentativa de sanar um cisma. Em vez de ter dois papas, como antes, ao fim do concílio havia três. Outra tentativa foi feita no Concílio de Constança (1414-1418), que condenou João Huss e João Wycliffe. Finalmente terminou com o cisma papal, mas fracassou fragorosamente em implementar qualquer reforma quanto à disciplina e purificação da Igreja.

No Concílio de Basileia (1431-1449) foram realizadas algumas reformas morais e administrativas, em que se ordenou a realização anual de um sínodo em cada diocese, e em cada arquidiocese, de dois em dois anos, nos quais deveriam ser examinados e corrigidos os abusos. Foi também estabelecida a realização de um concílio geral de dez em dez anos, além de reafirmar os antigos direitos de eleição canônica, em vez de nomeações papais. O concílio também limitou as apelações a Roma, fixou o número de 24 cardeais e proibiu a representação de qualquer nação por mais de um terço desse número. Também eliminou inteiramente as "anatas" e outras taxações do papado mais agressivas. Os esforços daquele concílio eram admiráveis, mas falhou sem o apoio do papado e virou uma batalha entre o absolutismo papal e a supremacia conciliar. De acordo com Nichols (1960, p. 137),

O que verificamos de tudo isso, e que muitos homens ilustres de então já sabiam, é que não era possível surgir, dentro da Igreja papal, qualquer reforma cuja ação fosse iniciada por essa organização mesma. A força do mal nela existente não podia ser destruída por ela mesma, a despeito de toda indignação e protesto da opinião pública da Europa. A reforma só poderia vir por meio de uma revolução que sacudisse aquela organização.

Essas fracas tentativas de reforma, entretanto, demonstraram que algo de maior impacto deveria acontecer de fora para dentro a fim de levar a Igreja a encarar de maneira mais séria a necessidade de transformação em suas práticas.

CAPÍTULO 5
OS SEIS PAPAS CONTEMPORÂNEOS DA REFORMA

"Uma vez que Deus nos deu o papado, vamos desfrutá-lo." **Leão X, papa**

Os chamados "papas da reforma" foram aqueles que tiveram seu pontificado à época dos acontecimentos e participaram dos profundos eventos relacionados àquele movimento. São seis os papas que demonstraram de modo eloquente a desesperada e urgente necessidade de restauração da Igreja, de um genuíno despertamento espiritual e uma reforma. Alguns desses papas são classificados pelos próprios católicos entre os piores papas de todos os tempos.

Assim, ao lermos acerca do corajoso ministério de irmãos como Valdus, Wycliffe, Huss, Savonarola, Lutero, Zwínglio e Calvino, concluímos que esses homens foram genuínos profetas de Deus numa época obscura e de repugnante decadência da Igreja. Foram autênticas e solitárias vozes pregando no deserto e colocando a própria vida em risco. A firmeza necessária para se colocar sob ameaça de morte, levantando-se contra um obscuro e degradado *status quo*, requereu dessas vozes solitárias tremenda fé, profunda convicção bíblica, dependência de Deus e enorme coragem — algo que muitos outros certamente desejaram, mas jamais protagonizaram.

Alexandre VI

Em 1492, Rodrigo Bórgia, que se tornaria o papa Alexandre VI, usou sua fortuna e promessas de favores, benesses e cargos a fim de comprar a maior parte dos votos dos 23 cardeais quando se realizou o conclave para definir a sucessão do papa Inocêncio VIII. Na eleição do sucessor do falecido pontífice houve três candidatos: Rodrigo Bórgia, Ascanio Sforza e Giuliano della Rovere, todos representantes de ricas e poderosas famílias italianas, todos rivais na mesma cobiça pelo pontificado romano.

Havia uma profunda competição entre Rodrigo Bórgia e Giuliano della Rovere pelo "trono de Pedro" em Roma. Quando finalmente o papa Inocêncio faleceu, em 1492, Rodrigo Bórgia e Ascanio Sforza fizeram um acordo secreto. O primeiro foi eleito papa Alexandre VI, conseguindo, assim, a grande maioria no conclave. Reuniram-se em agosto de 1492 na capela apelidada "Sistina", em homenagem a Sisto IV. A eleição foi definida na madrugada de 10 para 11 de agosto, e a coroação do novo papa, em 26 de agosto.

Giuliano della Rovere exilou-se na costa italiana, em Ostia, e a seguir, em Paris. As divisões e disputas eram tão graves que Giuliano fugiu após o conclave a fim de salvar a própria vida. Rodrigo Bórgia, aos 60 anos, adotou o nome Alexandre VI. Ele foi reconhecidamente um dos papas mais licenciosos de todos os tempos. Teve oito filhos com três amantes diferentes. Foram seus filhos: Pedro Luís Bórgia (1458-1491), primeiro duque de Gandia; Isabella Bórgia (1467-1547), casada com Pietro Mattuzzi; Girolama Bórgia (1469-1483), casada com Gianandrea Cesarini; Giovanni de Candia Bórgia, (1474-1497), segundo duque de Gandia; Cesare Bórgia, (1476-1507), primeiro duque de Valentinois; Lucrécia Bórgia (1480-1519), duquesa de Ferrara, Módena e Régio; Gioffre Bórgia (1481-1516), primeiro duque de Alvito; e, possivelmente, Laura Orsini (1492-1530). Após o seu triste pontificado, Alexandre VI recebeu a infeliz distinção ao ser considerado, por muitos, o pior papa de todos os tempos.

A ESPIRITUALIDADE FRATERNAL
A vida de Francisco inspirou muitos livros e filmes que ainda hoje tocam a vida das pessoas. A comunidade fundada por ele cresceu e se espalhou pelo mundo, inspirando até mesmo o primeiro pontífice latino-americano a adotar seu nome como sinal de sua missão. Jorge Mario Bergólio é o papa Francisco. Francisco, o santo, morreu em Assis, no dia 4 de de outubro de 1226. Vinte anos se passaram desde que se consagrara a Cristo em sua juventude plena.

Júlio II

Para sucessor de Alexandre VI foi eleito Pio III, que se manteve no "trono de Pedro" por apenas 27 dias. Para sucedê-lo, foi eleito Giuliano della Rovere, que adotou o nome Júlio II. Após o breve pontificado de Pio III, della Rovere usou então de negociações a fim de receber apoio de César Bórgia, filho do papa Alexandre VI, sendo escolhido pelos cardeais em votação unânime. Um grande acontecimento do seu pontificado foi a convocação do Quinto Concílio de Latrão a fim de tentar implementar alguma melhoria moral e disciplinar na degradada vida clerical, monástica e na Cúria Romana.

As coisas estavam tão decadentes que o concílio e suas decisões foram, em sua maioria, simplesmente ignorados. Júlio II tornou-se também reconhecido por dar início oficialmente à construção da imponente, caríssima e problemática Basílica de São Pedro, no Vaticano, em 1506. Foi amigo e patrocinador financeiro de Rafael e Michelangelo — autor dos famosos afrescos com temas bíblicos no teto da Capela Sistina. Ele também arbitrou entre Espanha e Portugal, estabelecendo o Tratado de Tordesilhas, em 1506, com a divisão entre as coroas portuguesa e espanhola da posse legal dos territórios descobertos nas Américas. Finalmente, à frente de seus exércitos papais, Júlio II invadiu, conquistou e anexou diversos territórios para os Estados Pontifícios.

Leão X

Giovanni di Lorenzo de Médici adotou o nome Leão X. Foi pontífice de 1513 até sua morte, em 1523. Foi conhecido principalmente por ser o papa que viveu os acontecimentos mais marcantes que deram início à Reforma Protestante, iniciada por Martinho Lutero. Após seu triste pontificado, nunca mais a Cristandade ocidental voltaria a ser totalmente Católica Romana.

Com ele temos o marco que leva a Sé romana a perder definitivamente a hegemonia sobre os países do norte da Europa e de grande parte da população do restante do continente. Seu pai pressionara o papa Inocêncio VIII, que se viu forçado a nomeá-lo cardeal quando ainda tinha apenas

13 anos. Em 23 de março de 1492, com apenas 16 anos, foi formalmente admitido no Colégio dos Cardeais e assumiu a sua residência em Roma.

Posteriormente, morou com seu irmão mais velho, Piero di Lorenzo de Médici, em Florença, durante o ministério poderoso de Girolamo Savonarola, que pregava abertamente a necessidade de reforma e despertamento espiritual. Após a morte de Júlio II, Giovanni foi eleito papa em 9 de março de 1513, com apenas 37 anos. Ele prosseguiu com o Quinto Concílio de Latrão, convocado por Júlio II com o objetivo principal de reformar a disciplina e a moral da Igreja, mas pouco conseguiu.

Em 1517, Martinho Lutero afixou suas 95 teses na porta da igreja em Wittenberg. Leão X não conseguiu compreender a importância e o potencial do movimento de Reforma. Tratando os argumentos de Lutero como algo insignificante, o papa enviou o cardeal Cajetano com uma demanda arrogante e clara ao monge: retratação imediata e irrestrita sem nenhum debate ou argumentação. Assim, com a negativa de Lutero, a controvérsia espalhou-se por todos os Estados alemães e, em seguida, as teses foram traduzidas para toda a Europa, tornando-se um debate corrente no meio do povo.

Leão X não teve sensibilidade e percepção de que os tempos eram outros e do que se vislumbrava diante da Igreja de Roma. Com sua bula papal "Exsurge Domine", Leão X convocou o Senhor a levantar-se e a defender sua vinha de Lutero, que seria uma besta selvagem a ameaçar a Igreja, e condenou 41 proposições extraídas dos ensinos de Lutero sem, contudo, apontar a base sobre a qual se fundamentava seu argumento. Por fim, emitiu uma bula de excomunhão que Lutero queimou em praça pública. O cisma tornou-se definitivo com a adesão de todos os países do norte da Europa, que foram assimilando e implementando a reforma luterana paulatinamente.

Vários historiadores têm sugerido que Leão X vivia uma vida secreta de homossexualidade, apesar de seu voto de castidade. Sustentam sua posição citando cartas de Francesco Guicciardini que se referem às relações homossexuais por parte de Leão X, alegando que o conde Ludovico Rangone e Galeotto Malatesta seriam seus amantes. Outros afirmam que ele teria morrido na cama envolvido em um ato sexual com um jovem.

Finalmente, Cesare Falconi afirma que Leão X seria apaixonado pelo nobre veneziano Marcantonio Flamínio. É frequentemente citado o que teria dito ao irmão Giuliano quando se tornou papa: "Desde que Deus nos deu o papado, vamos desfrutá-lo."

No entanto, nenhuma dessas várias alegações possui prova histórica definitiva. Infelizmente, o volume de referências é tal que demonstra a falta absoluta de reconhecimento público e autoridade em relação àquele "vigário de Cristo" e seu voto de pureza e santidade.

Adriano VI

Coroado na Basílica de São Pedro em 31 de agosto de 1522, aos 63 anos, Adriano — que manteve o nome de batismo — imediatamente tornou-se um reformador, atacando os abusos da Cúria Romana e combatendo o comércio de indulgências, o que lhe valeu a inimizade de um sem-número de bispos e cardeais.

Ele exerceu um pontificado limitado e breve que duraria apenas um ano. Na sua reação aos primeiros estágios da Reforma Protestante, Adriano VI não compreendeu completamente a gravidade da situação e jamais exerceu qualquer liderança eficaz para tentar reunificar a Igreja, remediar as profundas divisões ou impedir o avanço do movimento reformista.

Clemente VII

Nascido Giulio di Giuliano de Médici, foi eleito papa em 1523 e governou a Igreja Católica por onze anos. Era primo

---

A ESPIRITUALIDADE MONÁSTICA

Jesus o mero pensar em ti
Com doçura enche o meu ser.
Mais doce ainda é teu rosto ver
E em tua presença estar.

Bernardo de Claraval, conhecido como o "Doutor Língua de Mel", nasceu e viveu na França (1090-1153). Foi um dos principais líderes do Cristianismo medieval. Poucos homens influenciaram a vida religiosa e política como ele. Foi depois da morte de sua mãe, quando ele tinha 19 anos, que Bernardo despertou para a vida espiritual. A partir de então, buscou uma vida de oração. Ainda jovem, aos 22 anos, deu entrada num mosteiro perto de Dijon. Apesar do esforço inútil de seus amigos, que tentaram dissuadi-lo da vocação religiosa, foi ele quem terminou por influenciar amigos e familiares que buscavam também uma vida contemplativa. Quatro de seus irmãos e um tio tornaram-se monges juntamente com ele. Por fim, o próprio pai.

de Leão X, e desejando contrapor-se à poderosa influência do imperador Carlos V, formou contra ele uma liga militar, ao que o monarca respondeu invadindo, tomando e saqueando Roma. Após o assalto e saque da cidade pelos soldados de Carlos V, em maio de 1527, o papa se refugiou no Castelo de Sant'Angelo durante sete meses. Só a peste que surgiu na cidade fez com que o cerco fosse levantado. Quando se reconciliou com Carlos V, coroou-o imperador e rei da Itália em Bolonha, em 1530. Em troca, Carlos V devolveu os territórios papais que havia conquistado e tomou Florença, entregando-a de novo aos Médici, que a haviam perdido.

Foi nesse intrincado jogo de poder que Henrique VIII, rei da Inglaterra, casou-se com Catarina de Aragão, tia do Imperador Carlos V e viúva do próprio irmão. Henrique decidiu se divorciar, mas precisava da concordância do papa. Este, entretanto, não podia aceitar o divórcio do rei inglês para não contrariar Carlos V, que invadira e saqueara Roma, e poderia fazê-lo novamente. Porém, ao negar o divórcio de Henrique VIII, o papa precipitou o rompimento com a Inglaterra. Esse marco foi determinante para o futuro da Reforma Protestante, e tem repercussão até os dias de hoje. Como Henrique VIII não desistiu de se casar com Ana Bolena, desencadeou-se, assim, o cisma definitivo com a Igreja da Inglaterra.

A incapacidade de Clemente VII de elevar o nível moral da Igreja contribuiu para o avanço da Reforma. O mesmo Clemente, retornando às mesmas práticas supersticiosas, declarou como verdadeira relíquia o prepúcio sagrado de Jesus, liberando-o para legítima veneração pública e, dessa maneira, concedendo indulgência aos peregrinos que visitassem o relicário. Por fim, Clemente VII adoeceu gravemente, e uma das muitas teorias afirma que foi envenenado ao comer uma refeição que continha o cogumelo *Amanita phalloides*, altamente tóxico.

CAPÍTULO 6
O ABSOLUTO CLERICALISMO MEDIEVAL

"Vocês mesmos, como pedras vivas, são edificados casa espiritual para serem sacerdócio santo." **Pedro, apóstolo**

É chamado "clericalismo" o indevido e abusivo lugar que os clérigos, sacerdotes, padres e bispos vão assumindo na vida da Igreja. O clericalismo está em frontal oposição ao que as Escrituras ensinam e fazem menção acerca da prática corrente no ambiente apostólico dos primeiros séculos. Na Igreja do primeiro século, cada crente era um ministro, um líder. Sinais se seguiam a todos aqueles que criam. O papel dos ministérios de apóstolo, profeta, evangelista, pastor e mestre era investir e treinar cada cristão para desempenho de seu próprio lugar na edificação da Igreja de Deus. Não havia, portanto, cristãos de duas classes diferentes: os de primeira e os de segunda classe. Não havia dois níveis de santificação e devoção a Deus. Da mesma forma, não haveria espaço naquele ambiente de paixão por Jesus Cristo e constante ameaça de martírio para uma dependência passiva dos fiéis a um domínio abusivo por parte do clero.

Todos eram líderes, todos estavam profundamente envolvidos, e a experiência individual de espiritualidade de cada cristão era algo vivo e marcante. Todos criam, todos oravam, todos anunciavam o Evangelho, e o protagonismo era de todos. A Igreja Cristã era um ambiente relacional vivo onde fervilhava o ensino, o discipulado dos novos convertidos e de marcante avanço da fé. As celebrações eram vivas e inclusivas, e não um ritual sem relevância alguma celebrada numa língua que ninguém do povo compreendia.

Lutero é o primeiro a abordar o assunto do "sacerdócio universal de cada crente" em seu livreto *Da liberdade cristã*. Infelizmente, por séculos a fio esse assunto continuou sem uma prática apropriada. Infelizmente também, as igrejas protestantes e, posteriormente, as pentecostais continuaram a duplicar o mesmo sistema "clero *versus* leigos", que tanto mal causa à Igreja Cristã. Nesse sistema, uma maioria passiva, calada, inativa e dependente aguarda que algum *sacerdote* possuidor de uma "unção especial" tome qualquer iniciativa, diga o que se deve fazer e traduza as "palavras de Deus" aos seus ouvidos paralisados. É um povo meramente consumidor de bênçãos a frequentar um lugar de culto uma vez por semana, pagando em dinheiro por uma *prestação de serviço* religioso desempenhado por religiosos profissionais.

Esses crentes jamais vão desenvolver o seu papel de protagonistas na edificação da Igreja, jamais viverão qualquer experiência espiritual pessoal relevante. Essa massa alienada, frequentadora de templos e ignorante forma, até os dias de hoje, uma grande porcentagem do cristianismo nominal, seja católico, protestante ou mesmo pentecostal. O clericalismo é, assim, um dos maiores venenos aplicados contra a Igreja nesse triste legado.

O templismo católico

No mesmo instante em que Jesus entrega seu espírito na cruz, Deus, o Pai, rasga de cima abaixo a cortina no templo que fazia separação entre o Santo Lugar e o Santíssimo, onde repousava a Arca da Aliança. Essa Arca era o símbolo judaico mais sagrado, e representava a própria pessoa de Deus no seu templo. O apóstolo Paulo escreveu mais tarde: "Não sabeis que sois templos de Deus e que o Espírito Santo habita dentro de vós?" Assim, o conceito exterior, visível de um santuário de pedras onde o Deus cristão habitaria é completa e definitivamente

> **A ESPIRITUALIDADE MONÁSTICA**
> O anseio pela presença divina através da contemplação espiritual vem desde os tempos antigos, com os primeiros monges do deserto, oriundos do velho Egito. A longa tradição monástica tem preservado, através da História e até os dias atuais, a busca pela presença íntima de Deus como maior aspiração da alma.

substituído pela verdade e pela experiência prática, em que cada crente é o templo de Deus. Não há, portanto, um santuário cristão por pelo menos três séculos consecutivos.

O primeiro registro que existe de um templo onde cristãos se reunissem é datado do século 4 — portanto, muito depois da era apostólica. Paulo faz uma afirmação peremptória: "Aquele que se une ao Senhor é um espírito com Ele." Esse é o Deus residente que passa a habitar no espírito de cada cristão nascido de novo. Esse é o portal inaugural de uma experiência pessoal, interior, profunda e arrebatadora com Jesus Cristo. Portanto, de acordo com o ensino e a experiência do Novo Testamento, o cristão é o templo.

Toda referência que há no Novo Testamento é desse Deus *residente*, de uma fé interior, e não externa, material ou visível. Há uma consequência prática enorme desse entendimento. Esse conceito não é neutro, mas de consequências poderosas. Portanto, se um cristão bíblico realmente vive o ensino paulino de que é, de fato, um "templo", a prática conseguinte será de uma relação íntima, interior, pessoal e viva desse crente com esse Deus próximo e residente.

Ao contrário disso, outro cristão que acredita que deve visitar Deus no fim de semana indo ao "templo sagrado" para assistir à missa ou ao culto no lugar do *endereço* de Deus viverá a prática de "ir à igreja", ao invés de "ser Igreja". Esse grave ensino equivocado remete esse crente a uma fé material, dependente, exterior e distante de uma relação pessoal e íntima com a divindade em seu dia a dia.

Qual tipo de consequência será resultado desses dois ensinos diametralmente diferentes? O primeiro produz uma congregação intensa, espiritual e apaixonada; o segundo produz um povo com expectativas exteriores, um rebanho dependente de entretenimento, de um animador de auditório e de intermediários. Sua fé estará sempre presa a elementos visíveis. Para esse segundo grupo, importa muito o impacto imponente de templos rebuscados saturados de beleza arquitetônica, altos-relevos, imagens, estátuas, pinturas e afrescos. Rituais, cerimônias e sacerdotes paramentados farão uma enorme diferença. O primeiro tipo de cristão, ao contrário, tenderá a apegar-se à Palavra, ao fundamento, à experiência interior e pessoal e ao serviço da própria consciência. Aqui temos os elementos mais marcantes que diferenciam, em regra bem geral, os cristãos nominais daqueles que tiveram uma experiência real com Deus.

As condições econômicas à época da Reforma

A mudança rápida que aconteceu entre o fim do sistema feudal e o início de um sistema capitalista incipiente criou um grande abismo entre o rico e o pobre, e entre ricos comerciantes e seus empregados pobres. De acordo com Muirhead (1951, p. 27),

> um terço, alguns dizem metade, das terras da Alemanha era patrimônio da Igreja. Os camponeses eram quase escravos. Sua venda mal os sustentava e não gozavam de nenhuma liberdade. Pagava com a vida quem derrubasse uma árvore sem permissão, sendo também estritamente proibido caçar ou pescar nas proximidades dos seus senhores.

Nessa mesma época, com o comércio e a melhoria de condições, foi surgindo uma incipiente classe média. O desenvolvimento da indústria e do comércio criou um novo Estado: os cidadãos livres, os artífices e os burgueses. Com o crescimento do comércio, as cidades formavam confederações comerciais, como a Liga Hanseática do Norte da Alemanha. O descontentamento entre as classes inferiores (1389-1525) resultou em graves revoltas dos camponeses do norte da Europa contra os seus senhorios. O grito geral destas revoltas era "morram os padres" e "morram os príncipes".

De acordo com Muirhead (1951, p.27), os pesados impostos tornaram-se quase insuportáveis. Além da contribuição ao governo, grande quantidade de ouro foi

> **A ESPIRITUALIDADE MONÁSTICA**
> As primeiras comunidades monásticas que surgiram no deserto do Egito tinham como meta a busca pelo Cristianismo primitivo, simples e puro, livre da complexa religião na qual se transformara a Igreja sob a influência do imperador Constantino. Os monges do deserto aspiravam um viver autêntico, modelado por Cristo, a ponto de pagar com a própria vida, se preciso fosse, o testemunho de sua fé.

canalizado para o cofre papal a fim de contribuir para o sustento de um clero indigno. Além dos dízimos exigidos — a Igreja cobrava o "dízimo grande", a décima parte da colheita do trigo e do vinho, e o "dízimo pequeno", a décima parte das ovelhas, dos vitelos, dos porcos e até dos ovos —, o povo tinha de pagar pelos batismos, casamentos, confissões, extrema unção e enterros.

Até o perdão dos pecados se comprava com dinheiro, apesar de o apóstolo Pedro ter ensinado claramente que a redenção não pode ser adquirida por prata nem ouro, mas pelo Sangue de Cristo. "O motivo principal da explosão da reforma na Alemanha foi o desenvolvimento dos recursos minerais na Saxônia." O papado fez todo o possível para canalizar o dinheiro, a renda das minas, que circulava nas mãos dos habitantes da Saxônia, para Roma.

CAPÍTULO 7
OS PRECURSORES DA REFORMA PROTESTANTE

"A água benta não tem mais poder do que a água que vem da chuva; o efeito da oração realizada em um estábulo é tão eficaz quanto aquela feita em um templo." **Pedro Valdus**

Os valdenses, da França para a Europa

Pedro Valdus, que viveu no fim do século 12 — portanto, quatro séculos antes do movimento de Reforma se disseminar —, era um rico mercador que, tocado por uma profunda experiência com Deus, experimentou um marcante despertamento espiritual num encontro pessoal e vivo com o Espírito Santo. Ao perguntar a um mestre de Teologia o melhor caminho para Deus, o teólogo citou Mateus 19:21. Valdus começou imediatamente a colocar em prática, entregando seus bens aos pobres e organizando a Sociedade dos Pobres de Espírito de Lyon, de pregadores itinerantes. Por isso, seus seguidores eram chamados "pobres de espírito". Estavam mais localizados na França, norte da Espanha, Áustria e Alemanha. Até o século 20, trabalharam com bons resultados na Itália. Usavam as Escrituras como a regra básica da fé e, por isso, foram denunciados pelo papa. A sua crença era a obediência a Deus, e não aos homens.

A pregação da Palavra era considerada muito importante, e até aos leigos e às mulheres foi permitido pregar. Costumavam fazer jejum três vezes por semana: segunda feira, quarta-feira e sexta-feira. Os valdenses criam no sacerdócio universal de cada crente e deram grande ênfase aos ensinos de Jesus sobre a ética cristã. Eles rejeitavam tomar parte em guerras e recusavam fazer votos. Rejeitaram a missa, as orações em favor dos mortos e a doutrina do purgatório. Em 1179, apelaram ao Terceiro Concílio Lateranense que lhes desse permissão para pregar. O papa Alexandre III recusou essa permissão, e em 1184 foram excomungados pelo papa Lúcio. Expulsos, organizaram uma igreja à parte.

Não foram relacionados com os místicos alemães nem foram inicialmente protestantes. Não há entre eles uma clara referência à salvação pela fé. Os valdenses são a única seita medieval que existe até hoje. Há atualmente comunidades ou igrejas dos valdenses em Piemonte, Norte da Itália. Foram os Valdenses (ainda adorando em cavernas, por causa da perseguição) que comissionaram e pagaram pela primeira tradução da Bíblia do original para o francês, a Bíblia Olivétan, de 1532-1535(?). Essa obra serviu de base para todas as versões francesas até o século 19.

Em sua mensagem, Valdus ensinava que as relíquias sagradas tão celebradas pela Igreja Romana eram apenas ossos decompostos de desconhecidos; as peregrinações religiosas serviam apenas para esvaziar os bolsos dos incautos peregrinos; a água benta não tinha mais poder que a água que vinha da chuva; o efeito da oração realizada em um estábulo era tão eficaz quanto aquela feita em um templo; idolatria e papado representavam o anticristo.

Outros importantes ensinos dos valdenses eram acerca do "sacerdócio de cada crente" e da necessidade de o Evangelho ser pregado em língua popular a fim de que o povo ouvisse, entendesse e se convertesse, sendo salvo e transformado pela proclamação da Palavra. Sua mensagem era de retorno às Escrituras,

> **A ESPIRITUALIDADE MONÁSTICA**
> A partir do Egito, a vida monástica, cresceu e se espalhou pelo mundo até encontrar na Itália, na pessoa de Bento de Núrsia (480-547), o grande organizador do movimento. Bento escreveu a principal regra de vida monástica, chamada Regra de São Bento. Nela sobressai a missão da vida monástica, que é "Ora et Labora" ("Ore e trabalhe"). O monge passa grande parte do dia em oração e dedicado ao trabalho. Sua vida é regida pelo ofício divino ou "liturgia das horas". Ao longo do dia, ora-se e canta-se os salmos, lê-se trechos das Sagradas Escrituras e ora-se a Deus. A liturgia das horas divide-se em: Laudes (oração matinal); Média (oração das 9h); Vésperas (oração no fim da tarde); e Completas (oração da noite).

de uma busca pessoal por um vivo e real relacionamento com Deus por intermédio de uma marcante experiência espiritual, pessoal e interior. Algo comum entre os protestantes que surgiriam seria essa busca comum por uma "experiência do coração" com a pessoa e a Presença de Deus.

Os valdenses foram finalmente banidos de Lyon, na França. Em função disso, desenvolveram uma forma de reunião a fim de sobreviver, reunindo-se secretamente em grupos caseiros, vagando de cidade em cidade e espalhando-se por diversos países. Valdus morreu provavelmente na Alemanha, nos primeiros anos do século 13.

O movimento, porém, cresceu e se espalhou poderosamente. Condenados e perseguidos implacavelmente por séculos a fio, entregaram milhares de mártires à causa de Cristo. Esse ramo legítimo da vida da Igreja se mantém vivo até o florescer da Reforma, quando finalmente adere ao movimento na Alemanha.

João Wycliffe, de Oxford

Nascido na Inglaterra e desenvolvendo seu ministério em Oxford, onde passou praticamente toda a sua vida, Wycliffe é considerado um dos mais importantes referenciais para a Reforma que aconteceria pouco mais de um século mais tarde. É chamado "a Estrela da Manhã da Reforma". Foi estudante e, mais tarde, professor na Universidade de Oxford. Wycliffe considerava o papa o cabeça da Igreja, mas o cisma papal o levou a estudar o assunto mais profundamente. No verão de 1374, foi enviado como embaixador a Bruges para negociar a paz com a França e tratar negócios com o legado papal sobre os apontamentos eclesiásticos na Inglaterra. Ao voltar para sua terra natal, começou a pregar como reformista. Pregou contra o poder secular do papa "correndo de um lugar para o outro, latindo contra a Igreja", disse um cronista inimigo da época. Chamou o papa de anticristo, e seu objetivo principal foi liberar a Inglaterra do poder papal.

Em 1378, tornou-se reformador doutrinário. Começou a escrever muitos folhetos, sermões e outros escritos contra a origem divina do papado. Escreveu em latim tanto quanto em inglês. Denunciou a doutrina da transubstanciação em 1381, em doze teses. Wycliffe se tornou um influente teólogo e tradutor da Bíblia a partir da Vulgata Latina para o inglês. Em seu profundo conhecimento bíblico, assumiu posições firmes contra a veneração dos santos e em favor da completa abolição do uso de imagens. Seu profundo entendimento da doutrina paulina-agostiniana da graça e seu ensino contra a posição abusiva do papado fizeram dele um líder natural, seguido pelos que se tornaram conhecidos como "lolardos".

O reformador João Wycliffe em gravura antiga.

Wycliffe ensinava que os cristãos devem conhecer e observar as Escrituras Sagradas apenas, e que não há nenhum fundamento bíblico ou histórico que dê suporte ao papado. Além disso, rejeitou o ensino do purgatório, do celibato clerical, das indulgências e da doutrina da intercessão dos santos. Seu posicionamento firme foi resultado de profunda análise do texto bíblico e de ter identificado todas as perigosas heresias adicionadas pelos entulhos da tradição em direto conflito com o ensino das Escrituras.

Wycliffe cria na predestinação e radicalmente a defendeu. Foi o mais notável pregador inglês antes da Reforma. Costumava tratar de três assuntos principais: a Igreja, a eucaristia e o lugar das Escrituras na doutrina e na vida cristã. Seu tratado sobre o valor e a autoridade das Escrituras, de mil páginas, é uma obra relevante. Já o *Triálogo* é seu tratado teológico mais importante. Nele, Wycliffe ensina que, onde a Bíblia e a Igreja não estão de acordo, devemos seguir a Bíblia; e onde a consciência e a autoridade humana não concordam, devemos seguir a consciência.

Em 1381, enviou um grupo de pregadores itinerantes para anunciar as Escrituras. Esses "pobres pregadores" incluíam formados de Oxford e também leigos. Seguiram o exemplo de São Francisco. Viajaram a pé por todo lugar, pregando as doutrinas de Wycliffe. O movimento não tomou a forma de uma organização permanente, mas seu surgimento produziu um grande impacto na Inglaterra e além. Wycliffe morreu em paz no ano de 1384. Em 1414, a leitura das Escrituras em inglês foi proibida, sob ameaça de perda para sempre "do terreno, do gado, da vida e dos bens de seus herdeiros".

No Concílio de Constança, em 1415, a Igreja Romana finalmente o declarou formalmente "herege", baniu seus escritos e o excomungou retroativamente da comunhão católica. Ele já havia morrido havia muitos anos, e, mesmo assim, seu corpo foi exumado, queimado e suas cinzas, espalhadas. A instituição não aceitava qualquer questionamento de suas práticas degradadas. Wycliffe teve imensa coragem para confrontar os excessos e graves erros doutrinários da Igreja.

> **A ESPIRITUALIDADE MONÁSTICA**
> A belíssima música monástica conhecida como canto gregoriano veio de São Gregório Magno (540-604). Italiano e monge beneditino, Gregório foi o primeiro monge a tornar-se papa. O canto gregoriano — ou canto sacro — é, portanto, um canto medieval. Caracteriza-se por uma música sem acompanhamento instrumental (ou *a capella*) e sem o acompanhamento de outras melodias. Às vezes, um órgão pode ser utilizado para sustentar uma nota musical por um período longo. O canto gregoriano tem caráter introspectivo e meditativo, essencialmente bíblico. Consiste de salmos cantados em conjunto para o louvor e a adoração exclusiva do Pai, do Filho e do Espírito Santo.

Os lolardos

Os lolardos da Inglaterra eram seguidores de Wycliffe e numerosos. Um cronista afirmou que, "ao encontrar com dois homens no caminho, um deles certamente seria lolardo". Eram da mesma fé de Wycliffe. Era, antes de tudo, um movimento leigo. Muitos deles eram estudantes de Oxford. No século 15, a Igreja desencadeou uma grande perseguição contra eles, e muitos foram queimados. Esse movimento antecipou a Reforma e preparou a mente do povo para ela. Durou dois séculos. O sentido literal do nome é "rosnadores" de orações e salmos. Eram zelosos pela verdade, que tornou-se real em sua vida. Liam e estudavam a Bíblia, que abriu para eles o caminho da salvação em Cristo.

João Huss, o profeta na Boêmia

Ainda durante os anos de vida de Wycliffe em Oxford, na Inglaterra, Deus levantou outro poderoso arauto a pregar a necessidade de reforma na Igreja. Na Boêmia, região hoje localizada na República Checa, Europa Central, João Huss surgiu como inspirativo pregador das Escrituras. Suas posições teológicas em muito se aproximavam das de Wycliffe, e assim que foi ordenado padre em Praga, iniciou suas pregações cada vez mais veementes, insistindo na necessidade de um despertamento e uma reforma da Igreja.

Sua influência cresceu e se acentuou na Universidade de Praga, que congregava milhares de estudantes de muitos países europeus. Ele foi filho intelectual daquela instituição, e recebeu o título de bacharel em Teologia em 1393; o de mestre, em 1396. Mais tarde, tornou-se deão da Faculdade de Filosofia e, em 1403, tornou-se reitor. Era um pregador notável. Começou a pregar numa capela chamada Belém, em Praga, em 1402. Pregava na língua do povo. Com essa responsabilidade, examinou cuidadosamente as Escrituras, o que o levou a concluir que a Igreja estava afastada dos ensinos bíblicos. Fez grande uso dos escritos de Wycliffe.

Huss fez publicar escritos que reeditavam as mesmas posições de Wycliffe sobre o papado, a primazia das Sagradas Escrituras, a condenação das tradições pagãs católicas do uso de imagens e intercessão dos santos, contra a proliferação e culto às relíquias, contra o purgatório e o lugar central da salvação pela graça, mediante a fé. João Huss demonstrava o efeito nocivo na vida do crente que tais ensinos e práticas geravam.

Como já mencionado, durante esse mesmo período, a Igreja Romana chegou a ter três papas ao mesmo tempo, cada qual reivindicando ser o sucessor legítimo do "trono de Pedro" sobre a cristandade. Aquele talvez tenha sido o momento mais obscuro e decadente da Igreja de Roma. Em 1412, Huss foi excomungado, e em 1414, compareceu perante o Concílio de Constança para fazer sua defesa. Julgado pela culpa de heresia, foi preso em 28 de novembro do mesmo ano. Os nobres e a Universidade de Praga protestaram, mas foi em vão.

Os seguidores de João Huss foram divididos em três grupos:

- Os taboritas, partido radical que rejeitava a transubstanciação, a adoração aos santos, as orações feitas em prol dos mortos, as indulgências, a confissão ao sacerdote e também votos, bailes e outros divertimentos mundanos.
- Os utraquistas eram mais moderados, e insistiam na administração do vinho aos leigos.
- Os Irmãos Boêmios se organizaram 40 anos depois da morte de Huss.

Seus seguidores, conhecidos como "hussitas", levantaram-se em rebelião armada contra Roma, que empreendeu enorme esforço para sufocar o levante, vencido apenas após várias cruzadas dos exércitos papais. Os sobreviventes desse massacre mais tarde formariam uma irmandade que seria conhecida pelo nome de Irmãos Morávios. Esses irmãos seriam, mais adiante, protagonistas de um maravilhoso despertamento espiritual que ecoaria na Igreja até os dias de hoje.

Irmãos Boêmios

Os Irmãos Boêmios foram resultado do movimento de Huss, e um dos primeiros nomes associados a eles é Pedro Chelcic (1390-1456), de Praga, um homem espiritual e de muita autoridade entre eles. Requeria de seus seguidores o repúdio à guerra, à política, às leis humanas e ao papado. Em 1500, o número de Irmãos Boêmios chegou a 200 mil, divididos em 300 ou 400 congregações espalhadas em Boêmia e Morávia. Possuíam sua própria confissão, seu catecismo e sua hinologia. Dos sessenta livros publicados no período de 1500-1510, cinquenta são considerados escritos por eles.

Lucas de Praga, escritor prolífico, explicou a doutrina da Santa Ceia dos Irmãos a Lutero. Alguns dos Irmãos, incluindo Miguel, o compositor de hinos, visitaram Lutero na Alemanha. Sob o reinado de Ferdinando I, da linhagem dos Habsburgo, em 1549, foi desencadeada uma terrível perseguição contra eles, que continuou, com algumas interrupções, até a Guerra dos Trinta Anos, com o governo tentando exterminar a "heresia hussita" da Boêmia e Morávia. Amós Comenius (1592-1670) foi seu último bispo. Ele é considerado o "pai" da instrução moderna. Os morávios que moravam em Herrnhut, na terra doada por Conde Zinzendorf, eram descendentes desses Irmãos Boêmios. Em 1727, houve um grande reavivamento no meio desse povo.

Girolámo Savonarola

Assim como Santa Catarina, Savonarola é considerado uma das pessoas mais santas que já andaram pelas ruas de Florença. Ele nasceu no ano de 1452, na cidade de Ferrara, na Itália, e em 1489 foi chamado a Florença por Lorenzo de Médici para pregar. Durante oito anos, foi o pregador mais famoso na cidade. Os sermões dele eram como relâmpago e trovão, e entre 10 mil e 12 mil pessoas assistiam a seus discursos na catedral de Florença. Savonarola enfatizava a autoridade das Escrituras. Ele costumava dizer: "Eu prego a regeneração da Igreja tomando as Escrituras como meu único guia." O elemento profético nos seus sermões contribuiu para o impacto que causavam. As duas profecias mais enfatizadas foram

> **A ESPIRITUALIDADE MONÁSTICA**
> Foi na Europa da Idade Média que o movimento monástico atingiu o seu apogeu. Até hoje, é possível visitar naquele continente muitos mosteiros importantes e ruínas de outros que atestam a glória de uma época passada. Contudo, ainda existem muitas instituições que, ali e em outros lugares do mundo, cultivam o estilo de vida peculiarmente monástico. Entre as ordens monásticas mais antigas, nasceram os monges cistercienses, filhos espirituais de Bernardo de Claraval.

cumpridas, a saber, a revolução política em Florença e a vinda de Carlos VIII de além dos Alpes.

Como frade dominicano, Savonarola ficou conhecido pelas suas pregações, insistindo no arrependimento dos clérigos por sua vida licenciosa e por um genuíno despertamento espiritual na Igreja. Tornou-se pregador itinerante no Norte da Itália, onde levantou grande interesse pela causa de uma reforma da Igreja. De volta a Florença, passou a pregar mensagens baseadas no livro do Apocalipse e a atrair enormes multidões à catedral da cidade para ouvir seus sermões.

Savonarola, ao contrário de Wycliffe e Huss, não se enveredou por temas mais doutrinários, limitando-se a pregar arrependimento, reforma moral e a necessidade de um genuíno retorno à espiritualidade cristã. Após muitas controvérsias com Roma, especialmente quando a cidade de Florença, sob sua influência, recusou-se a se aliar aos exércitos papais contra os franceses, seu destino foi selado. O papa Alexandre VI tornou-se seu grande inimigo por causa das pregações do reformador, que, por fim, foi excomungado. No entanto, depois de receber a bula de excomunhão, Savonarola continuou com suas exortações, por isso foi lançado na prisão por três meses, onde foi torturado e interrogado três vezes. Em 1493, foi estrangulado e depois queimado na praça de Florença. Suas cinzas foram lançadas no Rio Arno.

Sua obra pode ser dividida em três períodos: o da reforma moral; o da reforma no governo, em que ensinava a liberdade e a virtude civis; e o das pregações contra o papa e a Cúria romana. Por meio de sua pregação e seu exemplo, houve uma reforma na República Florentina, tanto no governo quanto no senso moral. Considerado um santo por muitos admiradores, Girolamo Savonarola é

A ESPIRITUALIDADE MONÁSTICA
São Bernardo (ou, simplesmente, Bernardo de Claraval) fundou o mosteiro de Clairvaux, na França, que veio a se tornar um dos mais importantes e influentes do mundo. Pessoas de todos os lugares eram atraídas por seu exemplo de vida de santidade. Ao fim de sua vida, mais de sessenta outros mosteiros foram criados sob sua influência. Os mosteiros das ordens cisterciense e trapista, filhos espirituais de Bernardo, existem ainda hoje em diversos países do mundo, inclusive no Brasil.

reconhecido como um importante precursor da reforma que havia de se consolidar nas primeiras décadas do século que estava para iniciar. Seus escritos *Um guia para uma vida justa* e, especialmente, *O triunfo da cruz*, que trata da vitória sobre o pecado, a morte e sobre o significado de ser cristão, foram traduzidos em diversas línguas e difundidos pela Europa.

Santa Catarina de Siena

"Uma das mulheres mais maravilhosas que já viveram." Tais palavras foram proferidas por um biógrafo inglês ao se referir a Catarina de Siena, uma mística que costumava receber visões que acreditava virem de Deus. É considerada a mais importante das mulheres santas da Idade Média. Foi canonizada por Pio II que disse a respeito dela: "Ninguém se aproximou de Catarina sem sair dali uma pessoa melhor."

Em obediência a uma revelação, renunciou à sua vida retirada e começou suas obras de caridade no ano de 1367. Curou os doentes, visitou os pobres e aflitos, ministrou aos leprosos e ressuscitou mortos. Durante o "cativeiro babilônico", persuadiu Gregório XI (1370-1378) a voltar a Roma, em 1377. Catarina costumava também denunciar os males clericais, e, "considerando a Igreja como um jardim, pediu ao papa para que ele desarraigasse as plantas detestáveis e malcheirosas, cheias de avareza, impureza e soberba, e jogasse fora para que os sacerdotes e líderes, os quais corrompiam o jardim, para que não mais tivessem controle sobre ela".

De acordo com Catarina, a vida religiosa é a sujeição da vontade própria à vontade de Deus, e a disciplina exterior não é o único modo e nem sempre o melhor para alcançar a vitória do espírito. Ela deu muita ênfase às virtudes cristãs, à oração e ao amor, e esperava uma reforma genuína na Igreja. Uma das expressões mais frequentes usadas por ela foi acerca do sangue de Cristo. Disse que "Cristo não nos comprou com ouro nem prata, ou pérolas, ou outras pedras preciosas, mas com seu sangue precioso". De acordo com alguns historiadores, sua voz era a de um profeta clamando no deserto: "Endireitai as suas veredas!" Morreu deitada sobre uma tábua quando ainda tinha 33 anos. Fez uma oração a favor do papa Urbano VI, pela Igreja inteira e por seus companheiros. Faleceu repetindo as palavras: "Nas tuas mãos entrego o meu espírito."

Sua correspondência tinha muito valor para os líderes religiosos e políticos. Serviu como embaixadora a quem os papas e cidades deram atenção com muito respeito. Nas dificuldades que surgiram no papado depois de sua eleição, Urbano VI convocou Catarina a Roma. Ela aconselhou Urbano a guerrear somente com as armas espirituais de arrependimento, oração, virtude e amor, mas foi desprezada. Todavia, sua presença teve grande influência. Uma vez, quando uma turba enfurecida invadiu o Vaticano, ela serviu como pacificadora. A vista do seu rosto e o som de suas palavras acalmaram o tumulto.

CAPÍTULO 8
A DEFLAGRAÇÃO DA REFORMA NA ALEMANHA

"Tão logo a moeda tilintar lançada na caixa, a alma dos vossos parentes sairão voando do purgatório para o Paraíso." **Tetzel**

A reforma que teve início na Alemanha estava intimamente conectada com a vida de Lutero. O monge agostiniano foi o responsável por deflagrá-la, e é impossível dissociá-los. Ainda que haja muitos nomes ligados a um longo período no qual muitos homens de Deus tenham proposto coisas semelhantes, foi Lutero o escolhido por Deus para ser a pessoa certa no contexto certo. Ainda que haja, portanto, vários reformadores importantes, seu nome está ligado aos passos mais decisivos desse movimento que marcou a História definitivamente.

Martinho Lutero, o pioneiro

Martinho Lutero nasceu em 10 de novembro de 1483 em Eisleben, na Saxônia — à época, um dos principados em que era dividida a Alemanha. Filho de uma família modesta, seu pai, João Lutero, era mineiro, e sua mãe, Margarete Ziegler, era também de família humilde. Seus pais se esforçaram sobremaneira para dar ao filho a melhor educação possível, já que não havia muito o que legar em termos de heranças e posses. Enviaram Martinho a Magdeburgo, e depois a Eisenach, onde frequentou a Faculdade de Filosofia e depois, de Direito. Na biblioteca da Universidade, Lutero encontrou uma Bíblia em latim e passou a ler o texto sagrado com devoção. Nesse período da vida, seu coração tornou-se cada vez mais inquieto no tocante à espiritualidade e à salvação eterna.

Era corrente o ensino da Igreja de que o melhor caminho para se encontrar a salvação seria dedicando-se a uma vida piedosa em algum monastério. Portanto, a percepção de salvação baseada no mérito trouxe à consciência de Lutero uma profunda inquietação. Foi nesse ambiente de um Deus rigoroso que salva os bons que merecem e condena os maus ao inferno que Lutero viveu. Durante seu tempo na Universidade, numa visita à casa dos pais em período de férias, Lutero teve uma experiência aterradora: sua carruagem, que viajava numa noite de intenso temporal, quase foi atingida por um raio. Ali mesmo, entendendo que era Deus a requerer dele a entrada para a vida monástica, prometeu a Santa Ana que se faria um noviço.

Pouco tempo depois, já à época da sua formatura como advogado, uma pequena espada, presente de graduação, caiu-lhe ao pé, cortando uma artéria. Diante da hemorragia que poderia lhe causar a morte, sentindo-se perdido e sem a posse da salvação, Lutero rendeu-se àquele "Deus e juiz implacável" que o ameaçava com a perdição eterna. Sob o veemente protesto do pai, o jovem interrompeu qualquer carreira secular ali mesmo e entrou para a Ordem dos Monges Agostinianos, considerada uma das ordens monásticas mais rigorosas e disciplinadas, que praticava o mais ardoroso ascetismo religioso.

Na sua rotina entre os agostinianos, Lutero aproximou-se muito do prior dos monastérios da Saxônia, Johann von Staupitz, homem espiritual e conhecedor da graça divina que se tornou a principal influência espiritual na vida e no ministério do reformador. É ele quem insiste que o monge tão obstinado por merecer a salvação deveria entregar-se sem reservas a Deus para experimentar a paz da salvação por meio de uma fé simples.

Lutero não estava preparado para algo assim, aparentemente tão primário,

---

A ESPIRITUALIDADE MONÁSTICA
A espiritualidade pregada por Bernardo influenciou a Igreja de seu tempo na busca por uma vida de intimidade com a divindade, tal era a santidade daquele homem de Deus. Sua vida exemplar e seus ensinamentos, registrados em inúmeros escritos, permanecem ainda hoje. Era um homem de inteligência refinada e um pregador notável. Foi poeta e músico. Escreveu com maestria sobre os principais temas teológicos de relevância para a vida da Igreja, como a necessidade de conversão e de santidade.

e continuou por anos praticando o mais rigoroso ascetismo em busca de se achegar e ser aceito por Deus com base nos seus próprios méritos. Saía com frequência descalço, mesmo no inverno, a pedir esmolas, em atitude de humilhação. Praticava frequentes jejuns e dormia numa cama de pedra fria como forma de golpear e afligir seu corpo. Era corrente, naquela mentalidade medieval católica, que sofrimentos agregam merecimento. Assim, era comum à prática monástica infligir a si mesmo dor, golpes e sofrimento. A terrível mensagem subliminar disso é que "Deus teria algum prazer no sofrimento de seus filhos".

Assim, Lutero, em suas práticas devocionais severas, dedicava-se à oração profunda e sincera, mas também a todos os atos de ascetismo rigoroso. Entretanto, frequentemente confessava o que para ele era um dos seus maiores pecados: fazia tudo aquilo sem amar a Deus por ver nele apenas um juiz implacável e pronto a castigar duramente os filhos. Tudo que Lutero fazia, portanto, era para aplacar a ira de Deus, não porque o amasse. Mais tarde, ao referir-se a Staupitz, Lutero afirma: "Se o doutor Staupitz, ou antes, se Deus, por intermédio dele, não me tivesse ajudado a sair ileso das tentações, eu me teria afogado nelas e me encontraria no fundo do inferno."

Roma, a Babilônia da Europa

Roma, a "cidade eterna", era o principal centro de influência cristã àquela época. Nenhuma cidade chegava próximo àquilo que Roma representava para toda a Cristandade. Em 1511 — seis anos antes, portanto, daquele memorável 31 de outubro —, Lutero foi enviado à Sé romana com outro frade para tratar de questões administrativas relativas à Ordem Agostiniana. Seria um momento de grande significado para aquele cristão devoto e cheio de expectativas.

Para sua missão a Roma, recebeu dez florins de ouro para pagar suas despesas. Junto com seu companheiro de jornada, deveria se hospedar nos monastérios a caminho de Roma. No entanto, à medida que prosseguia, Lutero ia se incomodando com a vida luxuosa em alguns monastérios, em contraste com a imensa pobreza do povo, a frouxidão moral dos monges e a completa falta de interesse pelas questões genuinamente espirituais. Mesmo se desencantando progressivamente com os companheiros de vida monástica, Lutero ainda nutria uma sincera e piedosa expectativa pela chegada à "cidade de São Pedro". Finalmente, quando avistaram de uma colina a cúpula da Sé papal, o monge teria exclamado: "Salve Santa Roma!"

Numa das escadarias, considerada sagrada, havia a garantia de indulgência àqueles que a subissem de joelhos. Assim, o monge alemão percorreu Roma inteira em sua sinceridade, visitando cada lugar sagrado da cidade e ali fazendo orações fervorosas. Porém, quanto mais Lutero conhecia a cidade no período de um mês que ali permaneceu, mais se encontrava com a realidade degradada e de decadência moral dos religiosos em geral. A cidade que ele saudara como santa, descobriu afinal, era um antro de iniquidade. Os sacerdotes viviam abertamente uma vida licenciosa e costumavam cobrar em dinheiro por cada serviço religioso que desempenhavam.

Diante de sua simplória devoção, religiosos da cidade zombavam de sua ingenuidade. Mesmo os membros da corte papal eram pessoas a viver uma vida deplorável, e o provérbio corrente que se ouvia sobre a cidade era: "Se há inferno, Roma foi edificada sobre ele." À época que Lutero e seu companheiro de jornada deixaram a cidade, sua percepção da "cidade eterna" era completamente outra. Não havia mais nenhuma reverência a Roma, e a desilusão completa à luz daquilo que ali se praticava tornara-se uma definitiva conclusão.

Para ajudar Martinho Lutero em suas buscas, Staupitz o enviou a estudar e a pós-graduar em Teologia. O jovem e agitado monge, brilhante agostiniano, lançou-se ao estudo das Sagradas Escrituras a fim de apaziguar sua alma perturbada e confusa com a percepção da justiça de Deus e sua própria incapacidade de satisfazê-la. Se é necessário satisfazer a

> **A ESPIRITUALIDADE MONÁSTICA**
> Entre os escritos de Bernardo, selecionamos, para nossa reflexão, alguns trechos do famoso livro *Um tratado sobre o amor de Deus*: "Vocês querem, então, saber de mim por qual motivo e em que medida nós devemos amar a Deus? Pois bem, eu vos direi que o motivo do nosso amor por Deus é ele mesmo, e que a medida desse amor é amar sem medida."

justiça divina, cujo padrão é altíssimo, como finalmente ter segurança de que fizemos o suficiente?

Em 1508, Staupitz sugeriu ao príncipe Frederico da Saxônia, que abrira uma Universidade em Wittenberg, a convidar Lutero como professor e pároco da Igreja de Santa Ana. Ele percebeu que tal oportunidade a ser dada ao seu discípulo muito contribuiria para o progresso espiritual do inquieto monge. Martinho Lutero deixou, então, o convívio dos monges e mudou-se definitivamente para Wittenberg para ensinar Filosofia e Teologia. Finalmente, em 1512, Lutero concluiu sua pós-graduação, tornando-se doutor em Teologia. Nesses seus anos atormentados, na sua luta em torno das coisas concernentes à salvação da própria alma, enquanto analisava profundamente o texto da Epístola aos Romanos, a paz de Deus chegou ao jovem Martinho.

Através de seu estudo de Paulo, Agostinho e Guilherme de Ockham, Lutero pôde ver mais claramente que era por intermédio da fé em Cristo apenas, e não pelas suas próprias obras e seu mérito, que receberia a salvação. A retidão seria encontrada apenas em Jesus Cristo, que atribui essa "justiça imputada" para sempre ao homem que simplesmente crê. Toda a obra, portanto, já havia sido concluída. Nada mais restava a ser feito, a não ser crer nela. Tudo era uma questão de fé, e não de obras humanas.

O atormentado e sincero monge finalmente encontrou a mais absoluta paz e certeza de sua salvação na afirmação de Romanos: "A justiça de Deus se revela no Evangelho, de fé em fé, como está escrito, o justo viverá pela fé" (Rm 1:17). Suas conclusões teológicas retornaram diretamente aos escritos de Paulo. Se o justo viverá pela fé, toda a salvação será operada unicamente pela obra e pelo mérito de Jesus Cristo e sua obra redentora. Deus se dá por satisfeito com esse plano perfeito de redenção engendrado por ele mesmo.

Assim, não haveria mais obra imperfeita e humana nem sacrifício a ser exigido como *complemento* àquele sacrifício

> **A ESPIRITUALIDADE MONÁSTICA**
> Bernardo afirmava que o motivo pelo qual devemos amar a Deus é o próprio Deus. Aliás, se colocarmos sob um ponto de vista de mérito, não há nenhum maior que o divino pelo fato de ele ter se entregado por nós, mesmo sendo indignos; de fato, o que poderia ele, tão Deus quanto é, dar algo que valesse mais do que ele?

realizado pelo próprio Deus. Aqui já caíram por terra várias doutrinas e práticas acrescentadas pela tradição pagã. Não há mais nada a ser feito. Nada mais, a não ser aceitar alegremente, por pura graça, esse dom maravilhoso oferecido por Deus. Lutero finalmente encontrou-se com o Deus do amor, da misericórdia e da graça. O Deus que, ao mesmo tempo, é justo e que, para satisfazer sua perfeita justiça, oferece a si mesmo como sacrifício por um desmedido, incondicional e perfeito amor pelo homem.

Lutero vai além de Agostinho e de Guilherme de Ockham. A respeito deste assunto, os teólogos católicos e luteranos não puderam concordar. E aqui está a sua principal e irreconciliável diferença. Sob essa luz, as Escrituras Sagradas tornaram-se a única autoridade para toda fé e prática. Se a justiça de Deus é satisfeita no Evangelho da obra de Cristo, não há mais espaço para méritos e obras humanas, muito menos para purgatórios e indulgências, peregrinações e ascetismo de dores autoinfligidas. A necessidade de se castigar e viver uma vida monástica a fim de barganhar com Deus a própria salvação deixa de fazer sentido.

Inicialmente, porém, a experiência espiritual de Lutero não fez com que ele rompesse com Roma. Antes, era uma experiência espiritual e particular. Ele ainda era um piedoso sacerdote católico. Era um servo sincero da Igreja e praticava uma vida sacerdotal piedosa. Lutero devotava ao papa e aos seus próprios superiores genuína obediência.

Monumento em homenagem a Martinho Lutero na cidade de Wittenberg, na Alemanha.

Sub-prior do mosteiro, pregador e professor

Lutero começou ministrando cursos sobre a Filosofia Escolástica. Foi sustentado pelo mosteiro. Recebeu seu grau de doutor em Teologia e começou a dedicar-se mais à carreira de professor, que continuou até 1546 — primeiramente, em harmonia com a Igreja Romana; mais tarde, em oposição a ela. Davi e Paulo tornaram-se as colunas da sua teologia. Seus livros prediletos eram os Salmos, Romanos e Gálatas.

Começou a dar aulas sobre Salmos em 1513, depois sobre os Romanos, e começou fazer preleções sobre Gálatas em outubro de 1516. Terminou seus estudos com Gênesis em 17 de novembro de 1545. Publicou uma parte da Teologia Alemã (Obra dos Amigos de Deus) em 1516, e em 1518, publicou o livro todo com prefácio próprio. Sua primeira obra original publicada foi uma exposição dos sete salmos penitenciais, em 1517, às vésperas da Reforma. Uma teologia bíblica e evangélica governava Wittenberg; a Teologia e a Filosofia Escolástica, entretanto, foram destruídas. Tudo estava preparado para a Reforma. Em 1517, Lutero era ainda um bom católico, acreditava na intercessão dos santos, orava a Maria na celebração da missa e cria na repetição do sacrifício na Cruz e na transubstanciação.

Felipe Melanchton

Felipe Melanchton está profundamente ligado a Martinho Lutero e à Reforma na Alemanha. Ele nasceu da classe média em Bretor, ao sul do país, em 1497 (Lutero era do norte). Era aluno de Reuchlin (humanista) e, "com a idade de 21 anos, tornou-se um dos homens mais eruditos do seu tempo nos clássicos antigos". Em 25 de agosto de 1518, dez meses depois da publicação das 95 teses, chegou a Wittenberg como professor de Filosofia e de Grego. Foi recomendado por Reuchlin. Tornou-se o professor mais amado da universidade. Sua fama atraiu estudantes de todas as partes da Cristandade.

Casou-se em 1520 com Catarina Krapp. Sua vida doméstica foi muito feliz, e o casal teve quatro filhos. Muitas vezes, Melanchton cuidava do berço com uma mão e segurava um livro na outra. Repetia com a família o Credo Apostólico três vezes por dia. Imediatamente depois de sua chegada à universidade, tornou-se amigo íntimo de Lutero. Essa amizade entre ambos durou até o fim, e os dois estão sepultados na Igreja do Castelo, em Wittenberg.

Se Lutero era um homem de guerra, Melanchton era um homem de paz. Ele era mais erudito e moderado do que o amigo, o que ajudava a controlar o espírito agressivo de Lutero, que pode ser considerado o mais corajoso, o mais heroico e o mais dominante dos reformadores, enquanto Melanchton era o mais delicado, piedoso e conscienciosos. Foram unidos por Deus para suprir e completar um ao outro.

A Reforma Luterana teria sido muito diferente se fosse deixada exclusivamente nas mãos de Lutero ou de Melanchton. Sem Melanchton, não teria sido vitoriosa entre os eruditos da Alemanha; sem Lutero, não teria sido vitoriosa entre o povo. A Confissão de Augsburgo (1530), resumo da teologia luterana, é principalmente obra de Melanchton. Assim, tornou-se o principal fundador da teologia protestante.

A basílica das indulgências em Roma

O papa Leão X precisava de uma grande soma para prosseguir com a construção da magnífica Basílica de São Pedro, em Roma, iniciada em 1506 por Júlio II. Para conseguir o dinheiro, ele proclamou uma venda geral de indulgências, ou seja, a remissão dos pecados e do purgatório por um determinado preço. Cada fiel poderia, por certo valor, adquirir indulgências para si ou para seus parentes. Quanto maior a soma em dinheiro, maior e mais abrangente o perdão. Podia-se até comprar antecipadamente o perdão por pecados que ainda seriam cometidos no futuro. Quem assim o fazia estava livre de se confessar, de se arrepender e de abandonar a prática do pecado.

O principal vendedor na Alemanha era o eloquente monge dominicano João

> **A ESPIRITUALIDADE MONÁSTICA**
> "Deus nos amou primeiro. Ele, tão grande e nós, tão pequenos. Ele nos amou com excesso tal como somos, e sem qualquer mérito nosso. A medida do nosso amor por Deus deve ser sem medida, ou exceder qualquer medida; aliás, já que esse amor é imenso, infinito (pois assim é Deus), eu pergunto, quais seriam o termo e a medida de nosso amor por ele?", prossegue Bernardo em suas reflexões.

Tetzel, que passou a viajar por toda a região oferecendo as bulas de indulgências e proclamando: "Assim que suas moedas tocarem o fundo deste gazofilácio, a alma atormentada de seu parente saltará feliz do purgatório para o céu." Tetzel auferiu, assim, enormes somas. Metade do valor destinava-se a Roma e a outra metade, ao arcebispo de Mainz, que adquiriu o título comprando seu cargo em troca do preço oferecido pelo papa. As indulgências vendidas por Tetzel tinham preços especiais, de acordo com os vários pecados: poligamia, 6 ducados; perjúrio e roubo, 9; homicídio, 8; feitiçaria, 2 ducados; e assim por diante. Lutero disse, a respeito de Tetzel, na presença de Staupitz, seu superior:

> "Se Deus o permitir, eu farei um buraco em seu tambor." Não podia suportar um sistema que prometia perdão pelo pagamento de dinheiro. O valor prático das indulgências consistia na remissão do castigo devido depois da absolvição. No tempo de Lutero, porém, a ideia popular era a que as indulgências conseguiam não somente o perdão dos pecados, mas também a remissão do castigo. Deste modo, a venda de indulgências obscurecia e anulava a necessidade de arrependimento. (MUIRHEAD, 1951, p. 32)

Depois das cruzadas, a concessão de indulgências tornou-se uma fonte de riqueza eclesiástica e monástica. A maior parte do dinheiro foi canalizado para o tesouro papal. Espanha, Inglaterra e França resistiram a essas bulas, recusando-se a permitir a venda de indulgências em seus territórios, mas a Alemanha sob o reinado fraco de Maximiliano I cedeu ao domínio papal.

Leão X dividiu a Alemanha em três distritos, um sob o domínio de Alberto, arcebispo de Mainz e Magdeburgo. Metade do lucro gerado pela venda de indulgências seria empregado por Alberto no pagamento de sua dívida com o banqueiro Fugger de Augsburgo — dinheiro que foi usado na compra de uma arquidiocese —, e a outra metade seguiria para o papa a fim de ser empregada na construção da Catedral de São Pedro.

Alberto nomeou João Tetzel, da Ordem Dominicana, como seu comissário, o qual nomeou outros. O eleitor Frederico não permitiu que a Saxônia fosse invadida por esses vendilhões. Portanto, os vendedores pararam na divisa em Juteborg, a 12 quilômetros de Wittenberg. Para Lutero, agora sensível à imerecida graça de Jesus Cristo, pela qual os homens são livremente perdoados, a prática profana e blasfema de venda de remissão dos pecados tinha de ser extirpada da Igreja.

Diante da *pregação* de Tetzel, o reformador foi tomado de zelo pelas suas ovelhas. Além de pregar em sua paróquia contra tal prática, Lutero, de acordo com a etiqueta acadêmica, propôs também um debate na universidade. Redigiu, publicou e afixou 95 artigos referentes ao comércio de indulgências na porta da igreja da Universidade de Wittenberg no dia de Todos os Santos. Era 31 de outubro de 1517. Além disso, como de costume, uma cópia foi enviada ao arcebispo de Mainz. Após a enorme controvérsia e o clamor público causado inesperadamente pelas teses, o arcebispo as remeteu diretamente a Roma.

A publicação das teses em latim obedecia à prática acadêmica de se propor um debate acerca de determinado assunto. Era essa a atitude quando algum mestre desejava discutir algum tema na universidade. Lutero, portanto, publicou suas teses em latim, a língua restrita ao ambiente acadêmico e litúrgico. No entanto, o que deveria ter sido um debate restrito à pequena cidade de Wittenberg alastrou-se como fogo.

As teses foram copiadas e traduzidas para a língua alemã, e dezenas de milhares de cópias passaram a circular com a ajuda da imprensa por todo o país. Em questão de semanas, as teses haviam sido traduzidas para outras línguas, e em alguns meses, toda a Europa lia, debatia e se posicionava acerca dos 95 artigos propostos por Lutero. Na Alemanha, naquela noite de Todos os Santos, uma centelha foi acesa que inflamaria toda a Europa com uma poderosa reforma nas práticas da Igreja, suas doutrinas, sua tradição, sua liturgia e estrutura de autoridade e

> **A ESPIRITUALIDADE MONÁSTICA**
> Bernardo continua: "Eu te amarei, portanto, Senhor, tu que és a minha força e meu apoio, meu refúgio e minha salvação, Tu que és, para mim, tudo o que pode existir de mais desejável e mais amável [...] Meu Deus e meu sustento, eu te amarei com todas as minhas forças, não tanto quanto mereces, mas certamente tanto quanto eu puder, se eu não puder o quanto deveria, pois é impossível para mim amá-lo mais do que todas as minhas forças."

governo. Nações inteiras seriam libertadas do jugo da superstição, num retorno vivo e apaixonado à pureza e à prática apostólica.

As 95 teses, o marco da Reforma Protestante

Como já vimos, quando Martinho Lutero pregou o pergaminho com as 95 teses na porta da Igreja do Castelo de Wittenberg, ele não o fez com a pretensão de dividir ou desencadear um grande movimento na História da Igreja. Ele agia como o padre que, com preocupação, via como as almas dos seus paroquianos eram desviadas. O perdão de Deus era comercializado como mercadoria, e as tais "cartas de indulgência" passavam a substituir um genuíno arrependimento dos pecados cometidos. O objetivo com as teses era suscitar uma discussão sobre a legitimidade bíblica de tal negócio. Deus oferece o perdão ao pecador arrependido por graça e bondade, pela obra de Cristo, ou o perdão deve ser oferecido como mercadoria a ser comprada por meio de "cartas de indulgência"? Este era o ponto central das teses.

Como padre, Martinho Lutero tinha uma certeza ingênua de que o chefe da Cristandade, o papa Leão X, desconhecia o absurdo que se anunciava em seu nome e autoridade. A discussão sobre as 95 teses deveria trazer a conclusão clara disso. O reformador escolheu a véspera do dia de Todos os Santos porque, naquela data, uma multidão afluía à igreja para ver a numerosa coleção de relíquias expostas à curiosidade popular. Assim, 31 de outubro de 1517 marcou o início da Reforma.

Algumas das teses

A ESPIRITUALIDADE MONÁSTICA
A influência de Bernardo de Claraval atravessou os séculos e chegou até nós. Seus escritos causaram admiração mesmo nos teólogos reformadores, como Lutero e Calvino, que examinaram seus ensinamentos sobre a graça e o amor de Deus.

Bettenson (1961, p. 231 a 238) aponta alguns trechos das teses que são de importante relevância para a reflexão sobre alguns princípios que fez suscitar a Reforma.

> Por amor à verdade e movido pelo zelo de elucidá-la, será discutido em Wittenberg, sob a presidência do Rev. Padre Martinho Lutero, mestre das Artes Livres

e professor catedrático da santa Teologia ali mesmo, o que se segue. Pede-se que aqueles que não puderem estar presentes para tratar do assunto verbalmente conosco o façam por escrito. Em nome do nosso Senhor Jesus Cristo. Amém.

1. Quando nosso Senhor e Mestre Jesus Cristo disse: "Fazei penitência" (Mt 4:17), ele quis que toda a vida dos fiéis fosse uma vida de arrependimento.

6. O papa não pode perdoar uma única culpa de pecado, senão declarar e confirmar que a culpa já foi perdoada por Deus.

11. Essa ideia de transformar a pena canônica em penas do purgatório aparentemente foi semeada quando os bispos se achavam dormindo.

27. Pregam futilidades humanas todos os que afirmam que, tão logo a moeda soar ao ser jogada na caixa, a alma se eleva do purgatório.

32. Serão eternamente condenados, juntamente com seus mestres, aqueles que julgam obter certeza de sua salvação mediante indulgências.

36. Todo e qualquer cristão verdadeiramente compungido tem pleno perdão da pena e da culpa, o qual lhe pertence mesmo sem a indulgência.

43. Deve-se ensinar aos cristãos que quem dá aos pobres ou empresta aos necessitados procede melhor do que quando compra indulgências.

45. Deve-se ensinar aos cristãos que aquele que vê um necessitado e, a despeito disso, gasta o dinheiro com indulgência não recebe as indulgências do papa, mas atrai sobre si a indignação de Deus.

50. Deve-se ensinar aos cristãos que, se o papa tivesse conhecimento das ações dos pregadores de indulgência, preferiria ver a Catedral de São Pedro reduzida a cinzas a ser edificada com a pele, a carne e os ossos de suas ovelhas.

52. É vã a confiança de ser salvo mediante as indulgências, mesmo que o comissário papal ou mesmo que o próprio papa empenhe sua alma como garantia.

53. São inimigos da cruz de Cristo e do papa todos os que, por causa das indulgências, mandam silenciar completamente a Palavra de Deus nas demais igrejas.

62. O verdadeiro tesouro da Igreja é o santíssimo Evangelho da glória e da graça de Deus.

79. Afirmar que o símbolo com a cruz de indulgências e adornado com as armas do papa tem tanto valor como a própria cruz de Cristo é blasfêmia.

95. E assim, esperem mais entrar no Reino dos céus através de muitas tribulações do que mediante consolações infundadas, esse comércio vil com o que é sagrado.

Em reação às teses de Lutero, Tetzel encheu-se de furor. Opôs-se a elas, e em janeiro de 1518, em Frankfurt, onde ficava a universidade rival de Wittenberg, dirigiu-se em procissão solene para um dos arrabaldes da cidade. Levantou um púlpito e um cadafalso, sobre o qual queimou as teses de Lutero, bradando do púlpito que a mesma sorte teria o frade. Em réplica, os estudantes de Wittenberg queimaram as teses de Tetzel. Lutero não tomou parte nisso.

A reação inicial do papa Leão X foi dizer: "Frei Martinho é homem de talento. Seu rompimento é uma contenda de monges ciumentos. Foi um ébrio alemão quem as escreveu. Quando a embriaguez se dissipar, pensará de outra maneira." O efeito daquelas teses foi tão inesperado que não se limitou aos letrados, chegando ao conhecimento do povo alemão, de onde se espalhou pelo restante do continente. O povo passou a debater e a aplaudir o que naquelas frases se anunciava: a libertação do jugo de um sistema clerical que, em vez de servir, dominava e torturava abusivamente as suas almas.

O tema "indulgências", ainda que presente na teologia católica, sempre foi assunto secundário, nunca fora tratado como algo central. É, porém, esse tema secundário que faz eclodir a Reforma com os tais 95 artigos propostos para debate acadêmico. Com as teses, Lutero acertou o alvo de um esquema financeiro, político e eclesiástico que envolvia o acerto de distribuição de lucros da ordem de 50% para a Sé romana e 50% para os arcebispos locais.

Lutero perante o cardeal Cajetano na Dieta de Augsburgo

No verão de 1518, o papa exigiu que Lutero comparecesse a Roma dentro de 60 dias para fazer sua defesa em relação à acusação de heresia. Pela intercessão do eleitor Frederico, influenciado por Espalatino, capelão da corte, a audiência foi transferida para a Alemanha por ocasião da Dieta Imperial em Augsburgo, de 1518. O papa foi representado pelo cardeal Cajetano. O cardeal foi instruído a obter a retratação de Lutero ou mandá-lo a Roma. O próprio Staupitz foi a Augsburgo para ver se podia ajudar o amigo. Não o conseguindo demover, decidiu desligar Lutero da obediência para com a Ordem Agostiniana. Essa atitude teve dois fins em vista: "Evitar que a Ordem ficasse maculada com a condenação de um de seus membros e livrar-se da responsabilidade no caso de o cardeal exigir dele que obrigasse Lutero ao silêncio ou a retratação."[2]

A Dieta criticou a Igreja de Roma, acusando-a de tirar o dinheiro dos alemães e deixá-la sem pastores, criando um ambiente desfavorável ao cardeal. Lutero compareceu três vezes. No início, Cajetano o tratou cordialmente, pedindo dele a retratação e submissão absoluta ao papa. Lutero se recusou, declarando que nada podia fazer contra sua consciência. Assim, Cajetano passou a ameaçá-lo

> **A ESPIRITUALIDADE MONÁSTICA**
> Um dos filhos espirituais de Bernardo de Claraval, Tomás Merton (1915-1968), tornou-se uma das principais vozes da espiritualidade contemporânea. Merton escreveu copiosamente sobre o tema da contemplação. Entre tantos livros, encontra-se sua maravilhosa autobiografia, A Montanha dos sete patamares, um clássico da literatura espiritual na qual ele discorre sobre si, mas, principalmente, sobre seu encontro com Deus.

.....
2   LESSA, 1960, p. 98.

com a excomunhão e o despediu com as seguintes palavras: "Retrate-se ou nunca mais compareça perante mim." Reconhecendo que o cardeal tinha autoridade para colocá-lo sob a ordem de prisão, Lutero escapou de Augsburgo, com a ajuda de amigos, pela pequena porta da muralha da cidade durante a noite de 20 de outubro. Montado num cavalo, chegou a Monheim, na Bavária. No dia seguinte, caiu exausto na palha de uma estrebaria. Finalmente chegou a Wittenberg no dia do aniversário das 95 teses, 31 de outubro de 1518.

Antes de sair de Augsburgo, Lutero deixou uma carta, apelando ao papa. Cajetano escreveu a Frederico, lamentando o procedimento do reformador em desobediência ao decretal e ao papa. Pediu a Frederico que o mandasse a Roma ou o banisse de seu território. Lutero também escreveu ao príncipe, oferecendo sua versão do encontro e explicando que o referido decretal estava contrariando as Escrituras — e entre as Escrituras e o decretal preferia obedecer às Escrituras. Lutero não foi banido nem mandado a Roma.

Em 28 de novembro de 1518, apelou ao papa por um Concílio Geral. A reação indefensável de Roma contra Lutero precipitou finalmente o deslocamento do assunto das indulgências para temas mais centrais, como a doutrina bíblica, a autoridade e a supremacia das Escrituras e, posteriormente, o questionamento da autoridade dos concílios e dos papas. Depois de tudo, o arcabouço católico de rituais, tradições e penduricalhos foi demolido implacavelmente por Lutero e pelos demais reformadores, que adotaram as cinco "Solas" em latim — "Sola Fide, Sola Gratia, Sola Scriptura, Solo Cristus, Soli Deo Gloria" — a fim de tornar clara a sua mensagem.

O debate de Lutero com o dr. Eck em Leipzig

O debate era uma prática corrente nas Universidades sobre temas julgados relevantes, e durava vários dias. O dr. João Eck, professor da Universidade de Ingalstadt, na Bavária, era representante da Universidade de Leipzig, rival de Wittenberg. O assunto principal do debate foi a autoridade do Papa e a infalibilidade da Igreja. Outros assuntos foram sobre o purgatório, indulgências, arrependimento e a absolvição sacerdotal. Eck afirmava que o papa era o sucessor de São Pedro e o vigário de Cristo por direito divino. (LESSA, 1960)

Lutero afirmava que aquilo era contrário às Escrituras, à Igreja antiga e ao Concílio de Niceia, e era somente baseado nos decretos dos papas. Durante o debate, Lutero mudou de opinião a respeito dos concílios, declarando que João Huss foi injustamente condenado pelo Concílio de Constança, ou seja, um concílio poderia errar. Eck, como professor experiente, inteligente, articulado e perspicaz, levou ao debate as doutrinas pregadas um século antes por João Huss, que fora condenado por heresia e queimado ao fogo. Eck forçou Lutero a declarar que papas e concílios podem errar e que a doutrina de Huss era bíblica. (LESSA, 1960)

O debate foi duríssimo, e a conexão objetiva das posições teológicas de Lutero com um herege condenado estava definitivamente construída. No debate, Eck afirmou que as posições de Lutero eram as mesmas de um herege condenado pela Igreja de Roma. De Wittenberg vieram duzentos estudantes e Felipe Melanchton, amigo pessoal e cooperador de Lutero. Ele descreveu seu amigo Melanchton nestas palavras: "Sou áspero, violento, tempestuoso e tudo o que seja hostil. Preciso remover os tocos, cortar fora as cordas e espinhos e limpar a floresta selvagem; então o mestre Felipe vem suave e gentilmente semeando e regando com alegria."[3]

> **A ESPIRITUALIDADE MONÁSTICA**
>
> *Senhor meu Deus, não sei para onde vou.*
> *Não vejo o caminho em frente, nem sei ao certo onde ele findará.*
> *Na verdade, nem me conheço, e o fato de pensar que estou seguindo a tua vontade*
> *Não quer dizer que eu esteja sendo fiel a ti.*
> *Mas creio que o desejo de te agradar te agrada realmente,*
> *E espero manter esse desejo em tudo quanto fizer.*
> *Espero jamais fazer qualquer coisa alheia a esse desejo.*
> *Sei que, ao agir assim, tu me conduzirás pelo caminho certo,*
> *Embora eu nada possa saber sobre ele.*
> *Por isso, sempre confiarei em ti; mesmo que me sinta perdido*
> *Ou às portas da morte, nada temerei, pois tu estás sempre comigo*
> *E nunca me deixarás sozinho.*
>
> Tomás Merton.

.....
3   LESSA, 1960, p. 110.

O debate terminou com as seguintes palavras de Lutero: "O reverendo Eck foge das Escrituras como o Diabo da cruz. Quanto a mim, salvo o respeito devido aos padres, prefiro a autoridade da Bíblia. É ela que eu recomendo aos nossos juízes."[4] Os dois afirmaram a vitória no debate, mas Lutero foi mais beneficiado pela disputa. Ele impressionou muito os jovens de Leipzig. Muitos deles se transferiram para Wittenberg. A importância desse debate está em que, pela primeira vez, Lutero negou a ordem divina e o direito divino do papado e a infalibilidade de um concílio geral. Depois deste debate, Lutero tinha como guia somente as Escrituras, seu próprio juízo e sua fé em Deus. A partir dali, Lutero entraria numa cruzada revolucionária contra a Igreja Romana.

Porta da Igreja do Castelo de Wittenberg, onde Lutero afixou as 95 teses.

.....
4   LESSA, 1960, p. 111.

A bula Exurge Domini

A resposta do papa às exposições de Lutero foi o decreto *Bulla contra errores Martini Lutheri et sequaciuma*, mais conhecida como bula *Exurge Domini* — "Levanta-te, Senhor", em latim. Uma bula era um comunicado oficial passado "em nome de Deus", e a *Exurge Domini*, cujo rascunho fora coordenado por João de Eck com a cooperação de um comitê que propôs não discutir e nem responder em réplica a nenhuma das posições de Lutero, condenava 41 pontos das propostas luteranas. As condenações baseavam-se nas 95 teses, no debate realizado na Universidade de Leipzig e nas conclusões publicadas pelas universidades de Colônia definindo as propostas de Lutero como "problemáticas".

O texto da bula proposto pelo comitê foi finalmente adotado por Leão X. Como decreto papal, impunha ao frade a ameaça de excomunhão da Igreja se, dentro de 60 dias, não revogasse tudo o que havia escrito e ensinado. Portanto, não haveria discussão alguma. A bula decretava que todos os livros do monge agostiniano, doutor em Teologia e professor da Universidade de Wittenberg, fossem queimados, o que se fez realmente em algumas cidades, como em Colônia e Mogúncia.

Assim, como a excomunhão era uma arma terrível, com ela o papa desejava sufocar definitivamente aquelas ideias e o próprio monge alemão. Naquela época, uma pessoa excomungada não podia receber apoio de ninguém, o que, na prática, significava uma condenação à morte. Com essa condenação final, o papa esperava concluir o assunto ao fazer de Lutero um pária numa Europa católica. Era dessa forma que, desde sempre, a Igreja de Roma resolvia seus assuntos.

As posições e ensinos de Lutero, porém, já tinham sido disseminados entre o clero alemão, nos centros acadêmicos, entre a nobreza e o povo em geral, e muitos adotaram as posições luteranas por convicções religiosas, enquanto outros, por razões políticas. Aquele era um tempo de crescente nacionalismo alemão. Dessa

---

A ESPIRITUALIDADE MÍSTICA

Vivo sem viver em mim,
E tão alta vida espero
Que morro porque não morro.

Teresa de Ávila.

forma, o papa determinou que o cardeal Aleandro, juntamente com o dr. João Eck, publicassem a bula de condenação na Saxônia, mas a tarefa mostrou-se extremamente árdua em função do grande apoio público aos ensinos de Lutero. Em Erfurt, por exemplo, os estudantes se reuniram e lançaram ao rio várias cópias da bula papal. Por fim, vencido o prazo imposto pelo papa, Lutero reuniu o corpo docente da Universidade de Wittenberg e amigos para queimar em praça pública a bula que o excomungara. Em um comunicado público, o reformador afirmou: "*Adversus Execrabile Antichristi Bullam*", ou seja, "contra a execrável bula do anticristo, a que afirma serem os meus artigos erro, heresia e escândalo, mas não aponta qual deles e qual é o erro ou heresia".

Assim, afirmou Lutero, quem escreveu aquela bula teria sido o próprio anticristo. A essa altura, a controvérsia que começara apenas como uma simples proposta de debate acadêmico focado na questão secundária das indulgências passou por uma escalada impressionante ao questionar a autoridade do papa e toda a pesada e controversa tradição católica.

Quando lançou a bula ao fogo, Lutero pronunciou em latim o juízo de Josué contra Acã (Js 7:25). "O ponto onde tal aconteceu está ainda em Wittenberg, à sombra de um carvalho, cercado de uma grade de ferro com uma placa comemorativa." "O incêndio ateado ao lado da porta oriental ilumina o mundo há cinco séculos, e Roma jamais o extinguirá."[5]

Em 3 de janeiro de 1521, o papa declarou a excomunhão final contra Lutero e seus seguidores e o interdito sobre os lugares onde eles estariam abrigados. "Nove décimos da nação fortaleciam Lutero e o décimo restante não morria de amores pela Cúria."[6] Nessa postura desastrosa e arrogante por parte da Igreja de Roma ao lidar com as questões criadas pelos 95 artigos de Lutero, ficava exposto também que nunca fora sem o conhecimento ou a aprovação do papa em Roma que os abusos na questão das indulgências vinham sendo praticados. Ao contrário, tudo havia sido feito com sua direta iniciativa, aprovação e conivência.

---

5   LESSA, 1960, p. 142-143.
6   Ibid., p. 149.

Já libertado das amarras, em 1520 Lutero escreveu seus três mais poderosos tratados. Em *À nobreza cristã da Alemanha*, Lutero pede que o país se una contra os abusos de Roma. Em *Do cativeiro babilônico da Igreja*", ele ataca as doutrinas não bíblicas da Igreja Romana, especialmente os sacramentos extras sem fundamento bíblico. E no seu *Da liberdade cristã*, ele enfatiza a iniciativa, a liberdade e o sacerdócio de cada crente. Para Lutero, portanto, cada crente era um ministro e sacerdote aos olhos de Deus.

O imperador Carlos V

Carlos V queria uma reforma dentro da Igreja, mas sem qualquer mudança de doutrina. Lutou contra qualquer ideia nova. Sustentava a noção de que um concílio geral era a mais alta autoridade da Igreja. Era frio, calmo, paciente, persistente, às vezes cruel. Nunca perdoava uma injúria.

Carlos V foi um homem de muitas guerras. Enfrentou batalhas na Espanha; os ataques dos turcos; lutou contra Francisco I, rei da França, pela supremacia na Itália; e contra Lutero e a Reforma, na Alemanha e demais territórios. Carlos e Lutero encontraram-se só uma vez, na Dieta de Worms. Depois de reinar por 36 anos, abdicou de seu trono e foi morar num mosteiro na Espanha. Morreu segurando uma vela na mão direita e apertando um crucifixo aos lábios. As suas últimas palavras foram um clamor a Jesus.

A Dieta de Worms

Sem conseguir nada pela via eclesiástica com sua bula, que fora simplesmente ignorada, o papa Leão X passou a apelar diretamente à interferência do governo secular e ao imperador Carlos V para tomar providências contra o monge, agora considerado formalmente um herege. Assim, Lutero é então intimado a comparecer diante do próprio imperador, um católico devoto, rei da Espanha e de todo o Sacro Império Romano-Germânico. A questão luterana era considerada grave não somente por causa da controvérsia religiosa, mas também em razão da ameaça da invasão turca que chegara até a Áustria. Carlos V esperava restaurar a unidade de seu dividido império através da negociação com os protestantes cismáticos alemães.

A ajuda dos príncipes alemães contra os turcos era crucial. A Dieta (termo usado para se referir a uma assembleia imperial), a ser realizada na cidade de Worms, foi convocada exclusivamente para forçar Lutero, agora perante o poder civil e o próprio imperador, a renunciar a todas as suas convicções. A caminho de Worms, a viagem tornou-se uma jornada triunfal. Em cidades e vilas, o monge de Wittenberg era saudado como herói e recebido festivamente pelo povo e por religiosos em geral. Em Leipzig, em 1519, no debate com João de Eck, Lutero desafiara o papa e a Igreja Católica romana. Em Worms, ele compareceria diante do poderoso imperador que governava a Espanha, os países baixos, toda a Alemanha e um vasto território.

Quando, diante do imperador, o arauto imperial apontou para uma mesa onde estavam todos os escritos e exigiu diretamente que Lutero se retratasse de tudo, o reformador argumentou que seus livros e escritos que ali estavam abordavam diferentes temas. Muitos deles eram estudos da Bíblia, elogiados até por certos inimigos. Assim, não fazia sentido "renegar", de maneira genérica, tudo que estava ali publicado. Por fim, seu inquisidor exigiu uma resposta direta e veemente. Diante disso, Lutero afirmou:

"Vossa Majestade Imperial e Vossas Senhorias pedem uma resposta simples. Ei-la, simples e sem subterfúgios: a não ser que eu seja convencido de erro pelo testemunho das Escrituras ou — visto que não dou valor à autoridade não provada do papa e dos concílios, por ser claro que eles muitas vezes erraram e frequentemente se contradizem — por um raciocínio evidente, continuo convencido pelas Escrituras, às quais apelei e a minha consciência foi feita cativa pela Palavra de Deus, que não posso e não quero retratar-me de qualquer coisa, pois agir contra a nossa consciência não é coisa segura e nem permitida a nós. Esta é a minha posição. Eu não posso fazer outra coisa. Que Deus me ajude. Amém." As últimas palavras foram ditas em alemão: "*Hier stehe ich. Ich kann nicht anders. Gott helfe mir. Amen.*" (BETTENSON, 1967, p. 250)

A atitude de Lutero em Leipzig resultou em sua excomunhão da Igreja. Agora, sua atitude em Worms determinou também o seu banimento do império, onde todos estavam proibidos de defendê-lo ou de ler seus escritos. Na prática, o reformador estava condenado ao desterro e à morte. Não havia para onde ir ou onde se refugiar. Para salvar a vida de Lutero,

Frederico, "o Sábio", príncipe da Saxônia, raptou-o secretamente a fim de protegê-lo no castelo de Wartburg. Lá ele ficou confinado por quase um ano.

Lutero era um homem de moderação, apesar do ambiente inflamado daquele período. Com todas as suas falhas, ele foi o maior homem que já nasceu na Alemanha, e um dos grandes da História. Melanchton o chamou de "Elias do protestantismo". Com sua voz retumbante, ele despertou a Igreja de seu sono; quebrou o jugo da tirania papal; reconstruiu a liberdade cristã; abriu novamente a fonte da santa Palavra de Deus a todos os povos; e apontou os cristãos a Cristo, seu único Mestre. (SCHAFF, 1952/1953, p. 736)

A Reforma Luterana não tocava em muitos aspectos que só posteriormente outros movimentos na Igreja resgatariam. Os conceitos de Lutero da Igreja estatal, junto com o seu apoio dado às autoridades civis para reprimir os camponeses rebelados, quando mais de 100 mil pessoas perderam suas vidas, custaram a ele muito de sua popularidade entre aquelas pessoas humildes, das quais um bom número veio a se tornar anabatista.

O exílio em Wartburg

Lutero chamou a essa experiencia sua "Patmos" e seu "deserto". Tinha períodos de depressão e lutas com o Diabo. Escreveu livros, cartas e folhetos e os mandou mundo afora. O número é espantoso. Contrário à própria opinião de que estava passando seus dias no castelo em inatividade, seus mais importantes escritos são *Sobre votos monásticos*, uma exortação aos padres e frades que deixassem sua vida monástica e se casassem; *A Epístola e o Evangelho*, um tipo de manual para os pastores, completado em Wittenberg; a tradução do Novo Testamento para o alemão, publicada em 1527, é a obra mais nobre. "Fez da Bíblia o livro do povo na Igreja, na escola, e em casa."

> **A ESPIRITUALIDADE MÍSTICA**
> Mística — o que vem a ser? Contrária ao mero conhecimento teológico e filosófico a respeito de Deus como discurso, a mística cristã, por outro lado, diz respeito ao espaço divino de um encontro e de uma experiência pessoal com Deus pautada pela meditação nas Escrituras Sagradas e na prática constante da oração. A mística faz parte da vida cristã. Neste sentido, pode-se afirmar que todo cristão é um místico, já que o relacionamento com Deus é fundado na espiritualidade.

A Bíblia aberta para todos marca um maravilhoso progresso na História da Igreja, especialmente na Alemanha.

Outras contribuições de Lutero

Bainton (1955, p. 378), apresenta as contribuições literárias de Lutero, como a tradução da Bíblia para o alemão e dois catecismos publicados em 1529 — o Catecismo Maior e o Catecismo Menor ou Pequeno. Ambos foram compostos ao redor destes pontos: os dez mandamentos como um espelho do pecado; o Credo dos Apóstolos como proclamação do perdão; o Pai Nosso como uma aceitação da misericórdia; e os sacramentos do batismo e da comunhão (Santa Ceia) como canais da graça.

Publicou também *A liturgia*, em 1526, com o apoio do eleitor e a ordem do culto:

- O Evangelho do dia, cantado pelo ministro
- O Credo Niceno, recitado pela congregação
- Sermão sobre o Evangelho
- Pai Nosso
- Exortação
- Santa Ceia, com as palavras da consagração dos elementos cantadas pelo ministro
- O cantar do *Sanctus* de Isaías 6:1-4
- O *Benedictus*
- O *Agnus Dei* (Jo 1:29)
- Distribuição da Ceia
- Coleta
- Bênção

O Hinário Luterano foi publicado em 1524, composto de 23 hinos. Lutero colocou a música num nível alto. A Teologia, para ele, estava em primeiro lugar e a música, em segundo. Ele foi autor de 37 hinos. O hino *Castelo forte* foi escrito em 1529. A melodia é também dele. Dizem que Martinho Lutero, em tempos de dificuldades e provações, sempre se voltava para seu companheiro, Felipe Melanchton, e dizia: "Vamos, Felipe, cantemos o salmo 46", e assim cantavam *Castelo forte*.

A Dieta de Spira

Depois da saída de Lutero de Worms, o imperador comissionou Aleandro para preparar um edito em latim contra Lutero. Chama-se o Edito de Worms. Foi assinado em 26 de maio de 1521, não tão longo quanto a bula de excomunhão, mas igualmente intolerante e implacável. Mandava que se queimassem os livros de Lutero e proibia a impressão, a publicação e a venda. Proibia que alguém lhe desse abrigo ou alimentação.

No entanto, com o progresso do protestantismo, a execução do Edito de Worms foi se tornando impossível e pouco prática até ser simplesmente ignorada. Na Dieta Imperial de Spira, realizada no verão de 1526 sob o arquiduque Ferdinando, em nome do imperador, pela primeira vez os príncipes protestantes tiveram coragem de declarar a sua fé.

Em 27 de agosto, com o apoio de Ferdinando, a dieta unanimemente resolveu que um concílio geral ou nacional deveria ser convocado para o estabelecimento das questões concernentes à Igreja. Segundo Lessa (1960, p. 192-193), "em matéria de religião, todos os Estados deveriam proceder de maneira tal que estivessem prontos a responder por si diante de Deus e de Sua Majestade Imperial. Cada Estado poderia declarar qual a confissão religiosa a professar nos seus limites".

A Dieta de Spira não anulou o edito publicado na Dieta de Worms, condenando Lutero, nem era uma lei permanente de liberdade religiosa. No entanto, em resultados práticos, a resolução foi muito além de suas intenções, ajudando a causa do protestantismo. Um concílio geral só foi realizado 20 anos mais tarde. Esta data marca o início da soberania territorial alemã e o estabelecimento de igrejas do Estado.

Os príncipes luteranos, em minoria, tendo a impressão de que a proibição significava morte ao movimento da Reforma,

> **A ESPIRITUALIDADE MÍSTICA**
> A mística "é um discurso sobre Deus, tendo por ponto de partida a experiência pessoal do mistério. Este é o acontecimento primeiro, que estimula a reflexão e a narração — sem experiência, não há mística". (Teresa de Ávila)

apresentaram seu protesto em 25 de abril de 1529. Era um apelo a favor de si mesmos, de seus súditos e de todos aqueles que criam e haviam de crer na Palavra de Deus contra as decisões da Dieta, as quais consideravam contrárias a Palavra de Deus e à sua consciência. "O Protesto de Spira era baseado objetivamente na Palavra de Deus, subjetivamente no direito à consciência e ao juízo privativo, e historicamente na decisão da Dieta de 1526."[7]

Daquele protesto originou-se a palavra "protestante", mas não significava um sistema de negações, de impugnações dos dogmas católicos. Era, antes, um conjunto de afirmações, aceitando os dogmas do Cristianismo primitivo e repudiando apenas os baseados nas tradições. O seu sentido era positivo, conforme estabelecido no Novo Testamento e de novo proclamado, em sua primitiva pureza e poder, pela Reforma. É a base do protestantismo histórico, e isso lhe transmite vitalidade e permanência.

O protesto de Spira era a renovação e a expansão do protesto de Lutero em Worms. Foi assinado por seis príncipes e representantes de quatorze cidades imperiais. Esse termo, até os dias de hoje, refere-se a todos aqueles que se desligaram da Sé Romana a partir do movimento reformador luterano do século 16. Assinaram o Protesto:

Príncipes

- Eleitor João, O Constante
- Filipe de Hesse
- Jorge de Brandenburgo
- Ernesto — Duque de Luneburgo
- Francisco — Duque de Luneburgo
- Wolfgang de Anhalt

.....
7   LESSA, 1960, p. 167.

Representantes das cidades imperiais

- Estrasburgo
- Nuremberg
- Ulm
- Constança
- Reutlinger
- Wendsheim
- Lindau
- Kempten
- Menmingen
- Nordlingen
- Heibronn
- Isniy
- Sttall
- Weissanburgo

O apelo não foi considerado inicialmente pela Dieta, mas o posicionamento firme dos príncipes foi um marco importantíssimo para a vitória da Reforma. Havia uma séria ameaça dos exércitos turcos contra o Sacro Império Romano-Germânico de Carlos V. Temendo enfraquecer ainda mais suas defesas com a divisão entre luteranos e católicos, o imperador cedeu finalmente diante da pressão dos príncipes. As Dietas de Spira, em 1526, depois em 1529 e, por fim, a Paz de Augsburgo, em 1555, finalmente promoveram a tolerância em relação aos protestantes luteranos.

A Paz de Augsburgo

Após décadas de guerras, chacinas de parte a parte, radicalismos e profunda instabilidade política, os próprios monarcas católicos desejavam que um acordo produzisse uma paz definitiva. Assim, representantes protestantes e católicos reuniram-se em Augsburgo e finalmente assinaram um acordo, reconhecendo o direito de os príncipes alemães e de outras cidades livres adotarem, de acordo com a sua opção, a fé que decidissem seguir. Poderiam estabelecer em seus domínios o luteranismo ou permanecer católicos — o que, na prática, anulava os efeitos da Dieta de Worms, que condenara Lutero e banira seus ensinos anos antes. Outras correntes protestantes não foram incluídas nesse acordo. Somente um século mais tarde, em 1648, com outro tratado, a Paz de Vestfália, os calvinistas conquistaram finalmente o seu reconhecimento e sua liberdade de culto.

A situação do protestantismo era crítica em 1530. O propósito da Dieta mais uma vez era resolver a questão religiosa causada pela Reforma e preparar os exércitos imperiais para a guerra contra os turcos. O eleitor da Saxônia, depois de receber um convite para a Dieta, mandou que os teólogos de Wittenberg preparassem uma confissão de fé, que veio a ser chamada a "Confissão de Augsburgo". Ela afirmava que as Escrituras constituem a única autoridade final em matéria de fé e doutrina. Nela não havia menção do sacerdócio do cristão. Estritamente rejeitava o zwinglianismo e a Reforma Anabatista. A justificação pela fé era bem definida. A Confissão rejeitava a invocação dos santos, a missa, a negação do cálice ao povo, os votos monásticos e o jejum prescrito.

O imperador não quis que lessem a Confissão na Dieta, mas quando os protestantes insistiram, foi concedido o privilégio de lê-la em latim. Eles insistiram no vernáculo alemão e o imperador concedeu o privilégio. Foi lida em 25 de junho. Levou quase duas horas. O imperador caiu no sono. Foi assinada por sete príncipes e dois representantes das cidades livres.

Os príncipes foram muito corajosos. Quando Melanchton avisou ao eleitor da Saxônia das consequências possíveis, recebeu como resposta: "Farei o que é reto, com indiferença acerca da minha dignidade eleitoral. Confessarei o meu Senhor, cuja cruz estimo mais alta do que todo o poder da terra." Eck e outros apresentaram a refutação católica à Confissão de Augsburgo, afirmando que não representava o ensino de Lutero.

Em resposta, Melanchton apresentou a "Apologia da Confissão de Augsburgo". Em 22 de setembro, o imperador anunciou que, depois de ter ouvido e refutado a confissão dos protestantes, em vão conseguiu que eles se retratassem. Outro prazo, até 15 de abril de 1531, foi concedido para que se retratassem, durante o qual não deviam fazer propaganda nem perturbar os católicos, e deviam assistir o imperador na supressão aos anabatistas.

O princípio fundamental da Paz de Augsburgo foi reconhecer que, nos domínios onde um rei adotasse o protestantismo ou permanecesse católico, todos os seus súditos deveriam segui-lo. O fundamento por traz disso era o "Direito Divino dos Reis". Assim, onde a Igreja Romana permaneceu, pesada perseguição continuou a ser praticada contra as minorias protestantes. O mesmo se deu nos domínios luteranos onde católicos e anabatistas foram severamente perseguidos.

Em dezembro de 1530, os príncipes luteranos reuniram-se em Schmalkald (Esmalkalda) e prepararam a base de uma liga de defesa "cujo propósito era fornecer resistência ao edito imperial, se Carlos V decidisse impô-lo pelas armas".[8] Até o próprio Lutero achava que era lícito usar as armas em defesa própria contra o imperador, se fosse necessário. A liga foi definida em 27 de fevereiro de 1531. Chamava-se Liga de Schmalkald. Novamente, as ameaças de guerra por parte da França e dos turcos obrigavam o imperador Carlos V a contar com o apoio de todos os seus súditos alemães.

Assim, católicos e protestantes começaram as negociações que resultaram na Paz de Nuremberg, de 1532. Segundo esse acordo, era permitido aos protestantes continuar com sua fé, porém estaria proibido a eles estendê-la a outros territórios. O edito imperial de Augsburgo seria suspenso, e os protestantes ofereceriam ao Imperador seu apoio contra os

.....
8 GONZALEZ, 1983, p. 86.

> **A ESPIRITUALIDADE MÍSTICA**
> Teresa de Ávila, nascida Teresa Sánchez de Cepeda y Ahumada, em 1515, cresceu em Ávila, sua cidade de coração. Ela descendia de antigos judeus que habitavam a Península Ibérica desde o tempo dos mouros. Nasceu e cresceu num mundo em ebulição. Foi em sua época que ocorreu o descobrimento da America por Cristóvão Colombo. Um de seus irmãos serviu a coroa espanhola no Peru. Por certo, ela tinha conhecimento da colonização do continente americano pela Espanha e Portugal, e provavelmente tinha conhecimento sobre o Brasil.

turcos, ao mesmo tempo que se comprometiam a não ir além da Confissão de Augsburgo. (GONZALEZ, 1983, p. 86)

Por fim, a Liga de Schmalkald resultou na Guerra de Schmalkald (1545-1555) terminou com a Paz de Augsburgo (1555), que deu direitos iguais aos católicos e protestantes. Os seguidores de Zwínglio, os calvinistas e os anabatistas, porém, não foram reconhecidos. Cada príncipe escolheria qual seria a fé professada em seu território. Os súditos não tinham direito de escolher. Quanto às propriedades e aos territórios, a situação ao tempo do Tratado de Passau (1552) seria a norma. Se um líder espiritual católico se fizesse protestante, perderia sua posição e suas propriedades. O homem comum descontente com a fé de seu território tinha o direito de vender seus bens e mudar para outro território. Sua escolha se limitava a catolicismo ou luteranismo.

A ESPIRITUALIDADE MÍSTICA
Além de viver o momento da descoberta do novo mundo, Teresa experimentou a reviravolta do contexto religioso daquela época, quer dizer, o advento da Reforma Protestante. Chegou a escrever, posicionando-se contra Martinho Lutero, a quem via como inimigo da Igreja. Foi denunciada no tempo da Inquisição Espanhola, tendo de comparecer perante o terrível Tribunal Eclesiástico para explicar seus ensinamentos, suas práticas de vida cristã, e sua reforma na Ordem Carmelita, distanciada das origens. Teresa incomodava a Igreja de então. Seus livros foram recolhidos e queimados. Contudo, alguns manuscritos foram ocultados por gente que lhe protegia do severo controle da Igreja Romana.

Casamento e vida doméstica de Lutero

Em 1525, durante a Guerra dos Camponeses, Lutero casou-se com a ex-freira Catarina Von Bora. Ele mesmo a ajudou a sair do convento. Com suas próprias palavras, resolveu casar-se por três motivos: "Fazer a vontade de seu pai, irritar o papa e afligir o Diabo." Mas certamente houve motivo mais profundo e nobre do que isso. Foi "para salvar a ordenança mais antiga de Deus da tirania de Roma e indicar, pelo próprio exemplo, o direito dos ministros aos benefícios dessa ordenança".[9]

.....
9   SCHAFF, 1952, p. 455.

Depois da saída do último monge, o velho convento dos monges agostinianos foi doado à Universidade de Wittenberg pelo eleitor. Ele havia convidado Lutero a continuar sua residência ali. Foi esse lugar que se tornou "o santuário" de uma feliz família cristã. Catarina foi excelente esposa. Era trabalhadora, cuidava da casa, dos negócios, do jardim, dos filhos e dos muitos hóspedes. Sua "Keta", como Lutero a apelidara, manifestava-lhe a mais terna afeição. Consolava-o em seu desânimo, citando passagens da Bíblia. Libertava-o de todas as preocupações domésticas, sentava-se ao seu lado nas suas horas de lazer, bordava-lhe o retrato, lembrava-lhe os amigos a quem se esquecia de escrever e amiúde o divertia com a simplicidade de suas perguntas. Parece que certa dignidade marcava o seu caráter, pois Lutero algumas vezes a chamava "senhor Keta". (D'AUBIGNÉ, 1953, p.233)

O reformador não possuía hábitos regulares. Descuidava-se no trajar, esquecia-se, às vezes, de se alimentar direito. Seus livros, suas cartas e seus manuscritos viviam espalhados por todo lugar. Tinha um cão que aumentava a desordem, rasgando livros e papéis. "De todas essas irregularidades, livrou-o a nobre companheira", afirma Lessa (1960, p. 214). O mesmo autor afirma: "De 21 anos foi o decurso da vida conjugal de Lutero, passada na melhor harmonia, em simplicidade e afeto cordial. Nenhuma sombra de desordem obscureceu aquele lar, onde se respirava uma atmosfera religiosa."[10] Seis filhos nasceram do casal. Hans era o mais velho, que exerceu um cargo público de Direito e aparentemente causou preocupações aos pais. Isabel morreu na infância. Madalena morreu aos 14 anos. Em aflição, Lutero lamentou muito a perda da filha:

> "... eu a amo profundamente, bom Deus; se, porém, é de teu agrado levá-la, de boa vontade a darei." E à filha querida falou nestes termos: "Querida Lena, minha filhinha, preferes permanecer aqui na terra com teu pai ou desejas ir ter com o Pai Celestial?" "Seja o que Deus quiser", foi a resposta." E quando a depositou no caixão, Lutero disse: "Querida Lena, terás de ressuscitar e brilharás como uma estrela, como um sol. Quão estranho é

.....
10   LESSA, 1960, p. 215.

saber que ela está em paz e que tudo vai bem, e ainda me sinto tão triste."
(LESSA, 1960, p. 215)

Aspectos controversos da Reforma Luterana

A ideia de união da Igreja com o Estado impediu uma reforma puramente religiosa e conservou a ingerência estatal. Da mesma forma, eram controversos o batismo infantil e a doutrina da regeneração batismal contribuindo para a permanência do formalismo contra uma genuína espiritualidade na Igreja. Lutero rejeitou a doutrina da transubstanciação e do sacrifício da missa, mas sustentou a crença que veio a ser chamada "doutrina da consubstanciação", na qual o verdadeiro corpo e o verdadeiro sangue de Cristo são recebidos ao lado do pão e do vinho. Lutero a chamou "a presença de Cristo em, com, debaixo, ao redor e por trás do pão e do vinho."

Nem todos concordavam com Lutero, e logo esses pontos tornaram-se fatores mais divisionistas entre os reformadores. Mais tarde, foi uma das causas de divisão entre os luteranos e calvinistas. O sonho de Lutero da renovação de toda a Igreja alemã não se tornou realidade. A Paz de Augsburgo, de 1555, deixou a Alemanha permanentemente dividida entre o luteranismo e o catolicismo.

A ESPIRITUALIDADE MÍSTICA

Teresa se tornou monja carmelita aos 20 anos. Desde então, passou a ser chamada Teresa de Jesus, seu nome de religiosa. Tornou-se a grande reformadora da vida religiosa na Espanha. Sua rica história mostra uma busca por Deus desde quando era apenas uma criança. Contudo, somente na mocidade passaria pela experiência de conversão, o que a levou ao mosteiro carmelita de Ávila, onde se daria, mais tarde, sua profunda transformação espiritual e na vida religiosa. Teresa se tornara ali a principal representante da mística na Espanha.

Radicalismo e rebeliões

Durante o exílio de Lutero no Castelo de Wartburgo, seus seguidores comportavam-se "como crianças fora da escola, como soldados sem capitão". O primeiro tumulto foi em Erfurt (1521). Logo depois da passagem triunfante de Lutero pela cidade, na viagem a Worms, dois sacerdotes jovens foram excomungados porque tomaram parte nas demonstrações. Isso causou grande indignação, e cerca de 1,2 mil estudantes em poucos dias derrubaram sessenta casas de sacerdotes, e depois fugiram. Houve outros casos semelhantes. Marcaram o início da decadência da Universidade de Erfurt, que nunca foi restaurada à sua prosperidade anterior.

Em Wittenberg, o líder Andreas Karlstadt escreveu contra o celibato, os votos monásticos e a missa. Denunciou as imagens e os quadros e persuadiu o povo a removê-los e queimá-los. Karlstadt atacou os jejuns, orientando o povo a comer carne e ovos nos dias de jejum. Expressou desprezo pela Teologia e aconselhou os estudantes a estudar Agricultura. Perdeu-se completamente num misticismo confuso. Em novembro de 1521, trinta dos quarenta monges deixaram o mosteiro agostiniano de Wittenberg tumultuosamente.

Perto do Natal de 1521, chegaram os três "profetas de Zwickau", aumentando as forças descontroladas. Um deles chamava-se Tomás Muntzer. Esses homens foram expulsos de Zwickau por causa dos seus ensinos radicais. Pregavam contra a missa, o celibato, os votos monásticos, as tradições medievais, o batismo infantil, a instrução, o estudo, a necessidade de padres e ministros evangélicos. Consideravam a Bíblia desnecessária por serem "inspirados pelo Espírito". Afirmavam ter visões e comunicações com Deus e o anjo Gabriel, e profetizavam sobre a aproximação do milênio.

A situação era crítica, e Lutero foi informado sobre o que se passava. Foi a Wittenberg sob disfarce e passou três dias lá. Voltou à cidade em março de 1522 sem permissão oficial. "A situação era perigosíssima. Foi necessário resolver o seguinte: Lutero ou Karlstadt, reforma ou revolução, a palavra escrita ou inspiração ilusória, ordem ou confusão."[11] Num domingo, depois da sua chegada, subiu para o púlpito e pregou. Era o primeiro sermão de uma série de oito, um cada dia. A Palavra de Deus operou e a situação foi dominada. Os profetas de Zwickau saíram de Wittenberg e Karlstad se submeteu.

.....
11   LESSA, 1960, p. 180.

A Revolta dos Camponeses

A condição dos camponeses não era melhor do que a de escravos. Incitados por Muntzer, começaram a se rebelar na Suávia, no verão de 1524. No início, publicaram seu programa, um tipo de credo político e religioso composto de vários artigos:

1. O direito de eleger seus próprios pastores.
2. Serem desobrigados do dízimo pequeno sobre ovelhas, ovos e alimentos plantados em casa.
3. Abolição da escravidão (prometeram obedecer aos governadores ordenados por Deus quanto a todas as coisas razoáveis e cristãs).
4. Ser concedida a eles uma porção das matas para lenha.
5. Limitação de serviço compulsório.
6. Pagamento para o serviço realizado em excesso.
7. Diminuição do preço de aluguel.
8. Fim de punição arbitrária.
9. Restauração dos postos e campos que foram tirados das comunas, que eram uma divisão política da época.
10. Abolição do direito de *heriot* (tributo pago ao senhor de uma herança pelo herdeiro e sucessor), pelo qual as viúvas e os órfãos eram privados de sua herança.

Todas estas reclamações seriam provadas pelas Escrituras. Se não estivessem de acordo com elas, poderiam ser retiradas. Foram tratados duramente e sem concessão alguma. A guerra, então, irrompeu entre os camponeses e seus senhores. Erasmo escreveu, em 1525: "Todos os dias há batalhas sanguinárias entre os nobres e os camponeses. Tão perto de nós que podemos ouvir os tiros e os gemidos dos feridos." Em outra carta, escreveu: "Todos os dias, sacerdotes são aprisionados, torturados, enforcados, decapitados ou queimados." A revolução foi vitoriosa no começo. Os príncipes foram forçados a se submeter.

Lutero respondeu aos artigos com uma exortação à paz em maio de 1525. Afirmava que a maioria dos artigos era justo. Repreendeu os príncipes, nobres e bispos pela opressão sobre os pobres e insistiu que concedessem alguns pedidos. Também alertou os camponeses contra a revolução, lembrando-lhes de seu dever de obediência às autoridades (Rm 13:1). Nenhum dos lados deu atenção. Quando a guerra estava surgindo em todas as partes da Alemanha, Lutero escreveu seu folheto contra as hordas sanguinárias e furtivas de camponeses. Ao mesmo tempo, aconselhou os príncipes a guerrear contra a revolução. Cerca de 5 mil foram mortos na batalha decisiva, em Frankenhausen. Muntzer foi levado cativo, torturado e decapitado. O total final de mortos infelizmente chegou a cerca de 100 mil pessoas.

CAPÍTULO 9
OS PARADIGMAS QUESTIONADOS

"Se há alguma divergência, não seria conveniente voltar os olhos às igrejas mais antigas, nas quais os apóstolos viveram, a fim de tomar delas a doutrina para resolver a questão?" **Irineu**

Sola Scriptura

Como movimento de retorno às origens do Cristianismo, a Reforma suscitou uma questão central: qual é, afinal, o lugar das Sagradas Escrituras na vida da Igreja? Além disso, trouxe também uma segunda questão igualmente fundamental: qual a fonte máxima e final de autoridade na Igreja, e quem representa essa autoridade? As respostas a essas duas questões cruciais iriam redefinir o Cristianismo, produzindo enormes consequências não apenas internamente para a Igreja, mas também em termos socioeconômicos e geopolíticos. O mundo ocidental é hoje o resultado direto da resposta que foi dada a essas duas perguntas tão importante pelos reformadores, tão categórica quanto contundente: "Sola Scriptura!" Somente a Escritura!

O que, afinal, é a "tradição apostólica" da Igreja?

Todos os ensinos de Jesus foram comunicados oralmente. O Senhor não deixou uma palavra de instrução para a igreja sequer escrita. De fato, o Novo Testamento que conhecemos hoje não se completou até quase terminar o primeiro século. Por esta razão, a Igreja em seus primórdios dependia dos ensinos orais dos apóstolos, isto é, da tradição apostólica. Essa tradição apostólica constava de duas coisas principais.

Primeiro, estabelecia ou aprovava práticas com respeito à adoração e à vida da Igreja. Em verdade, a igreja primitiva recebeu a maioria de suas práticas nesses aspectos por tradição apostólica falada, não por escrito. Em segundo lugar, os ensinos falados dos apóstolos explicavam os pontos que se tinham tratado, ou que cedo seriam tratados, nos escritos que compõem o Novo Testamento. E já que a Igreja primitiva se aferrava às abundantes instruções faladas dos apóstolos, tiveram uma grande vantagem quanto a interpretar e aplicar seus escritos. Não se pode confundir, portanto, as tradições apostólicas com as tradições humanas adotadas e acrescidas pela Igreja medieval bem depois.

A grande maioria das tradições ensinadas pela Igreja Católica Romana e pela Igreja Ortodoxa Grega era desconhecida dos cristãos primitivos. Tais tradições se *acrescentaram* depois do tempo de Constantino, a partir de 325 A.D. Vejamos o que escreveram alguns dos pais acerca dessa tradição apostólica:

Irineu, em 180 A.D.

"Então, se é encontrada alguma divergência ainda em alguma coisa mínima, não seria conveniente voltar os olhos às igrejas mais antigas, nas quais os apóstolos viveram, a fim de tomar delas a doutrina para resolver a questão, o que é mais claro e seguro? Inclusive, se os apóstolos não nos tivessem deixado seus escritos, não teria sido necessário seguir a ordem da tradição que eles legaram àqueles a quem confiaram as igrejas? E nem aquele que sobressai por sua eloquência entre os chefes da Igreja prega coisas diferentes dessas porque nenhum discípulo está sobre seu Mestre, nem o mais débil na Palavra recorta a tradição: sendo uma e a mesma fé, nem o que muito pode explicar sobre ela a aumenta, nem o que menos pode a diminuir. Nós combatemos aos hereges com a tradição que a Igreja registra a partir dos apóstolos pela sucessão dos presbíteros, põem-se contra a

> **A ESPIRITUALIDADE MÍSTICA**
> Conhecer a Deus por meio da oração é o foco central da mística. A prática da oração é essencial na mística de Teresa, como ela mesma diz: "A meu ver, a oração não é outra coisa senão tratar intimamente com aquele que sabemos que nos ama, e estar muitas vezes conversando a sós com ele" (Santa Teresa).

tradição [...] e terminam por não estar de acordo nem com a tradição nem com as Escrituras."

Tertuliano, em 197 A.D.

"O que é que pregaram os apóstolos, isto é, o que Cristo lhes revelou? Minha recomendação é que isso não se pode esclarecer senão recorrendo às mesmas igrejas que os apóstolos fundaram e nas que eles pregaram 'de viva voz', como se diz, o mesmo que mais tarde escreveram por cartas. Se é assim, é evidente que toda doutrina que esteja de acordo com a daquelas igrejas apostólicas, mães e fontes da fé, deve ser considerada como verdadeira, já que claramente contém o que as igrejas receberam dos apóstolos, como estes a receberam de Cristo e Cristo, de Deus [...] Nós estamos em comunhão com as igrejas apostólicas, já que nossa doutrina em nada difere da daquelas. Este é o critério da verdade."

Hipólito, em 200 A.D.

"Queridos irmãos, nossas crenças estejam de acordo com a tradição dos Apóstolos."

Cipriano, em 250 A.D.

"Não se introduza inovação alguma, senão que se siga a tradição. De onde vem tal tradição? Talvez venha da autoridade do Senhor e do Evangelho, ou das ordens e das cartas dos apóstolos."

Afinal, qual tradição deve ter a primazia

Nos primeiros anos, o Cristianismo enfrentou a ameaça dos diferentes tipos de gnosticismo, as inúmeras práticas pagãs e das práticas judaizantes e legalistas. Ainda durante as primeiras décadas do Cristianismo, os apóstolos perceberam a necessidade de escrever os quatro evangelhos e as epístolas a fim de manter o ensino e a prática da pureza original da fé cristã. O propósito daquelas "Escrituras" era não apenas ensinar, corrigir, consolar e inspirar os primeiros cristãos, mas também confrontar diretamente os erros e as ameaças pagãs. Mesmo naqueles primeiros dias, havia muita coisa estranha que ameaçava a tradição apostólica e a prática do Evangelho, o que fez surgir a necessidade de constantes ajustes no cuidado pastoral com as igrejas.

É preciso lembrar ainda que, séculos mais tarde, quando várias heresias ameaçaram contaminar a mensagem do Evangelho, a própria Igreja viu a necessidade premente de estabelecer o cânone, definindo objetivamente quais eram os Livros Sagrados que formariam a base dessa pura "tradição apostólica". Isso foi feito como forma de manter íntegra a mensagem de Cristo em cada comunidade cristã. Ao definir o cânone, aqueles líderes estabeleceram qual seria a tradição a ser preservada. Definiram ali qual conjunto de doutrinas seria a coluna de sua ortodoxia, ou seja, o cerne original de toda doutrina e prática cristã.

Infelizmente, porém, o que objetivamente se verificou nos séculos posteriores ao estabelecimento do cânone foi um crescente abandono das Escrituras Sagradas. O principal código definidor do Cristianismo tornou-se um livro fechado nas bibliotecas de alguns mosteiros, preso entre quatro paredes, cujo acesso estava distante da maioria dos monges e lido por uma pequena elite de teólogos. Àquela época, a Bíblia era um livro distante, pouco conhecido, lido, ensinado ou discutido pelo baixo clero, muito menos pelas massas ignorantes praticantes daquele cristianismo nominal. Aquele caldo de massas bárbaras que invadiu a Europa foi, aos poucos, adotando a religião local, mas como uma experiência superficial. É natural, portanto, que inúmeras tradições pagãs de todo tipo fossem sendo adicionadas à prática comum daquela Igreja decadente.

Muitos concílios vieram na sequência, usurpando a autoridade da tradição apostólica mais antiga e tirando completamente a centralidade das Escrituras Sagradas. Essa Igreja medieval cometeu o pecado terrível de contradizer aquilo que ela própria havia homologado ao estabelecer o cânone como forma de proteger a doutrina e a prática cristã não somente de heresias grosseiras, mas de todo o entulho de misticismos, superstições e folclore.

Nos primeiros séculos, seria impensável adicionar os ensinos e as práticas que vemos surgir posteriormente. Impensável seria o apóstolo Paulo se curvando diante de um suposto crânio de João Batista ou repetindo interminavelmente rezas a Maria. No entanto, sem as Escrituras como eixo central, a Igreja organizada assume presunçosamente a posição abusiva de elevar as práticas pagãs que contaminaram a Igreja ao mesmo nível das Escrituras. A Igreja de Roma arvorava-se assim, no direito de determinar e adicionar cada prática corrente e disseminada pelo uso comum. Uma avalanche de erros grosseiros em conflito direto com a tradição bíblica vai passando a compor a prática corrente daquele tipo de cristianismo desfigurado que por séculos causaria perplexidade a qualquer cristão sincero.

Entre essas coisas, é preciso admitir como adição estranha às Escrituras as famigeradas indulgências, o uso repugnante de relíquias, o papel concedido a Maria, a incompreensível e injustificável intercessão pelos méritos de santos defuntos e, o pior de tudo, uma salvação com base em ascetismo e méritos que os crentes deveriam ir *angariando* para terem uma passagem rápida pelo inacreditável purgatório. Isso definitivamente não era mais o Cristianismo em que Cristo é centralizado como pedra fundamental.

Aliás, vemos ainda hoje um marianismo que retira a centralidade absoluta e suficiente de Cristo e introduz a "concepção imaculada de Maria", sua assunção ao Céu, sua coroação como "rainha" e seu papel de "mãe de Deus". Confunde-se aqui o papel de Maria como instrumento para ser mãe humana de Jesus-homem. O Verbo eterno, da mesma essência de Deus, "um com o Pai", não criado e coigual não teve e nem poderia ter tido uma "mãe". No entanto, com esse arcabouço, Maria

---

A ESPIRITUALIDADE MÍSTICA

Tereza teve uma vida rica de oração, mesmo que sobre ela pesassem os muitos compromissos diários na realização de sua vasta obra. Santa Teresa ensinou as etapas de oração no seu Livro da vida. Há nove graus ou "degraus" de oração, dos quais destacaremos alguns. O primeiro grau — oração vocal — diz respeito à oração inicial, comum a todos, ponto de partida para o diálogo com Deus, no qual quem ora quase sempre fala a Deus de suas necessidades e preocupações, sem o claro entendimento de que, na oração, Deus também fala conosco.

passou a ser venerada, carregada e invocada como uma quase-deusa. Catedrais foram construídas em seu nome, nações foram consagradas a ela. Datas, comemorações e feriados lhe são oferecidos até hoje. O cristianismo também passou a ter sua deusa com o bebê no colo, sua Afrodite, uma entidade feminina no panteão onde centenas de santos substituem os antigos deuses romanos.

Ao trazer as Escrituras de volta àquilo que os pais da Igreja definiram, e que passou a formar o cânone, uma autêntica revolução, com limpeza e esvaziamento de entulhos, foi aplicada sobre a prática cristã. Infelizmente, naquele momento de ânimos acirrados, a reação da Igreja de Roma foi radical e só causou ainda mais distância ao estabelecer definitivamente que as Escrituras exercem mesmo um papel secundário. Este é um dos aspectos que causa maior dificuldade para o diálogo católico-protestante até os dias de hoje.

O povo da Palavra, da razão, da norma e da Lei

Onde a Reforma foi adotada, os mosteiros deram lugar a universidades e centros de pesquisa, onde o ambiente era livre para as Ciências, para o livre pensamento e para as novas tecnologias. A livre iniciativa, na sequência da livre consciência, deu lugar a um novo tipo de sociedade na qual os direitos individuais são reconhecidos e firmados.

O direito à reunião, à consciência religiosa, à propriedade individual, à liberdade de imprensa, ao ir e vir, à inviolabilidade da privacidade e o Estado laico são pilares da sociedade que foram emergindo a partir da Reforma. A sociedade organizada sob uma "carta magna", a Constituição, que estabelece todo o contrato social, com as garantias individuais e o papel dos poderes instituídos funcionando na harmonia de um Executivo, um Legislativo e um Judiciário,

> **A ESPIRITUALIDADE MÍSTICA**
> O segundo grau de oração é a oração meditativa. Teresa fala da organização da oração em si, fazendo uso de métodos que auxiliam na reflexão. Por exemplo, a leitura de um texto de oração, o próprio Pai Nosso e outros livros similares. A oração meditativa, segundo Teresa, "não é outra coisa senão a oração mental ou amizade, estando envolvidos e à sós com quem sabemos que nos ama".

trouxe um novo ambiente em que o "império da lei" substituiu o arbítrio do absolutismo monárquico.

Todo esse ambiente social permitiu também uma genuína revolução econômica. Os países protestantes, onde a consciência individual foi ganhando cada vez mais liberdade, onde existia a livre iniciativa e a proteção à propriedade, experimentaram um vertiginoso crescimento econômico. A Inglaterra, que era um país periférico, fora do eixo e das artérias do comércio internacional, dominado por Portugal e Espanha, experimentou finalmente um avanço fenomenal, colocando-se como principal protagonista mundial.

A Espanha, mesmo com todo o seu poderio naval e sua vantagem de ter nas Américas uma fonte enorme de matérias-primas, ouro e prata em quantidades vertiginosas e um crescente mercado consumidor, não impediu que a Inglaterra, retardatária nos descobrimentos, conquistasse o posto de líder incontestado a partir da Revolução industrial. As novas tecnologias, resultado daquele ambiente de liberdade, afetaria também o comércio internacional e a reconfiguração da geopolítica mundial. Em dois séculos, a produção industrial inglesa e sua poderosa marinha mercante eclipsaram para sempre os países católicos.

A liberdade de cada crente de ir à Escritura, lendo-a e seguindo a própria consciência, e os modelos de comunidades cristãs congregacionais, em que a iniciativa individual e a independência de cada congregação estimulava a alfabetização em massa, impulsionaram esse impressionante salto social.

CAPÍTULO 10
A REFORMA AVANÇA E FLORESCE

"Comecei a suplicar ao Senhor que me desse luz, e posto que eu não lesse senão a Escritura, ela tornou-se para mim muito mais clara."
Zwínglio

Ulrich Zwínglio em Zurique

Na Suíça, sob Zwínglio (1484-1531), o brilhante sacerdote humanista da grande Catedral de Zurique, a Reforma tomou uma forma mais radical que sob Lutero. Zwínglio também aboliu muitas práticas e tradições católicas medievais, como imagens, relíquias, os paramentos sacerdotais, o uso das velas e rituais que, à luz da Reforma, não faziam mais nenhum sentido. Talvez o principal tenha sido a eliminação da missa, que, de acordo com a tradição católica, era a repetição incruenta, isto é, sem sangue, da morte de Cristo. Qual sentido da missa se as Escrituras afirmam categoricamente que, sem derramamento de sangue, não há remissão de pecados e se, em Cristo pelo seu sacrifício expiatório único, todos os pecados de quem o recebe já foram punidos e perdoados?

A Suíça era nominalmente parte do Sacro Império Romano-Germânico sob Carlos V, mas era praticamente independente. Era composta de treze cantões unidos em uma confederação. Cada cantão era praticamente uma república autônoma. Era considerado como o país mais livre da Europa. Zwínglio era o principal dos reformadores da Suíça de língua alemã. Nasceu em Weldhaus, em 1º de janeiro de 1484, 50 dias depois do nascimento de Lutero. Seu pai era magistrado da comuna, e suas circunstâncias de vida eram confortáveis.

Seu tio, deão de Wesen, o ajudou a começar seus estudos. Depois continuou em Basileia. No período 1498-1500, estudou em Berna sob o humanista Enrique Wolflin (Lupulus), e de 1500 a 1502, na Universidade de Viena. Em 1502, voltou para Basileia para continuar seus estudos e recebeu seu bacharelado em Artes em 1504. Tornou-se mestre em Artes em 1506. Foi instruído pelo humanista Tomás Wittenbach, que lhe ensinou a autoridade única das Escrituras, a morte de Cristo como único sacrifício pelo pecado e a inutilidade das indulgências.

Como resultado de seus estudos, Zwínglio tornou-se um humanista, e em 1506 foi nomeado sacerdote em Glarus, onde estudava o grego e se tornaria um influente pregador. Opôs-se ao emprego dos suíços como soldados mercenários, exceto pelo papa. Em 1513, recebeu uma mesada do papa, querendo que os suíços continuassem seu apoio militar. Ele mesmo acompanhou os jovens de sua paróquia como capelão em várias campanhas na Itália. Chegou à luz do Evangelho e à convicção reformada através do estudo profundo das Escrituras.

Zwínglio afirmava ter começado a pregar o Evangelho em 1516. Em 1518, tornou-se sacerdote em Zurique. A Filosofia e a Teologia, dizia ele,

"... não cessavam de me suscitar objeções. Então cheguei, enfim, a dizer-me: 'É preciso deixar de lado todas estas coisas e procurar o pensamento de Deus unicamente em sua própria Palavra.' Comecei", continua ele, "a suplicar instantemente ao Senhor que me desse luz, e posto que eu não lesse senão a Escritura, ela tornou-se para mim muito mais clara do que se eu tivesse lido muitos comentários. (D'AUBIGNÉ, 1953, p. 490)

A luz progressivamente brilhou no seu coração, e foi plenamente convertido a Deus e ao Evangelho nos primeiros tempos de sua estadia em Zurique. "Lutero

---

A ESPIRITUALIDADE MÍSTICA

No terceiro grau, a oração afetiva, Teresa faz apenas alusão ao conceito de oração quando diz ser prazeroso o ato de orar. Para muitas pessoas, a oração não é uma experiência prazerosa. Ao contrário, acham ser uma perda de tempo, pois não encontram sentido em falar ao vazio. Teresa diz o seguinte: "Logo julgam perder o tempo, e eu tenho por grande ganho essa perda."

chegou ao porto desejado através das tempestades do vasto mar; Zwínglio, deixando-se levar pelas águas do rio."¹²

Estátua de Ulrich Zwínglio com uma Bíblia e uma espada em Zurique, na Suíça.

Zwínglio e sua obra reformadora

Em 1519, com 35 anos, Zwínglio começou sua pregação reformadora no púlpito da catedral de Zurique. Essa data é considerada o início da Reforma na Suíça.

> Uma grande multidão desejosa de ver este homem já célebre, e de ouvir este "novo Evangelho", no qual todos começaram a falar, enchia o templo. "É a Cristo", disse Zwínglio, "que vos quero conduzir. A Cristo, verdadeira fonte de salvação. Sua divina palavra é o único manjar que quero dar à vossa vida e ao vosso coração." Depois, anunciou que, no dia seguinte, primeiro domingo do ano, começaria a explicar o Evangelho segundo São Mateus. No dia seguinte, o pregador e um auditório mais numeroso ainda achavam-se em seus postos. Zwínglio abriu o Evangelho, que havia tanto

......
12   D'AUBIGNÉ, 1953, p. 490.

tempo, estado fechado, e leu a primeira página. Percorrendo a História dos patriarcas e dos profetas (primeiro capítulo de São Mateus), o expôs de tal modo que cada um, admirado e arrebatado, dizia: "Nunca se ouviu coisa semelhante." (D'AUBIGNÉ, 1953, p. 508)

Zwínglio continuava as suas pregações a uma multidão cada vez maior, segundo um dos seus contemporâneos. "Não poupava ninguém — nem papa, nem imperador, nem reis, nem príncipes, nem senhores, nem mesmo os confederados. Toda a sua força e todo o gozo de seu coração estavam em Deus; por isso, exortava toda a cidade de Zurique a confiar unicamente em Deus."[13] O Conselho Municipal deu apoio a Zwínglio. "Votou que, dali em diante, os pregadores da comuna podiam pregar somente os santos evangelhos e as epístolas em conformidade com o Espírito de Deus, com as Sagradas Escrituras do Antigo e do Novo Testamento." Isso deu grande impulso à Reforma na Suíça.

O papa Adriano II, não querendo desgostar os suíços, cujos mercenários eram muito necessários, mandou recados pedindo moderação por parte de Zwínglio e do Conselho, mas nada conseguiu por boas maneiras; então o bispo de Constança exigiu do povo que o reformador fosse silenciado. Zwínglio propôs uma discussão pública com o propósito de provar, "na presença de todos, que as suas opiniões se fundamentavam na Bíblia".

A primeira discussão se deu em 23 de janeiro de 1523. Faber, vigário geral de Constança, compareceu em defesa da Igreja Católica. Zwínglio apresentou sua ideia em forma de 67 teses que podem ser resumidas nos seguintes assuntos:

- O direito de pregar, independentemente de autoridade eclesiástica.
- Cristo é o único caminho da bem-aventurança e o único Cabeça da Igreja, que é composta de crentes sinceros. Por isso, o Evangelho pelo qual os homens são levados ao conhecimento de Cristo e são ensinados a não confiar em doutrinas e ordenanças humanas deve ser pregado por toda parte.

13 D'AUBIGNÉ, 1953, p. 509.

- A missa não é um sacrifício, pois Cristo foi sacrificado uma vez para sempre pelos pecados dos crentes, mas tão somente um memorial do sacrifício.
- A Igreja universal é invisível e constituída de toda a companhia dos eleitos.
- O mais alto tribunal do mundo é a Igreja cristã local, por isso o papado nenhum direito tem de exigir obediência.
- A mediação dos santos e de padres é rejeitada.
- O celibato do clero é um grande mal.

Tais teses foram mais tarde ampliadas num livro por Zwínglio. Constituíam o *Manual de zwinglianismo*. O Conselho autorizou Zwínglio a continuar com sua reforma. O segundo debate se realizou em outubro de 1523. Zwínglio e seu ministro atacaram o caráter sacrificial da missa e o uso de imagens. O terceiro debate se realizou em janeiro de 1524. Foi concedido aos sustentadores da velha ordem o direito de escolher entre conformidade com a nova ordem ou banimento.

Em 1524 aconteceu a destruição das imagens, relíquias, crucifixos, altares, velas, ornamentos, quadros e órgãos. Tudo foi removido das igrejas e as paredes foram caiadas. Valiosas pinturas e esculturas foram destruídas. Zwínglio achava que a ausência de imagens contribuiria para aumentar a fome pela Palavra de Deus. Em 1525, a missa foi finalmente abolida e uma escola teológica abriu-se em 19 de junho. Ele publicou também o seu comentário sobre a verdadeira e a falsa religião, explicando o seu sistema doutrinário e combatendo tanto o catolicismo quanto os anabatistas.

Zwínglio casou-se com Ana Reinhard, e em 1528, Berna, o maior dos cantões suíços, aderiu à Reforma após muito trabalho preliminar por um debate público no qual o reformador tomou parte. Já em

> **A ESPIRITUALIDADE MÍSTICA**
> O quarto grau é a oração de recolhimento, que diz respeito ao ato de se encerrar dentro de si para ali encontrar Deus e conversar amorosamente com ele. Explica Teresa de Ávila: "Chama-se recolhimento porque a alma recolhe todas as potências e entra dentro de si com o seu Deus."

1530, a Bíblia foi finalmente publicada em alemão, em Zurique. Havia cinco edições impressas antes de 1534, data da Bíblia de Lutero.

As guerras de Cappel

Na segunda guerra religiosa entre os católicos e protestantes, a Guerra de Cappel (1531), os católicos foram vitoriosos e Zwínglio, morto. Ele tinha apenas 47 anos. Foi ferido enquanto estava consolando um moribundo no campo de batalha e passou a noite ali. Suas últimas palavras foram: "Que importa esta calamidade? Podem matar o corpo, mas não podem matar a alma." O seu corpo foi despedaçado e, em seguida, queimado. As cinzas, misturadas com as de porcos, foram espalhadas ao vento. A viúva de Zwínglio sofreu um terrível golpe: no mesmo dia ela perdeu seu marido, um filho, um irmão, um genro, um cunhado e seus conhecidos mais íntimos. Bullinger, o sucessor de Zwínglio, a recebeu em sua casa e a tratou como um membro da família.

A Segunda Paz de Cappel entre os zwinglianos e os cinco cantões católicos promoveu tolerância mútua — os cinco cantões católicos podiam reter sua "verdadeira, indubitável fé cristã". Os cinco cantões protestantes podiam continuar na sua doutrina ou fé. No território neutro, aqueles que tinham aceitado a nova fé podiam retê-la; aqueles que preferiam a antiga, podiam voltar a ela e restaurar a missa e as imagens. Zurique foi obrigada a abandonar suas alianças com cidades estrangeiras. Todas as ligas com poderes estrangeiros, quer papal quer protestante, foram proibidas. Esta foi uma tolerância que favoreceu mais ao Romanismo. As linhas trazidas naquele tratado permanecem virtualmente as mesmas até hoje.

Conferência de Marburgo e rompimento de Lutero com Zwínglio

Foi realizada, no Castelo de Marburgo, uma discussão teológica entre os dois principais líderes do protestantismo, Lutero e Zwínglio, de 1 a 3 de outubro de 1529. Depois de profundos debates teológicos, eles não podiam concordar acerca da Santa Ceia: Lutero cria em "consubstanciação", segundo a qual Cristo estava presente *em*, *com* e *sob* os elementos do pão e do vinho, sem que isso fosse uma transubstanciação como os católicos; Zwínglio, na Ceia como memorial e comunhão espiritual.

Em outras palavras, Lutero cria que os elementos da Santa Ceia "contêm o corpo e o sangue" do Senhor, mas não "são o corpo e o sangue". Depois da discussão, Lutero retirou-se e preparou uma confissão comum composta de quinze artigos. Os dois partidos concordaram sobre quatorze e na parte mais importante do 15º, mas não entraram em acordo acerca da Ceia do Senhor. Isso resultou em um grande cisma no protestantismo.

A fé de Zwínglio não se espalhou tão grandemente devido a três razões: sua posição extremista, apesar de ser bíblica e lógica; o isolamento geográfico da Suíça; e a morte prematura do reformador. Mesmo assim, estendeu-se além da Suíça, influenciando algumas cidades livres do sul da Alemanha, descendo pelo vale do Reno e impressionando grandemente os holandeses. A fraqueza do movimento consistia também na união da Igreja ao governo civil. Os seguidores de Zwínglio foram absorvidos mais tarde pelo calvinismo.

Henrique Bullinger (1504-1575)

Henrique Bullinger sucedeu Zwínglio como o líder da Reforma em Zurique. Tinha um dom para pregar e era mais conciliador para com as ideias de outros do que seu antecessor. Era o mais novo de cinco filhos de pais ajuntados. O bispo de Constância permitia a sacerdotes ter concubinas pelo pagamento de um tributo anual.

Lendo os escritos de Lutero, passou a estudar a Bíblia. Estudou na escola dos Irmãos da Vida Comum, em Emerique, e na Universidade de Colônia. Voltou para a Suíça e lecionou numa escola no convento Cisterciense, em Cappel, de 1523 a 1529. Encontrou-se com Zwínglio e sentiu-se vocacionado para seguir os seus passos. Depois da Segunda Guerra de Cappel,

> **A ESPIRITUALIDADE MÍSTICA**
> A experiência do recolhimento vai além da simples atitude de se retirar para orar; refere-se também ao ato contemplativo, como explica Teresa: "A oração do recolhimento não depende de nós, não está em nosso querer, senão quando Deus nos quer conceder essa graça. Sua Majestade o faz a pessoas que já abriram mão das coisas do mundo."

mudou-se para Zurique e foi unanimemente eleito pelo Conselho de Cidadãos como pregador em 9 de dezembro de 1531.

Durante seus primeiros anos de ministério em Zurique, Bullinger pregava seis ou sete vezes por semana, segundo o plano de Zwínglio de expor livros da Bíblia. Era pastor dedicado, oferecendo conselho e conforto para todos, mesmo quando envolvia risco à própria vida. Serviu como superintendente das escolas em Zurique e deu muita atenção à instrução, conseguindo os melhores professores. Preparou um livro sobre a ordem na Igreja, o qual foi adotado pelo Senado em 22 de outubro de 1532 e usado por quase 300 anos.

Em 1566, preparou uma confissão de fé chamada Segunda Confissão Helvética. Foi traduzida para o alemão, francês, inglês, italiano, árabe, holandês, polonês, húngaro e outras línguas. Foi extensivamente adotada pelas igrejas reformadas no continente. Na Áustria e na Boêmia, os reformados ou calvinistas foram oficialmente chamados Igreja da Confissão Helvética, e os luteranos, Igreja da Confissão de Augsburgo. Beza chamava Bullinger de "pastor comum de todas as igrejas cristãs". Tinha contato com a reforma na Inglaterra desde os tempos de Henrique VIII até o reinado de Elizabeth I. Correspondeu-se extensivamente com Calvino, Melanchton, Bucer, Beza, Cranmer, Henrique VIII, Eduardo VI, Elisabeth I, Henrique II, da França, o rei cristão da Dinamarca, entre outros.

CAPÍTULO 11
A REFORMA CALVINISTA

"A mente do homem é como um depósito de idolatria e superstição; de modo que, se o homem confiar em sua própria mente, é certo que ele abandonará a Deus e inventará um ídolo, segundo sua própria razão." **João Calvino**

Há um famoso monumento à Reforma em Genebra. Foi iniciado em 1909, na ocasião dos 400 anos de nascimento de Calvino e dedicado em 1917. Esculpidos no painel central estão os retratos de William Farel, João Calvino, Teodoro Beza e João Knox. Estes quatro homens são os mais destacados da Reforma Calvinista.

Monumento dedicado à Reforma Calvinista, em Genebra, na Suíça.

William Farel

De acordo com Schaf (1952/1953, p. 239), Farel é o pioneiro do protestantismo no oeste da Suíça, a região que fala o francês. É considerado o "Elias da Reforma francesa", um zeloso católico romano que se tornou um zeloso protestante. Opunha-se à missa, ao papa, aos ícones e às relíquias. Apesar de não ser ordenado, sentiu-se divinamente chamado para destruir a idolatria e preparar o caminho para a adoração a Deus segundo a revelação da Bíblia.

Farel era um guerreiro natural que veio trazer a espada, e não a paz. Batalhava com a espada da Palavra, e não com as armas carnais. O seu principal defeito era seu radicalismo, e, às vezes, sua violência provocava a oposição e mais prejudicava a causa, em vez de ajudar. Certa vez, Oecolampadius, reformador em Basileia, escreveu a ele nos seguintes termos: "Tua missão é evangelizar, e não amaldiçoar." Farel sabia como derrubar, mas não como construir. Era um conquistador, mas não organizador de suas conquistas.

Possuía o mesmo espírito de João Batista quanto à humildade. Estava pronto para diminuir para que Calvino pudesse crescer. Ele nasceu de pais pobres, mas nobres, em Gap, uma pequena cidade nos Alpes de um delfinado, território sob a autoridade do herdeiro do trono, no sudeste da França, em 1489. Era o mais velho entre sete filhos da família e estudou em Paris. Seu principal professor foi Jacques Le Fèvre d'Étaples (1455-1536), o primeiro da Reforma na França e tradutor das Escrituras, que traduziu o Novo Testamento para o francês e o publicou em 1523. Por ele, Farel foi levado ao conhecimento das epístolas de Paulo e à doutrina da justificação pela fé.

Pela influência de Le Fèvre e o estudo da Bíblia, foi convencido de que Cristo é o único caminho da salvação, que a Palavra é a única regra da fé e que as tradições e ritos romanos são invenções humanas. Le Fèvre profeticamente falou-lhe, em 1512:

> **A ESPIRITUALIDADE MÍSTICA**
> No quinto grau, a oração de quietude se faz silenciosa, sem demandas, petições e solicitações. Diz assim Teresa: "Desse recolhimento chegam, algumas vezes, uma quietude e uma paz interior muito jubilosas, ficando a alma com a impressão de que não lhe falta nada; e até o falar a cansa, orar e meditar, pois ela não queria senão amar."

"Meu filho, Deus renovará o mundo e tu serás testemunha." A perseguição contra os protestantes na França obrigou Farel a fugir para a Basileia onde foi bem recebido por Oecolampadius. Ali realizou um debate público em latim sobre treze teses nas quais afirmava "a perfeição das Escrituras, a liberdade cristã, o dever dos pastores de pregar o Evangelho, a doutrina da justificação pela fé, a denúncia das imagens, o jejum, o celibato e as cerimônias judaicas". Foi uma vitória que influenciou diretamente a conversão de um monge franciscano, Pelicano (Pellican), homem instruído em grego e hebraico que, mais tarde, tornou-se professor em Zurique.

Expulso da cidade de Basileia, Farel passou um ano em Estrasburgo com Bucer e Capito. Em 1526, voltou para a Suíça e participou do sínodo em Berna, em janeiro de 1528, o qual foi uma vitória decisiva para a Reforma. Farel recebeu uma comissão daquela cidade para pregar em todos os distritos sob seu controle. Tornou-se, então, uma espécie de missionário. Conseguiu, na fase de oposição violenta, introduzir a Reforma em Neuchatel e nas pequenas aldeias ao redor. Persuadiu o primo de Calvino a publicar a primeira edição da Bíblia em francês. Publicada em Neuchatel em 1535, é a base de todas as traduções francesas.

Em 1532, visitou os valdenses e participou de seu sínodo, realizado no Vale dos Alpes. Como resultado, a maioria do grupo adotou a Reforma. Farel os aconselhou a estabelecer escolas. Mais tarde, levantou uma oferta para eles e enviou quatro professores. Era o início de uma relação fraternal entre os antigos valdenses e as igrejas reformadas, a qual continua até hoje.

Em Genebra se deu a primeira ação da Reforma. Atacado por um monge, Farel subiu no púlpito para refutá-lo. Foi seu primeiro sermão público na cidade. O bispo católico pronunciou o interdito sobre Genebra, e o duque de Savoy ameaçava proclamar a guerra, mas, com a cooperação da cidade de Berna, os reformadores Farel, Viret e Fromet continuavam seu trabalho. Os sacerdotes, os monges e as freiras gradualmente deixaram a cidade.

Um edito da Reforma foi proclamado pelo Grande Conselho de Duzentos (Assembleia Geral) em 27 de agosto de 1535, e mais um em 21 de maio de 1536, com os seguintes resultados:

- A missa foi abolida.

- As relíquias e as imagens foram tiradas das igrejas.
- Os cidadãos fizeram votos para viver segundo os preceitos do Evangelho.
- Uma escola primária foi estabelecida, cresceu e, mais tarde, tornou-se o colégio e academia de Calvino.
- Um hospital foi fundado em St. Claire.
- O palácio do bispo foi convertido numa prisão.
- Quatro ministros e dois diáconos foram nomeados com salários fixos.
- A Santa Ceia passou a ser celebrada quatro vezes por ano.
- O batismo podia ser administrado em qualquer tempo, mas somente na igreja e por um ministro.
- Os estabelecimentos comerciais seriam fechados aos domingos.

Essa foi a primeira ação na História da Reforma em Genebra. Era a obra preparatória de Farel para a obra mais importante de Calvino. O povo não tinha concepção da religião evangélica e não se submeteu à disciplina. As pessoas pensavam que liberdade significava licenciosidade. Assim era a condição de Genebra quando Calvino chegou, em 1536, e foi persuadido por Farel a ficar.

Farel e Calvino foram banidos de Genebra em 1538 porque exigiram submissão a uma confissão de fé e uma disciplina religiosa. Calvino, então, foi a Estrasburgo, enquanto Farel aceitou o chamado para ser pastor em Neuchatel, a cidade onde tinha trabalhado antes, em julho de 1538. Farel casou-se com 69 anos, em dezembro de 1558. Morreu em Neuchatel em 13 de setembro de 1565, aos 76 anos.

A ESPIRITUALIDADE MÍSTICA

O vasto acervo das obras e escritos de Santa Teresa faz parte da construção da literatura nacional espanhola. Grande parte dos originais de seus escritos estão preservados em museus e mosteiros, como no famoso El Escorial de Madri. Teresa escreveu sob a exigência de seus conselheiros espirituais, que precisaram defender seus ensinamentos espirituais perante os tribunais da Inquisição. Seus escritos eram também educativos, pois contribuíram na instrução formativa de inúmeras religiosas carmelitas, suas filhas espirituais.

João Calvino

Nasceu na cidade de Noyon, em Picárdia, cerca de 140 quilômetros a nordeste de Paris, em 10 de julho de 1509. Seu pai ocupava altas posições: era secretário do bispo de Noyon, advogado e procurador, fiscal do condado e tinha relações com as famílias nobres e o clero da região. Calvino recebeu sua instrução primária no seio da nobre família francesa Mommor. Um filho dessa família o acompanhou a Paris e depois, a Genebra.

Aos 14 anos, em 1525, Calvino começou os seus estudos em Paris, preparando-se para o sacerdócio. De 1528 a 1533, estudou sucessivamente nas principais universidades da França, a de Orleans e a de Borges, reconhecida escola de Direito de Paris. Recebeu a melhor instrução em humanidades, línguas e literaturas clássicas, Direito, Filosofia e Teologia que a França daquela época podia oferecer.

O tempo, o lugar e as circunstâncias da conversão de Calvino não são conhecidas — provavelmente em Orleans ou em Paris, em 1532. Surgiu repentinamente, de acordo com o prefácio de seu comentário sobre o livro de Salmos, onde diz: "Deus mesmo efetuou a transformação. Ele instantaneamente submeteu o meu coração à obediência." Continuou na Igreja Católica até as circunstâncias o impelirem a sair. O seu propósito foi reformá-la. Declarou-se protestante em 1533.

O discurso de Nicolau Cap (da Basileia) no dia de Todos os Santos, por ocasião de sua posse como reitor da Universidade de Paris, foi entregue perante uma grande congregação na Igreja dos Maturinos. Foi um apelo por uma reforma baseada no Novo Testamento, e atacava fortemente os teólogos do dia, repreendendo-os como sendo ignorantes do Evangelho. Causou uma forte reação, levando Cap e Calvino a terem de fugir. Dizem que Calvino desceu de uma janela por meio de uma corda feita

---

A ESPIRITUALIDADE MÍSTICA

Na produção literária de Santa Teresa constam livros sobre a vida espiritual, sua autobiografia, *História da fundação dos mosteiros*, cartas pessoais — chegou a escrever mais de 15 mil — e suas famosas poesias. Entre seus livros mais importantes estão o *Livro da vida* (1562), *Caminho de perfeição* (1564), *Livro das fundações* (1573) e *Castelo da vida interior* (1577), sua obra magistral.

de lençóis e escapou disfarçado, com uma enxada às costas. Durante quase três anos, foi evangelista fugitivo na França, na Suíça e na Itália. Calvino — que dizem ter sido o autor do discurso — retornou a Paris em seguida.

Uma feroz perseguição irrompeu em Paris em 1534. Chamou-se o "ano dos cartazes". Foi provocada por Ferret Antoine Marcourt, que colocou em todas as praças, nos muros, nas casas particulares, nas igrejas e até no palácio do rei cartazes com o título: "São intoleráveis e horríveis os abusos da missa papal, que se acha em direta oposição à Santa Ceia do Senhor Jesus Cristo, nosso único Mediador e Salvador." A reação católica foi violenta. Cortaram a língua de alguns dos mais eruditos. Seis protestantes foram estendidos na corda por uma máquina de tortura. Muitos foram lançados na prisão.

De 10 de novembro de 1534 a 5 de maio de 1535, 24 protestantes inocentes foram queimados vivos. A operação da imprensa foi proibida. Calvino e outros fugiram para Estrasburgo. Depois de alguns dias, ele foi para a Basileia, onde passou um pouco mais de um ano, de janeiro de 1535 a março de 1536. Essa reação exagerada e desproporcional da monarquia francesa demonstrava muito bem como era o ambiente naqueles dias tão radicais.

As Institutas da Religião Cristã de Calvino

A perseguição foi a causa imediata dessa obra, que se tornou um grande clássico protestante. Foi iniciada em Augoleme, em 1534, e completada e publicada na Basileia, em março de 1536, quando Calvino tinha apenas 26 anos. Uma das poucas produções clássicas na História da Teologia e "uma das principais obras literárias do tempo da Reforma." Os católicos romanos a chamaram o "Alcorão e Talmude da heresia". Não é um livro para o povo, mas para os eruditos de todas as nações, e o efeito sobre eles tem sido mais permanente do que o de qualquer outro reformador.

Trata-se de uma exposição sistemática da religião cristã, em geral, e a vindicação da fé evangélica, em particular, com o propósito apologético e prático de defender os protestantes contra as perseguições, às quais eram expostos, especialmente na França. A obra mostra, em cada página, seu profundo conhecimento das Escrituras, e foi dedicada ao rei da França, Francisco I (1494-1547), o qual estava perseguindo os protestantes.

Calvino revisou o livro duas vezes. A última edição (1559) é dividida em quatro livros — cinco vezes seu tamanho original — e segue a ordem do Credo Apostólico.

- Primeiro livro: O conhecimento de Deus, o Criador — Teologia.
- Segundo livro: O conhecimento de Deus, o Redentor — Cristologia.
- Terceiro livro: O Espírito Santo e a aplicação da obra redentora de Cristo — Soteriologia.
- Quarto livro: Os meios de graça — A Igreja e os sacramentos.

A Reforma, assim, segundo Calvino, não representaria um novo credo, mas um retorno à simplicidade e à pureza apostólicas. A Reforma foi, de fato, uma restauração do cristianismo neotestamentário em muitos aspectos e nas suas verdades fundamentais. Em sua teologia, João Calvino é considerado um agostiniano, e definiu duas principais atitudes divinas para a salvação: "Sua vontade soberana e sua graça irresistível". O calvinismo pode ser resumido nesta fórmula sucinta: TULIP (ou TELGP, em português):

- Total depravação pelo nascimento.
- Eleição incondicional: Deus salva apenas quem ele quer.
- Limitada expiação: Cristo morreu apenas pelos eleitos.
- Graça irresistível.
- Perseverança dos santos: segurança da salvação eterna.

Calvino e Farel em Genebra

Genebra era uma cidade de cerca de 3 mil habitantes quando Calvino chegou, em 1536, sendo logo convidado por William Farel para trabalhar na reconstrução de uma igreja em ruínas. Calvino aceitou o convite só por causa de uma oração de Farel, na qual ele afirmou que Deus amaldiçoaria Calvino caso recusasse o convite. Começou seu trabalho com uma série de conferências sobre as epístolas de Paulo e outros livros do Novo Testamento, realizadas na Igreja de São Pedro.

Para remediar os males morais, Farel e Calvino prepararam uma Confissão de Fé e Disciplina, e Calvino escreveu um catecismo. Os dois foram aprovados pelo Conselho, em 1536. A Confissão era composta de 21 artigos. Em 29 de julho de 1537, o Conselho de Duzentos ordenou que todos os cidadãos dessem apoio à Confissão. Em 12 de novembro, ordenou o banimento para todos os que rejeitassem tal orientação. A Confissão começa com a Palavra de Deus como regra da fé e termina com os deveres dos poderes civis.

Em Genebra, havia três pregadores da Reforma: Calvino, Farel e Conrad. Cinco sermões eram ministrados todos os domingos e dois, todos os dias da semana. Calvino, Farel e Conrad foram expulsos da cidade em 1538 pelo Conselho de Duzentos, sem julgamento. A causa do banimento foi seu radicalismo. Por exemplo, antes da chegada de Calvino, Farel aboliu todos os feriados, exceto o domingo, as fontes batismais e o pão asmo. Calvino pessoalmente não deu tanta importância a essas coisas, mas não abandonou seu colega. Cenas de violência se seguiram.

Calvino passou três anos em Estrasburgo como pastor de igrejas de protestantes francesas. Foi professor de Teologia e escritor. Farel, como já mencionado, aceitou um pastorado em Neuchatel. Calvino casou-se em 1540 com Idelete de Burre, uma viúva que já tinha dois filhos. Ela era natural da atual província holandesa de Gelderland. Seu primeiro marido, um negociante chamado João Stodeur, aceitou o calvinismo por meio das pregações de Calvino na congregação de refugiados, em Estrasburgo, e faleceu logo depois, atacado pela peste. Calvino teve uma vida doméstica curta, mas muito feliz. A esposa faleceu em 1549.

A ESPIRITUALIDADE MÍSTICA

As muitas poesias escritas por Teresa para animar e consolar suas filhas espirituais foram mais tarde reunidas num livro específico de poesias. Entre as mais belas, destacam-se *Vivo sem viver em mim*, *Para vós nasci* e *Nada te perturbe*.

Nada te perturbe

Nada te perturbe, nada te espante.
Tudo passa, Deus não muda.
A paciência tudo alcança.
Quem a Deus tem, nada lhe falta:
Só Deus basta!

Em 1541, Calvino foi chamado de volta a Genebra pela voz unida do Conselho dos Ministros e do povo, os quais o haviam banido três anos antes. Ele voltou a Genebra com novo propósito, "tornar Genebra uma cidade Cristã modelo, uma comunidade cuja vida fosse realmente dirigida pelo cristianismo".[14] Durante seu ministério de 23 anos (1541-1564), esse ideal foi, em grande parte, realizado. Os planos de Calvino para a Igreja eram de prové-la de ministros instruídos e cuidadosamente escolhidos. Além disso, aplicar o exercício efetivo da disciplina por meio do Consistório, composto por cinco pastores e doze leigos chamados "anciãos", cujo dever era supervisionar a conduta do povo e dos ministros e cuidar da administração da assistência aos necessitados na cidade, por intermédio dos diáconos.

Calvino desejava um sistema escolar livre e completo em Genebra, culminando na academia, instituição de grau universitário, a que não faltassem os cursos de Teologia. Genebra foi a cidadela de refúgio para os perseguidos por causa da Reforma. Um lugar de preparo sólido para os líderes do protestantismo na academia de Calvino, fundada em 1559. A obra evangélica de academia continua até hoje sob a Sociedade Evangélica e Seminário Teológico Livre de Genebra. Entre os primeiros professores estavam Merle D'Aubigné, o distinto historiador da Reforma.

Calvino e Serveto

Serveto era médico espanhol, um jovem de 21 ou 22 anos, quando começou sua carreira e suas pregações com heresias. Ele negou a Trindade e a encarnação do Verbo. Acreditava no pecado hereditário, mas não na culpa hereditária. Segundo ele, a transgressão não é possível antes da idade de responsabilidade, 20 anos. A salvação acontece por meio da fé e das boas obras. Era um panteísta. Acreditava na regeneração batismal, rejeitou o batismo infantil e ensinava que crianças não batizadas seriam salvas. Ele negava a predestinação e dizia que o reino do Anticristo começara com o Concílio de Niceia (325 A.D.), que dividira a Trindade em três ídolos.

.....
14   NICHOLS, 1954/1960, p. 164.

Serveto identificou-se com o anjo Miguel em sua batalha contra o dragão de Roma e o "Simão Mágico" de Genebra. Calvino foi responsável pela prisão dele, em 1553. Serveto assistiu a um culto no domingo, foi reconhecido e preso. O julgamento durou mais de dois meses. Foi condenado à fogueira. Calvino, um dos juízes, sentia-se divinamente chamado para purificar a Igreja da heresia. Baseou sua decisão contra Serveto na Lei de Moisés — mais especificamente, a lei contra a blasfêmia.

A intolerância de Calvino foi seu erro da mente, e não do coração, e pode ser desculpado, mas não justificado pelo espírito do tempo. Era moderado, em comparação com outros perseguidores de seu século, como o cardeal Tomás de Torquemada, que condenou à fogueira entre 2 mil e 8 mil vítimas e castigou 90 mil de outras maneiras durante os seus 18 anos de ofício. A Dieta de Spira (1529) decretou que os anabatistas fossem mortos à espada e pelo fogo. Maria Tudor, rainha da Inglaterra (1552-1558), avivou o catolicismo romano e perseguiu os protestantes com rigor. Entre suas muitas vítimas, destacaram-se o arcebispo Tomás Cranmer e os ex-bispos Hugo Latimer e Nicolau Ridley.

Em Calvino, a perseguição é injustificável, pois quebra o princípio fundamental da Reforma de liberdade de consciência. De acordo com Schaff (1952/1953, p. 690), "a perseguição é digna de mais severa condenação num protestante do que num católico romano porque é inconsistente. O protestantismo há de ficar em pé ou cair com a liberdade da consciência e a liberdade da adoração". Qual a razão da inconsistência da perseguição? "Foi necessária em defesa própria e na luta pela existência. O tempo não era maduro

> **A ESPIRITUALIDADE PROTESTANTE**
>
> "A oração é o oxigênio da alma."
> Martinho Lutero
>
> O advento da Reforma Protestante marca o rompimento com a antiga estrutura dominante da Igreja Católica Romana. Seu modelo de espiritualidade propõe um cristianismo renovado, voltado às origens, que toma as Sagradas Escrituras como autoridade máxima em questão de fé. A Bíblia passa a ser lida e interpretada por qualquer cristão sem o controle exclusivo do clero. A Palavra de Deus se torna acessível a todo ser humano, principalmente àqueles que professam a sua fé em Jesus Cristo.

para a tolerância. A Igreja, infantil, não a podia ter suportado."[15] Já enfraquecida por várias divisões, se houvesse ainda outras, teria sido sua ruína. Outros reformadores deram seu apoio à ação de Calvino: Melanchton, Bullinger, Bucer, Farel e, sem dúvida, Lutero.

Calvino morreu em 27 de maio de 1564, aos 54 anos. Deixou um sucessor capacitado e digno, Teodoro Beza. Legou uma Igreja Reformada no modelo do Evangelho de Cristo e uma academia que servia de berço para pregadores evangélicos da Suíça e da França. Calvino deixou comentários sobre todos os livros da Bíblia, exceto nove do Antigo Testamento e o Apocalipse, na Sociedade Evangélica e Seminário Teológico livre de Genebra. Legou também uma biblioteca composta por 96 obras de próprio punho que, depois de cinco séculos, ainda são de inestimável valor. Farel veio de Neuchatel para vê-lo na véspera de sua morte. Desejava morrer no lugar de Calvino. Toda a cidade lamentou a sua morte.

> A República tinha perdido seu cidadão mais sábio; a academia, seu professor incomparável; a Igreja, seu fiel pastor [...] Pediu um enterro simples e não quis marca sobre seu túmulo. Quis ser sepultado como Moisés, fora do alcance da idolatria. Isso era consistente com a sua teologia, que humilha o homem e exalta a Deus. Seu testamento é humilde e cheio de gratidão a Deus, reconhecendo sua indignidade e confiando na eleição da graça e nos méritos de Jesus Cristo, deixando ao lado toda a controvérsia e esperando a unidade e a paz no céu. (SCHAFF, 1952/1953, p. 824)

Schaff (1952/1953, p. 834) afirma que "Calvino, considerando todas as suas faltas, há de ser considerado um dos maiores e melhores homens suscitado por Deus na História do Cristianismo".

A ESPIRITUALIDADE PROTESTANTE
A espiritualidade protestante ou reformada, ainda que nova, não é necessariamente uma proposta antagônica à prática da oração, cerne da vida espiritual. Como diz MacAllister, "a espiritualidade reformada não é outra coisa senão a espiritualidade cristã forjada em novas formas apropriadas para responder às necessidades de uma nova era na aurora da cultura ocidental".

......
15   SCHAFF, 1952/1953, p. 701.

Teodoro Beza

Foi o sucessor de Calvino em Genebra e líder do protestantismo reformado. Viveu de 1519 a 1605. Depois de uma grave doença, foi a Genebra em 1548 e declarou-se protestante. Ali foi escolhido como professor de Grego na Universidade de Lausanne. Havia sido treinado em Advocacia e era pregador e teólogo de destaque. Em Genebra, tornou-se aluno e associado de Calvino, sendo o primeiro reitor da academia de Calvino, de que foi sucessor como líder das igrejas reformadas e um dos principais conselheiros dos huguenotes da França. Seu alvo foi o estabelecimento da fé reformada em toda a Europa.

Como escritor, Beza produziu novas versões do Novo Testamento em grego e latim. Completou a tradução do livro de Salmos iniciada por Marot, e escreveu uma biografia de Calvino. Foi também autor do *Jure Magistratum* e outros tratados polêmicos, políticos e teológicos. Manteve uma posição extrema sobre a predestinação. "Afirmava que a eleição ou a condenação do homem havia sido determinada antes da queda de Adão como parte do plano da salvação." Dirigiu as igrejas reformadas durante 46 anos. Sob sua liderança, Genebra tornou-se o centro do protestantismo reformado.

CAPÍTULO 12
A REFORMA SE ALASTRA PELA EUROPA

"... o sinal para começar a matança de todos os protestantes [...] foi dado quando as badaladas dos sinos da Igreja de São Germano de Auxerre anunciou, às quatro da manhã, o dia de São Bartolomeu." **Tom Pavesi**

Os ventos sopram na Europa

Enquanto o luteranismo expandiu-se para o norte da Alemanha, Dinamarca, Noruega, Finlândia e Suécia, tornando-se a Igreja estatal desses países, a reforma suíça de Zwínglio e Calvino espalhou-se para o sul, leste e oeste, alcançando a França, Holanda, Bélgica, Luxemburgo, Espanha e Itália. Na França, apesar de severa perseguição, os protestantes chegaram a ter mais de 2 mil congregações em 1560. O sangue de dezenas de milhares de mártires franceses correu pelas ruas da França por causa do desejo de retorno à simplicidade do Evangelho, ao perdão dos pecados pela fé em Cristo e à autoridade única das Sagradas Escrituras.

A atitude da monarquia francesa em esmagar a Reforma se traduziu em um imenso declínio espiritual. Onde o avivamento do Espírito Santo é desprezado, ocorre o avivamento das trevas. Em pouco mais de dois séculos, a França se tornou o país europeu onde a filosofia humana afrontaria a própria monarquia que massacrou a Reforma. Criou-se na França uma forma de cristianismo sem vida, sem espiritualidade, e a revolução que aconteceu na França causou um banho de sangue no país e o maior abalo às velhas instituições que o continente jamais conheceu.

Na Bélgica, na Holanda e em Luxemburgo, o jovem Felipe II, sucessor de Carlos V, passara a governar. Naquela atmosfera radical da

Espanha ocorreram violentos degolamentos e torturas de todos os tipos com a total indiferença da monarquia. Quem quisesse perseguir os protestantes contava com a total omissão da justiça sob o rei católico. Na Espanha e na Itália, a Reforma que surgiu foi completamente aniquilada por uma sistemática e cruel perseguição aos crentes, o que incluía torturas, prisões e execuções sob o papa Paulo IV. Os valdenses da França e do norte da Itália, entretanto, sobreviveram desde a era pré-Reforma e se tornaram um ramo da Igreja Presbiteriana Reformada na Reforma suíça. Do mesmo modo, a Hungria, finalmente abraçou a Reforma. Mesmo debaixo de hostilidades do Imperador Carlos V e de severa perseguição, a Igreja Presbiteriana húngara surgiu como uma das maiores igrejas reformadas.

Ainda que boa parte do país tenha permanecido católico por influência da Contrarreforma empreendida pelos jesuítas em nome do papa, os presbiterianos húngaros experimentaram vertiginoso crescimento numérico. Outros países do centro e do sul da Europa, o sul da Alemanha, da Polônia, da Áustria e da Boêmia, que inicialmente foram inflamados pela Reforma, retornaram ao catolicismo por causa da repressão brutal, dos massacres sanguinários e do esforço da Sociedade de Jesus, os jesuítas, de Inácio de Loyola, que se tornaram a expressão e a essência da Contrarreforma.

A Reforma na França

A Reforma na França, em seu início, foi chefiada por Calvino por meio de cartas e pregadores jovens enviados de Genebra. Em 1555, a primeira igreja protestante

---

A ESPIRITUALIDADE PROTESTANTE

Na espiritualidade protestante encontramos uma pluralidade de pessoas que marcam com suas vidas o testemunho da nova fé reformada. Savonarola, famoso pregador dominicano, morreu enforcado na Itália. João Huss, reformador na República Tcheca, morreu na fogueira. Zwínglio morreu num campo de batalha da Suíça. João Calvino fugiu da França e encontrou lar em Genebra, onde fez a sua grande reforma. Esses e tantos outros não se moviam baseados em convicções religiosas apenas, mas impelidos profundamente pelo amor a Deus, pela fé e pela oração. Viviam na certeza e em convicções fundadas na Palavra de Deus, e impactaram a Igreja de sua época.

nacional foi organizada em Paris, chamada Igreja Huguenote Francesa. Quatro anos mais tarde havia 62 igrejas.

O primeiro Sínodo Geral foi realizado em 1559, em Paris. Um credo calvinista e uma Constituição baseada nos princípios eclesiásticos de Calvino foram adotados. O número de pessoas que aderiram foi estimado em 400 mil, a maioria das quais eram da população mais empobrecida. O número logo foi aumentado pela adesão dos huguenotes políticos.

De 1562 a 1598, houve oito horríveis guerras entre os huguenotes e os católicos: 1562-1563; 1567-1568; 1568-1570; 1573; 1574-1576; 1577; 1580; 1588-1592. Entre os líderes, estavam os juízes católicos de Catarina de Médici; entre os huguenotes, o almirante de Gaspar de Coligny; Luiz, príncipe de Condé; e Henrique de Navarra, comandante do exército que tornou-se Henrique IV em 1593 e declarou-se católico.

A monarquia francesa estava correndo o risco de cair, especialmente por causa dos huguenotes, que eram a favor de autonomia local e independência. Uma conspiração para capturar o rei resultou na perseguição de milhares de huguenotes inocentes. Sob a liderança de Catarina de Médici, mãe de Carlos IX (1560-1574), jovem de 11 anos quando começou seu reinado, a perseguição foi renovada. Em março de 1562, o duque de Guise, com duzentos soldados, atacou uma congregação em Vassy durante um culto. Sessenta huguenotes foram mortos e três horríveis guerras se seguiram.

> **A ESPIRITUALIDADE PROTESTANTE**
> Martinho Lutero (1483-1546) foi monge agostiniano, professor e doutor. Lecionou na Universidade de Wittenberg, na Alemanha, palco de seu grande labor reformado. Ele legou uma imensa obra literária e teológica. Naqueles dias, viveu os corajosos enfrentamentos com a Igreja Católica Roman, pondo em risco direto a própria vida.

Catarina de Médici, rainha da França, buscava todos os meios para vencer os huguenotes, e usou essa data como pretexto. Próximo à noite de São Bartolomeu, no tempo de paz, data marcada para o casamento de Margarida de Valois, irmã do rei Carlos IX com Henrique de Navarra, a rainha aproveitou a oportunidade para preparar uma armadilha, uma conspiração para atrair milhares de huguenotes a Paris. O casamento, de fato, aconteceu, e foi realizado em 18 de agosto de 1572.

Na véspera do dia de São Bartolomeu, 24 de agosto, o massacre começou, e durou uma semana. Coligny foi assassinado com mais de 8 mil outros huguenotes. Nesse dia horrível e durante os seguintes, o número de mortos na França chegou a 30 mil. Aquele ato horrendo e traiçoeiro da monarquia francesa contra o próprio povo ficou na história como a mais sangrenta, sórdida e cruel perseguição religiosa dos tempos da Reforma. A Noite de São Bartolomeu ficou marcada na História como a data da infâmia e da desonra na França.

O Edito de Nantes

Depois de muito derramamento de sangue e de muitos conflitos internos, as partes chegaram a um acordo, que foi chamado Edito de Nantes (1598). Esse Edito determinou que aos huguenotes fosse permitido tomar parte em todas as funções públicas. Os cultos públicos foram permitidos em 1597, exceto em Paris, Rheims, Toulouse, Lyon e Dijon. Proibiu-se que os filhos dos huguenotes fossem forçados a receber instrução católica. Em 1689, o Edito de Nantes foi revogado. Só em 1787 começou uma real tolerância religiosa na França.

A Reforma na Escócia

O solo da Reforma escocesa fora preparado de diversas formas. Por intermédio de viajantes escoceses e de estudantes no continente europeu e na Inglaterra, a Escócia já havia sido profundamente influenciada pelos ensinos de Wycliffe, João Huss e Guilherme de Ockham. As ideias e os ideais luteranos corriam pela Escócia diante do estado de depravação do clero católico.

Patrício Hamilton visitou Wittenberg e estudou em Marburgo. Voltando para a Escócia, começou a pregar a doutrina luterana, mas foi condenado e queimado em 29 de fevereiro de 1528. De 1534 a 1540, outros foram mortos. Devido à influência inglesa, o parlamento escocês autorizou a leitura e a tradução da Bíblia, mas, em 1544, o cardeal Beaton e o Partido Francês manifestaram forte oposição ao protestantismo.

O principal pregador naqueles dias era Jorge Wishart, que foi morto por Beaton, o sanguinário cardeal e arcebispo da Escócia, em 1546. Os protestantes tomaram posse do Castelo de Santo André, e ali reuniram os seus simpatizantes. Em 1547, um pregador protestante perseguido buscou refúgio entre eles e tornou-se seu guia espiritual. Seu nome era João Knox, o herói da Reforma escocesa que, segundo alguns, era "mais calvinista do que Calvino".

Forças francesas foram, então, enviadas para derrotar os rebeldes do castelo de Santo André, que foram obrigados a se submeter. Knox foi levado à França e, durante 19 meses, condenado a trabalhos forçados numa das galés de escravos. Algum tempo depois, Knox fugiu e voltou à Inglaterra, que estava sob o governo protestante de Eduardo VI, e tornou-se um dos capelães reais. Durante o reinado de Maria Tudor (1553-1558), sucessora de Eduardo VI, nova perseguição aconteceu e Knox fugiu novamente para o continente. Exilado de 1554 a 1559, passou a maior parte de seu tempo em Genebra, encontrando ali "a mais perfeita escola de Cristo que jamais existiu depois dos dias dos apóstolos". Tornou-se um fervoroso discípulo de Calvino.

Em 1555, voltou à Escócia e pregou durante seis meses. O povo declarou acerca dele: "Outros homens cortaram os galhos do papado; este homem, no entanto, vai com o machado ao tronco da árvore." Knox dizia ser a Igreja Romana de seus dias a "sinagoga de Satanás", e o papa, o Anticristo. Aonde quer que ele fosse, sua pregação acendia e espalhava o rompimento imediato com Roma. Depois voltou a Genebra, onde se tornou pregador da igreja dos refugiados ingleses.

Em 1558, Maria Stuart, mais tarde a rainha da Escócia, casou-se com Francisco II, herdeiro do trono francês. Maria era filha de Jaime V, da Escócia, neto de Henrique VII, e Maria de Lorena, da poderosa família católica francesa dos Guises. A morte de Jaime V, em 1542, produziu uma disputa pela regência do país porque sua filha, Maria, herdeira do trono, tinha apenas uma semana de idade. A tentativa de Henrique VIII de unir a Escócia e a Inglaterra pelo casamento dela com seu filho, Eduardo, herdeiro da coroa inglesa, falhou porque os católicos desejavam que ela fosse enviada à França. Assim sucedeu. Sua mãe, Maria, a Guisa, permaneceu na Escócia como regente.

No fim do mesmo ano, Elizabeth I tornou-se rainha da Inglaterra. Maria Stuart, rainha da Escócia, denunciou Elizabeth I como usurpadora, proclamando-se a herdeira legítima do trono da Inglaterra. Sob essas circunstâncias, os defensores da independência e o protestantismo uniram-se cada vez mais em um partido. Knox viu que era o momento oportuno, e em 2 de maio de 1559, voltou para a Escócia.

Depois de uma pregação em Perth, a turba destruiu os mosteiros da cidade. Maria, a regente, considerou a ação como uma rebelião. Em 10 de julho de 1559, Henrique II, da França, morreu e o esposo de Maria, rainha da Escócia, Francisco II, tornou-se rei em seu lugar. A Escócia recebeu reforços da França, e a causa reformadora sofreu grande dano.

Em 11 de junho de 1560, a regente, Maria, a Guisa, morreu. Em 6 de julho, foi estabelecido um tratado entre a França e a Inglaterra, pelo qual as forças francesas sairiam da Escócia e os franceses depostos, de todas as posições importantes do governo. Uma Igreja Reformada Escocesa foi finalmente organizada sob a direção de Knox em 17 de agosto de 1560. A Confissão Escocesa, escrita por Knox, foi adotada como credo da Igreja Nacional pelo parlamento. Na mesma semana, a jurisdição papal foi abolida e a missa, proibida. Em dezembro de 1560, realizou-se a Primeira Assembleia Geral da Igreja da Escócia, e o Primeiro Livro de Disciplina foi apresentado. Também foi escrito por Knox, e se tratava de uma forma presbiteriana de governo para a Igreja.

Como temos visto, num espaço de 15 anos, a Reforma havia florescido por toda a Europa continental e na Grã-Bretanha. Uma geração de homens e mulheres havia sido profundamente tocada pela Palavra de Deus. O Senhor mesmo estava restaurando sua Igreja e acendendo o fogo reformador. Essa profunda revolução espiritual transformou definitivamente a Igreja, colocando no passado aquela velha e obscura estrutura medieval. Deus mesmo estava restaurando sua casa e dando um novo curso para a História. A primavera finalmente havia chegado, fazendo florescer e se multiplicar uma profunda espiritualidade e um zelo espiritual numa experiência "do coração".

Em 1560, o esposo de Maria, rainha da Escócia, faleceu, e em 1561, ela voltou da França para reinar com o propósito de restabelecer o catolicismo romano no país. Maria casou-se com seu primo, Henrique Stuart, o lorde Darnley. Foi atraída por um nobre protestante, Tiago Hepburn, conde de Bothwell, que começou a tramar para tirar Maria de Darnley. Em 1567, Darnley foi assassinado.

A opinião pública acusava Bothwell do assassinato, e era crença generalizada que Maria também era responsável. Cerca de dois meses depois, ela se casou com Bothwell. Os católicos e os protestantes uniram suas forças contra ela, que foi obrigada a abdicar em favor de seu filho, Jaime VI, que, mais tarde, tornou-se Jaime I da Inglaterra. Jaime Stuart, meio-irmão de Maria, conde de Moray, serviu de regente.

Com a queda de Maria, o protestantismo triunfou, e em dezembro de 1567, foi definitivamente estabelecido pelo parlamento. André Melville (1545-1623) foi o sucessor de Knox. É conhecido como o aperfeiçoador do sistema presbiteriano na Escócia e seu defensor.

A Reforma na Holanda

O solo da Holanda estava bem preparado para a Reforma. Já foi mencionado que ali surgiu o movimento dos Irmãos da Vida Comum, o qual deu ênfase à leitura das Escrituras nos idiomas regionais. Também foi lá que Erasmo nasceu. Quando os ensinos de Lutero chegaram, logo se arraigaram. Assim também sucedeu com os ensinos dos anabatistas, especialmente os de Melchoir Hoffman. Os pregadores calvinistas vindos de Genebra, da França e do sul da Alemanha tiveram também bom êxito.

Em contrapartida, houve perseguição dos protestantes sob Carlos V, que estabeleceu a Inquisição, a qual funcionou com eficiência. Em 1523, dois protestantes foram condenados à fogueira, os primeiros mártires da fé reformada na Holanda. Lutero escreveu um hino sobre eles. Durante mais de 30 anos, Carlos V lutou contra o protestantismo, matando milhares de pessoas. Durante aqueles anos de luta, mais protestantes foram mortos por causa de sua fé do que o número de cristãos sob os imperadores romanos. Motley, autor de *The Rise Of the Dutch Republic (O surgimento da República Holandesa)*, afirma que, segundo notáveis autoridades entre 50 mil a 100 mil pessoas foram martirizadas nos Países Baixos.

Em 1555, Carlos V foi sucedido por seu filho, Felipe II. Ele foi mais cruel do que o pai. Assim, a causa protestante veio a ser identificada com a causa da liberdade. William de Nassau, príncipe de Orange, era o mais destacado líder do Partido Patriótico. Era alemão, nascido de pais luteranos, mas nominalmente católico. William veio a ser o herói da independência holandesa. Ao ouvir que Felipe II estava convocando tropas para esmagar qualquer resistência ao governo, retirou-se para a Alemanha a fim de preparar-se para a guerra. Durante esse tempo, aceitou o Evangelho reformado. Tornou-se um homem profundamente religioso, com plena convicção de que ele próprio era um instrumento nas mãos de Deus para libertar seu povo adotivo da opressão. Único liberal entre todos os chefes religiosos de seus dias, dedicou a vida a assegurar a liberdade religiosa a todos.

Outros importantes líderes eram os condes católicos Egmont e Horn. Em 1567, a Armada Espanhola enviada por Felipe II chegou aos Países Baixos, dirigida pelo Duque D'Alba (1508-1582), um hábil general espanhol "com bem escolhido exército". Centenas de execuções se seguiram,

---

A ESPIRITUALIDADE PROTESTANTE

Lutero era um homem de oração. A educação cristã que recebeu no lar, sua experiência de conversão e, mais tarde, sua vida religiosa como monge agostiniano são apenas alguns dos aspectos formadores de sua fé. Martinho Lutero estudou Teologia e se tornou doutor e professor respeitado por seu conhecimento bíblico. De tudo o que foi e fez, a sua vida de oração foi um destaque à parte. Vejamos alguns de seus conselhos a respeito da oração: "Por isso é bom que, de manhã cedo, faça-se da oração a primeira atividade e, de noite, a última. E cuide-se muito bem desses pensamentos falsos e enganosos que dizem: 'Espera um pouco, daqui a uma hora vou orar, antes ainda tenho que resolver isto ou aquilo.' Porque, com esses pensamentos, passamos da oração aos afazeres que prendem e nos envolvemos a ponto de não voltarmos à oração o dia inteiro."

entre elas, as de Egmont e Horn. William de Orange escapou, fugindo para a Alemanha, onde organizou a resistência.

Em 1568, William de Orange começou sua guerra de libertação, que duraria por muitos anos. O terrível cerco de Leyden foi quebrado pelo rompimento dos diques, permitindo a invasão do mar e dos navios de batalha dos marinheiros holandeses, que atacaram as muralhas e as defesas inimigas. A luta não foi triunfante no sul dos Países Baixos. Essas províncias constituem a moderna Bélgica, país católico romano. No norte do País foi vitoriosa. Em 1581, os sete Estados declararam sua independência da Espanha, ainda que não houvesse passado todo o perigo. Esses Estados constituem a atual Holanda.

A Igreja Reformada se consolida nos Países Baixos

Mesmo durante a grande luta pela independência, as igrejas calvinistas se organizaram. O primeiro Sínodo Nacional se reuniu no ano de 1571, em Emden. A igreja era de constituição presbiteriana. A Confissão Belga (1561) foi preparada por Guido de Bres e revisada por Francisco Junio, estudante de Calvino. Essa confissão, que se tornou o símbolo reconhecido das igrejas reformadas dos Países Baixos, junto com a Bíblia, os cânones de Dort (calvinistas) e o Catecismo de Heidelberg, serviram de guia espiritual para os protestantes. Em 1573, William de Orange declarou-se calvinista. Em 1575, a Universidade de Leyden foi estabelecida e se tornou uma famosa escola de Teologia.

A tolerância religiosa era mais praticada nos Países Baixos do que em qualquer outro lugar daquela época devido a três fatores: "A luta pela independência nacional; o desejo de ter o auxílio de todos quantos dela eram amigos; e o espírito mercantil."[16] Os católicos tinham direito de residência e emprego, todavia não lhes era permitido realizar publicamente suas missas nem desempenhar funções políticas. Em 1577, William de Orange "concedeu aos anabatistas a primeira proteção de seu direito de culto, coisa que jamais haviam tido". Assim, por meio dessa tolerância,

.....
16   WALKER, 1967, p. 116.

os Países Baixos tornaram-se um refúgio para os perseguidos por motivo religioso, e a nação se engrandecia cada vez mais.

William de Orange foi morto pelas mãos de um assassino, em 1584. Sua morte colocou em grande perigo a causa da liberdade nas províncias do norte. Parecia que seriam vencidas. Porém, por providência de Deus, "Felipe voltou sua atenção para uma empresa maior. O rei espanhol resolvera nada menos do que conquistar a Inglaterra".[17] Em 1609, como nação poderosa e protestante, a Holanda era vitoriosa com a Reforma.

O arminianismo

A teologia calvinista encontra um grande contraponto no que Jacó Armínio (1560-1609) ensinou e escreveu. Jakob Hermanszoon — seu nome sem a latinização — foi um teólogo holandês que escreveu muitos livros e tratados sobre o tema. A sua visão tornou-se a base do que é conhecido como "arminianismo", que logo fez discípulos. Seus parentes foram mortos durante a luta pela independência dos Países Baixos. Estudou na Universidade de Leyden de 1576 a 1582, e depois, na academia de Calvino, em Genebra. Em 1588, tornou-se pastor em Amsterdã, e em 1603, professor de Teologia em Leyden, onde permaneceu até a morte.

Armínio começou a duvidar da doutrina da predestinação incondicional e a atribuir ao homem o livre arbítrio. Desenvolveu-se forte controvérsia entre ele e seu colega da universidade, Franz Gomarus (1563-1641), e logo os Países Baixos protestantes foram plenamente envolvidos pelo assunto. Armínio nunca pensou em escrever uma Teologia Sistemática. Isso foi obra dos seus seguidores.

Depois da morte de Armínio, João Wtenbogaert (1557-1644), pregador da corte, e Simão Episcopius (1583-1643), professor de Teologia em Leyden, desenvolveram e sistematizaram as ideias arminianas. Em 1610, eles e mais 41 simpatizantes, por insistência de João Van Odenbaneveldt, estadista de renome da Holanda e defensor da liberdade religiosa, redigiram a "Remonstrance", uma declaração de sua fé. Então foi dado ao partido o nome de "remonstratense".

.....
17 WALKER, 1967, p. 117.

A crença arminiana rejeitou o conceito de predestinação incondicional, e ensinava uma predestinação baseada na presciência de Deus, do uso que fariam os homens dos meios de graça. Afirmava que Jesus morreu por todos, e que o propósito divino desde o princípio foi salvar a todos os que cressem em Cristo. Há possibilidade de santificação completa nesta vida, e concordava com o calvinismo quanto à incapacidade do ser humano de fazer qualquer obra boa por si — tudo é da graça divina: arminianismo não é pelagianismo.

Ensinava a possibilidade de perder a graça uma vez recebida e afirmava também que a graça pode ser rejeitada. Aceitou a posição agostiniana de pecado. "Pecado é de tal modo um mal voluntário que não pode ser, de forma alguma, pecado até que seja voluntário." Imediatamente, o protestantismo dos Países Baixos se viu em grandes lutas envolvendo o calvinismo e o arminianismo, os quais não eram isentos de política.

A maioria da população, que era calvinista, foi apoiada pelo Stadholder Maurício (1588-1625). Os remonstratenses foram apoiados por Oldenbarneveldt, líder da província da Holanda, e Hugo Gratius (1583-1645), historiador, jurista e fundador do Direito nacional, que eram os chefes dos partidos dos direitos dos Estados. O partido nacional desejava um sínodo que resolvesse a disputa, mas a província da Holanda, sob a liderança de Oldenbarneveldt, resistiu ao plano. Em julho de 1618, o Partido dos Direitos dos Estados foi derrubado e Oldenbarneveldt, decapitado em 13 de maio de 1619. Gratius foi condenado à prisão perpétua, da qual fugiu em 1621.

> **A ESPIRITUALIDADE PROTESTANTE**
>
> A majestosa reforma luterana foi, sobretudo, uma obra de fé e determinação. Os escritos de Lutero, em especial o hino da Reforma Protestante, espelha essa confiança divina. Castelo forte é, na verdade, uma oração. Lutero expressou, em cada estrofe, sua fé em Deus, mesmo que estivesse enfrentando lutas e provações duríssimas. A letra descreve o que lhe aguardava na cidade de Worms, onde ele teria que comparecer perante um tribunal eclesiástico e político para se defender das acusações da Igreja em Roma. Lutero bem sabia de seu antecessor, João Huss, que também se apresentou e não saiu vivo para contar a História.

O Sínodo de Dort, de 13 de novembro de 1618 a 9 de maio de 1619, foi convocado para resolver a disputa entre os calvinistas e os arminianos, e o resultado foi que o arminianismo foi condenado. O sínodo adotou cânones favoráveis ao calvinismo, não tão extremistas como alguns calvinistas individuais. Os remanescentes foram banidos logo após o sínodo, mas quando Maurício morreu, as medidas contra eles tornaram-se letra morta, então voltaram para seu país. Só em 1795 os arminianos foram oficialmente reconhecidos na Holanda. Então, os ensinos arminianos cresceram no país e se espalharam por toda a Inglaterra, onde exerceu uma influência maior. Lá recebeu grande impulso sob João Wesley, e depois se espalhou também para a América do Norte.

Igreja de Armínio, congregação protestante erigida em 1897 em Roterdã, na Holanda.

Arminianismo e calvinismo em contraste

De acordo com Schaff (1952/1953), podemos fazer uma relação entre o arminianismo e o calvinismo da seguinte maneira:

- Para o arminiano, o homem está debaixo do pecado e não possui graça salvadora em si mesmo, mas possui livre arbítrio, e este não é escravo da natureza pecaminosa. O calvinista acredita na depravação total que atinge todas as partes da natureza humana, de tal maneira que precisa da obra regeneradora de Deus. Da mesma forma, que a sua vontade, presa por sua natureza pecaminosa, seja alcançada pela graça irresistível.
- No arminianismo, a eleição de Deus de certos indivíduos é baseada na sua presciência quanto àqueles que iriam aceitar a sua chamada. Ele elegeu somente aqueles que, de antemão, sabia que iriam crer com sua própria vontade. Já para o calvinismo, a eleição de Deus é baseada somente na escolha incondicional da vontade divina soberana, e não numa resposta da parte do homem que ele de antemão conheceu.
- Para a teologia arminiana, Cristo morreu por todos os homens, mas somente aqueles que creem serão salvos. A teologia calvinista afirma que Cristo morreu somente pelos eleitos.
- No arminianismo, a graça de Deus pode ser resistida pelo homem em função do seu livre arbítrio. O Espírito atrai a Cristo somente aqueles que assim o permitem. Já no calvinismo, todos os eleitos serão salvos, sendo que a graça de Deus é efetiva para a salvação e não pode ser resistida.
- De acordo com o arminianismo, um verdadeiro salvo pode se perder. Segundo o calvinismo, todos aqueles que são escolhidos por Deus e que são irresistivelmente atraídos pelo Espírito são eternamente seguros e nunca podem se perder.
- Para o arminiano, o homem "se converte a Cristo", enquanto, para o calvinista, o homem "é convertido a Cristo" por obra do Espírito Santo.

- O arminianismo afirma que o homem exercita sua vontade como agente ativo no processo da salvação. O Calvinismo defende que o homem é um agente passivo, levado por Deus ao ato de conversão e salvação. "A Bíblia nos dá uma teologia que é mais humana do que o calvinismo, mais divina do que o arminianismo e mais cristã do que qualquer uma delas."[18]

---

18 SCHAFF, 1952/1953, p. 816.

CAPÍTULO 13
A REFORMA NA INGLATERRA

"Nós vemos neste dia, pela graça de Deus, uma luz como uma tocha que, na Inglaterra, nunca será apagada." **Latimer**

A controversa Reforma inglesa

A Reforma não foi apenas um movimento espiritual. Por causa dos séculos de servidão a Roma, muitas monarquias abraçaram o movimento como forma de conquistar liberdade política das intromissões do papado romano. Foi esse o caso da Inglaterra, que experimentou com Henrique VIII uma inacreditável e controversa independência do romanismo.

O pitoresco reinado de Henrique VIII

Catarina de Aragão, princesa da Espanha com profundos laços com o papado, havia se casado com Artur, irmão mais velho de Henrique e o primeiro na sucessão ao trono inglês. Artur, entretanto, morreu muito prematuramente. O papa Júlio II foi então pressionado por todos a endossar o segundo casamento de Catarina com o príncipe Henrique. Com Catarina, Henrique VIII, agora rei da Inglaterra, teve cinco filhos, dos quais apenas uma filha, Maria, sobreviveu. Dos filhos que Henrique tivera com ela, nenhum do sexo masculino sobreviveu para herdar o trono. Henrique e outros próximos a ele viram nisso o juízo de Deus por causa de seu casamento com a viúva de seu irmão, fato que era proibido pelas leis canônicas da Igreja Católica Romana.

Foi então que Henrique VIII interessou-se por Ana Bolena, dama de sua corte, mas ela se recusou a ser simplesmente sua amante. Assim, Henrique VIII pediu ao papa para anular seu primeiro casamento com Catarina de

Aragão, usando o argumento de ter sido originado no pecado e na transgressão das leis canônicas. Mesmo que fosse possível ao papa conceder tal dispensa, não era seguro politicamente fazê-lo por temer uma ofensa ao sobrinho de Catarina, Carlos V, o poderoso imperador da Alemanha, rei da Espanha e defensor da Igreja Romana contra o insurgente protestante alemão, Martinho Lutero. Carlos V simplesmente não toleraria que sua tia Catarina fosse desprezada pelo rei inglês, e o papa não queria arriscar indispor-se com o imperador. Por isso, negou o pedido de Henrique VIII.

Mesmo sem o consentimento papal, Henrique VIII estava determinado a ter Ana como sua esposa. Mesmo outrora tendo se oposto a Lutero, dando a si mesmo o título de "defensor da fé", o rei inglês agora permitia que os livros protestantes circulassem livremente na corte inglesa. Em 1531, Henrique acusou o clero católico inglês de traição por receber ordens de poder estrangeiro, referindo-se ao papa.

Henrique VIII retratado pelo pintor Hans Holbein, o Jovem, em 1540.

Em 1532, o Parlamento deu ao rei a autoridade para abolir diversos pagamentos do clero endereçados a Roma. O Parlamento também passou a Igreja da Inglaterra para o controle de Henrique, e em 1532, o protestante Tomás Cranmer foi apontado como arcebispo da Cantuária, e Tomás Cromwell, um protestante ardoroso, substituiu o católico Tomás Moore como primeiro-ministro.

Em 1533, o Decreto da Restrição de Petições foi emitido, tornando crime para qualquer súdito inglês apelar à corte de Roma. Por fim, o arcebispo Cranmer secretamente criou uma forma legal para que Henrique se casasse com Ana Bolena. Em maio, o arcebispo reuniu a corte para formalmente declarar nulo o casamento de Henrique com Catarina. Assim, Ana Bolena, a "Ana dos mil dias", foi declarada rainha da Inglaterra.

Em função dessas atitudes, o papa excomungou Henrique VIII, desobrigando seus súditos de fidelidade a ele. Henrique respondeu com o Ato de Supremacia, aprovado pelo Parlamento inglês, declarando-se a si mesmo "a única cabeça da Igreja da Inglaterra na terra". O documento afirmava também que o pontífice romano não tinha mais autoridade do que qualquer outro bispo estrangeiro, conforme as Escrituras Sagradas.

Em 1534, o rei aboliu diversos pequenos mosteiros, e em 1540, todos os mosteiros católicos foram finalmente fechados, e seus bens e propriedades, confiscados pela coroa inglesa. Henrique VIII vendeu esses bens a muitas famílias de sua corte, criando, assim, uma nova elite que apoiaria definitivamente

A ESPIRITUALIDADE PROTESTANTE

O hino Castelo forte (em alemão, *Ein Feste Burg ist Unser Gott*) foi inspirado em Salmos 46:1, que diz: "Deus é o nosso refúgio e nossa força, defensor sempre alerta nos perigos."

Castelo forte é nosso Deus.
Espada e bom escudo.
Com seu poder defende os seus
Em todo transe agudo.
Com fúria pertinaz
Persegue Satanás,
Com artimanhas tais e
Astúcias tão cruéis
Que iguais não há na terra.

Sim, que a palavra ficará,
Sabemos com certeza.
E nada nos assustará
Com Cristo por defesa.
Se temos de perder
Os filhos, bens, mulher,
Embora a vida vá,
Por nós Jesus está
E dar-nos-á seu Reino.

a Reforma na Inglaterra. Essa aristocracia recentemente criada se oporia naturalmente a qualquer retorno a Roma, e assim tornou-se o fundamento do novo Estado inglês.

Em 1536, os "Dez Artigos de Religião" foram publicados, fornecendo as bases da Reforma inglesa. O arcebispo Cranmer extraiu esses artigos principalmente da Confissão Luterana de Augsburgo. Em todo lugar, circulavam cópias das Santas Escrituras, e os súditos foram ordenados a lê-las. Qualquer coisa que era ensinada fora delas era considerada nula, como romarias, velas, o uso de imagens e as orações com rosários.

Infelizmente, Henrique VIII permanece na História como um homem motivado principalmente por seus próprios interesses. A fibra moral da Reforma na Inglaterra certamente não provém dele. Sua ambição era por um catolicismo reformado sob seu estrito controle. Quando, em 1539, parecia que as coisas estavam andando depressa demais, fez publicar o decreto dos "Seis Artigos", proibindo qualquer um de ensinar as doutrinas protestantes na Inglaterra.

Em 1536, Henrique VIII condenou Willian Tyndale, tradutor da Bíblia, a ser queimado na fogueira. Aquele violento e abusivo monarca executou também muitos outros crentes que ousaram crer e buscar uma vida cristã diferente daquela imposta brutalmente por ele através da Igreja Anglicana. Tanto os católicos quanto muitos protestantes foram executados durante o sanguinário governo de Henrique VIII.

A determinante vitória protestante na Inglaterra

Eduardo VI, filho de Jane Seymour, terceira esposa de Henrique VIII, tinha apenas 10 anos quando sucedeu seu pai, sendo cercado por um hábil conselho de tendências protestantes. Consequentemente, a Reforma andou a passos largos nesses breves seis anos de seu reinado. Assim, muitos atos legais de Henrique VIII, incluindo o "Decreto dos Seis Artigos", foram revogados. Inicialmente, a liberdade de imprensa e a liberdade de discurso foram legalmente permitidas. O *Primeiro livro de orações*, preparado pelo arcebispo Cranmer, foi autorizado pela Igreja da Inglaterra. Em 1552, um revisto *Segundo livro de orações* surgiu, e, com ele, uma confissão de fé, os "Quarenta e Dois Artigos", credo oficial da Igreja da Inglaterra.

O próprio povo inglês permanecia dividido nos seus sentimentos. Fortes reações católicas ainda existiam, e viriam à tona sob o reinado de Maria Tudor. Do lado contrário, havia aqueles que achavam que a Reforma na Inglaterra não tinha chegado até onde deveria. Esses irmãos, chamados "puritanos", queriam que a Igreja inglesa seguisse o protestantismo calvinista do continente, e muito influenciaram para que isso ocorresse. Os puritanos deixariam sua marca no processo de restauração da Igreja, que continuou a emergir de seus longos anos de "cativeiro babilônico".

O infeliz reinado da sanguinária Maria Tudor

O jovem rei Eduardo VI sempre tivera uma saúde muito frágil, e logo morreu, após um breve reinado de seis anos. Maria Tudor, sua irmã mais velha, foi a única filha viva de Henrique VIII com Catarina de Aragão, e sucedeu Eduardo VI em 1553. Ela, como sua mãe, era uma católica devota com profundos laços com a Espanha, e estava decidida a restaurar a submissão da Inglaterra à Igreja Católica. Seu casamento com Felipe II da Espanha, filho do Imperador Carlos V, em 1554, contrariou grandemente o povo inglês, que sentiu sua soberania como nação livre sendo agredida.

O primeiro Parlamento sob Maria Tudor revogou todos os atos de Reforma emitidos por seu pai, Henrique VIII, e por seu meio-irmão, Eduardo VI. Os notáveis bispos protestantes — Cranmer, Ridley, Hooper e Latimer — foram imediatamente presos. Em fevereiro de 1555, o bispo puritano Hooper foi executado e queimado na fogueira em Gloucester. Em outubro do mesmo ano, os bispos Ridley e Latimer foram queimados em Oxford por se negarem a aceitar a reintrodução da doutrina da transubstanciação e das missas católicas. As famosas últimas palavras de Latimer foram: "Nós vemos neste dia, pela graça de Deus, uma luz como uma tocha que na Inglaterra nunca será apagada." Em março do ano seguinte, o arcebispo Cranmer foi também executado em Oxford. Ele havia inicialmente se retratado sob tortura, mas, na manhã de sua morte, inabalavelmente reafirmou, diante de seus inimigos, a fé pela qual fora condenado à fogueira.

Em seu breve reinado de cinco anos, não menos do que 290 mártires foram queimados na fogueira por causa de sua fé no Evangelho de Jesus Cristo. No fim, Maria Tudor ficou só, combatida por seu povo, rejeitada por seu marido e em discórdia com o papa, a quem tão zelosamente defendera. Por suas perseguições contra os crentes, passou a ser apelidada pelo povo como "Bloody Mary", ou seja, Maria, a Sanguinária. Maria também reinou por pouco tempo, e morreu deixando o trono para sua meia-irmã Elizabeth.

A consolidação final da Reforma na Inglaterra

Elizabeth, filha de Henrique VIII e Ana Bolena, sucedeu Maria, a Sanguinária, em 1558. Ela reinou por 45 anos, de 1558 a 1603, em favor da causa protestante, e foi forçada a depender do apoio protestante para seu reinado, visto que a Sé romana jamais aceitara o divórcio de Henrique VIII com Catarina de Aragão. A posição oficial de Roma acerca de Elisabeth era considerá-la uma bastarda, favorecendo sua prima Maria, rainha da Escócia, como herdeira legal do trono inglês. Em 1559, sob o Decreto de Supremacia, a Igreja da Inglaterra foi definitivamente colocada sob o controle da coroa inglesa. No Decreto de Uniformidade, o *Segundo livro de orações* de Eduardo VI foi aceito como modelo da liturgia da Igreja Anglicana, a Igreja estatal inglesa.

No processo de servir aos próprios interesses, Elizabeth aparece na História como uma personalidade controversa. Ainda que ela se opusesse fortemente a Roma, igualmente rejeitava João Knox, o reformador escocês. Da mesma forma, ainda que tenha apoiado a Reforma, sempre no intento de proteger o próprio trono, ela se opõe aos puritanos, condenando à morte muitos irmãos. As tentativas de Roma de trazer de volta a Inglaterra para

> **A ESPIRITUALIDADE PROTESTANTE**
>
> A justificação pela fé, certamente o maior distintivo da espiritualidade protestante, resgata o que se havia perdido — a soberania de Deus na vida de seu povo — ao longo da História da Igreja. A justificação pela fé, portanto, é uma volta aos primórdios da Igreja, um retorno ao Evangelho de Jesus Cristo e ao respeito devido para com as Sagradas Escrituras no que se refere à sua autoridade em questões de fé e vida.

baixo de seu poder foram definitivamente abandonadas depois da formidável e desastrosa derrota da chamada "Armada Invencível" espanhola de Felipe II, na costa da Inglaterra. A Espanha, com essa numerosa e impressionante frota naval, tentara invadir a Inglaterra, mas um alinhamento de eventos impôs uma derrota humilhante aos espanhóis.

Depois disso, a Europa viu o declínio progressivo da Espanha e a ascensão da Inglaterra ao lugar de nação mais ponderosa do continente. Consequentemente, durante o reinado de Elizabeth I, a Reforma na Inglaterra foi definitivamente estabelecida, o que produziria efeitos históricos notáveis mais adiante.

CAPÍTULO 14
A CONTRARREFORMA CATÓLICA

"Ensina-nos, bom Jesus, a servir-te como tu mereces. A dar e não calcular a despesa; a lutar e não pensar nas feridas; a fatigar-nos e não pedir descanso; a trabalhar e não pedir qualquer recompensa, exceto saber que estamos fazendo tua vontade." **Inácio de Loyola**

Os jesuítas e o avivamento católico

Seguindo o seu estilo pesado e imperial, a Igreja de Roma continuava a manter todas as suas características medievais ao sufocar violentamente, por séculos, cada uma das inúmeras tentativas de Reforma. Com os exércitos papais, perseguiu, massacrou e devastou a região dos valdenses franceses, dos hussitas boêmios e dos luteranos alemães. Martinho Lutero já havia morrido e sido sepultado quando as hordas católicas chegaram a Wittenberg. A velha estrutura, pesada e cheia de entulhos, não suportava nenhuma iniciativa ou clamor por restauração. Como instituição e religião organizada, era irreformável. Dito isso, é preciso mencionar, porém, que sempre houve e continuou havendo gente piedosa e sincera dentro dos muros católicos.

A Igreja de Cristo, invisível, santa e atemporal, composta pelos salvos e redimidos pelo sangue do Cordeiro Santo de Deus, continuava a existir, mesmo sob aquela pesada e velha superestrutura refratária à restauração. É preciso, por isso, fazer clara distinção entre a instituição católica e os crentes católicos, que sempre existiram dentro daquela Igreja. Assim, o entendimento do que define a Igreja é fundamental aqui. Para o católico comum, a Igreja é a instituição histórica, cuja expressão é vista pela Cúria romana e pelo clero. Para os protestantes, a Igreja, como expressão do próprio Cristo, não é nenhuma instituição, mas o conjunto de todos os salvos de todas a eras que foram redimidos pelo Cordeiro e tiveram seus nomes escritos no Livro da Vida.

Entre os católicos, era óbvia a necessidade de reforma da Igreja mesmo antes de Lutero. Era latente e comumente reconhecido, dentro da própria instituição, que algum tipo de reforma era inadiável e urgente. Mesmo alguns papas tomaram uma tímida iniciativa de implementar essas mudanças, mas pouco foi feito, e sob cruel martírio, irmãos sinceros de dentro da própria Igreja Romana foram esmagados pela velha estrutura medieval que nunca soube incluir, receber e aplicar qualquer autocrítica. Era humilhante demais reconhecer o óbvio.

Assim, o que na Alemanha começou como uma simples proposta de debate acadêmico sobre um assunto secundário — a venda das indulgências — por completa inabilidade do papa Leão X, alastrou-se como fogo consumidor por toda a Europa e dividiu a Cristandade para sempre. A atitude prepotente medieval, que sequer levou em conta as questões óbvias e de senso comum levantadas pelos 95 artigos de Lutero, acreditou que, impondo mais uma vez a força e sob ameaça de morte e excomunhão, tudo seria solucionado como sempre.

> **A ESPIRITUALIDADE PROTESTANTE**
> A justificação remove toda a parafernália instrumental de artifícios e manobras espirituais, como se Deus não fosse capaz de fazer a sua obra em nossa vida. Deus não precisa do auxílio humano para salvar o pecador. A morte sacrificial de Jesus Cristo não pode ser subestimada e tampouco substituída por manipulações religiosas meticulosamente arranjadas pelas artimanhas e elucubrações humanas antes da Reforma Protestante, e menos ainda depois dela.

Mas a situação estava madura demais para não deflagrar essa autêntica revolução sem precedentes no Cristianismo. Era impossível retornar ao passado. Diante do avanço protestante e dos novos modelos de Igreja que emergiram da Reforma, era necessário rever toda a doutrina, as práticas, a liturgia e toda a realidade católica. A Reforma Protestante, em última análise, acabou por causar um bem imenso à própria Igreja Católica, arrastando-a para uma inescapável e inadiável reforma de suas velhas e pesadas práticas, métodos e *modus operandi*. As duas medidas mais importantes, duradouras e profundas foram a criação da Sociedade de Jesus, uma nova ordem monástica conhecida como "jesuítas", e o Concílio de Trento.

Esse concílio foi convocado para *digerir*, processar e deliberar acerca da Reforma que se espalhara por toda a Cristandade. Os decretos e as reafirmações daquele concílio foram claros em sua rejeição às diversas doutrinas protestantes, ainda que tenha havido profundas mudanças positivas efetuadas dentro da própria Igreja Romana.

A influência cristianizadora da Companhia de Jesus

O ambiente de reforma que se espalhou pela Europa fez acender uma nova chama de zelo e despertamento espiritual. Dentro das velhas estruturas católicas, isso trouxe uma nova busca por uma profunda espiritualidade e por significado existencial. Na Universidade de Paris, um grupo de jovens buscava intensamente a Deus. Eram sete jovens católicos piedosos, espanhóis em sua maioria, que entenderam que Deus os unira com um santo propósito.

Liderados por Inácio Lopez, um jovem capitão que se ferira em guerra, cuja origem era a cidade basca de Loyola, com seis outros companheiros — Francisco Xavier, da região de Navarra, Alfonso Salmeron, Diego Laínez, Nicolás Bobadilla, da região de Castilha, Peter Faber de Savoy e Simão Rodrigues, vindo de Portugal —, decidiram fundar uma nova ordem monástica. Eles se referiam a si mesmos como "Amigos no Senhor", assim como "Companhia" ou "Companheiros de Jesus". A nova ordem reproduzia algo da disciplina militar dos antigos templários, mas nada possuía de uma milícia armada, como aqueles soldados-monges. Em 1537, os amigos se reuniram e viajaram juntos a Roma com o propósito de buscar seu registro como ordem junto ao papa Paulo III. Finalmente, em 1540, a "Sociedade de Jesus" era formalmente reconhecida.

Os jesuítas, como passaram a ser conhecidos, tinham o claro objetivo de fazer missões pioneiras, levando o Evangelho às novas terras descobertas no Oriente e no Ocidente, catequizando os nativos, abrindo escolas e fundando seminários. Aqueles jovens piedosos, com temor e consagração renovados, chegaram à região de Goa, na Índia, ao Timor, Japão, China e também às possessões espanholas e portuguesas na América do Sul. Eram eles muitas vezes que serviam de escudo entre a ganância dos conquistadores e os índios sul-americanos.

Igreja fundada por jesuítas em Embu das Artes, em São Paulo.

No Brasil, foram eles que fundaram a cidade de São Paulo e estabeleceram o cristianismo católico em terras latino-americanas. Esse zelo da reforma católica se expressava no trabalho dessas missões estrangeiras em que jovens jesuítas investiam suas vidas, muitas vezes abraçando o martírio pela causa de Cristo. O mais famoso dos missionários católicos foi Francisco Xavier (1506-1552), o qual chegou a Índia em 1542 e morreu dez anos depois, em sua chegada à China.

O ambiente de animosidade entre católicos e protestantes produziu uma distância entre as novas denominações protestantes e os jesuítas. Estes foram sempre vistos como a face mais clara da Contrarreforma católica. Na Polônia e na Lituânia, foram os jesuítas que impediram o avanço predominante da Reforma e devolveram esses países à obediência à fé católica. Realmente, se forem levadas em conta apenas doutrina e obediência ao papa, as posições são irreconciliáveis. No entanto, é preciso admitir que a Companhia de Jesus tornou-se, à época, a expressão mais viva e genuína do cristianismo católico romano. Somente jovens apaixonados por Jesus se lançariam nesse estilo de vida sacrificial e devotado ao Senhor. Sua sincera devoção a Cristo fez deles uma renovada expressão, muito semelhante ao cristianismo anelado pelos reformadores.

A Companhia de Jesus ou Amigos de Jesus, nome da nova ordem monástica, foi aprovada como ordem mendicante de padres católicos. Inácio de Loyola foi escolhido como primeiro "geral", em 1541, posição que manteve até sua morte, em 1556. A constituição da ordem, que ocorreu apenas depois da morte de Loyola, insistia em quatro votos: pobreza, pureza, obediência à ordem e um voto especial de obediência absoluta ao papa. O ideal dos jesuítas era que se tornassem um grupo de homens que iria no meio da sociedade para "salvá-la e trazê-la à luz". Uma oração de Loyola dizia: "Ensina-nos, bom Jesus, a servir-te como tu mereces. A dar e não calcular a despesa; a lutar e não pensar nas feridas; a fatigar-nos e não pedir descanso; a trabalhar e não pedir qualquer recompensa, exceto saber que estamos fazendo tua vontade. Por Jesus Cristo, nosso Senhor."

A Companhia de Jesus colocava bons pregadores nas igrejas que estabeleciam

> **A ESPIRITUALIDADE PROTESTANTE**
> A justificação pela fé devolve Deus ao seu povo e o povo ao seu Deus numa relação direta e simples tão somente por meio de Jesus Cristo, sem qualquer intermediação necessária de clérigos, indulgências, penitências e sacrifícios ou práticas mercantilistas da fé. Para essa justificação, nada e ninguém foi capaz de pagar o único preço exigido por Deus para que o pecado humano fosse perdoado incondicionalmente, a não ser o seu "Cordeiro imaculado". Esse ato de graça imerecida a favor dos filhos de Deus é simplesmente recebido sem esforço algum por todo aquele que crê. "Justificação, portanto, é o acontecimento do amor de Deus que socorre sem perguntar se a pessoa merece" (Ângela Zitzke).

ou conseguiam controlar, realizavam cultos atraentes e, assim, trouxeram nova vida ao culto público. Abriram escolas primárias, que ofereciam ensino de alta qualidade e gratuito. Eram abertas para todas as classes, mas, com o tempo, passaram a focar nas elites coloniais e seus filhos. Todos os alunos eram treinados a demonstrar devoção e obediência à Igreja Católica Romana. Por intermédio dos filhos, alcançaram também os pais. Pelo ano de 1626, havia quatrocentos colégios; em 1749, já eram oitocentos, incluindo seminários.

Usavam também a política. A ordem não foi fundada para combater o protestantismo, mas logo isso se tornou um objetivo dos jesuítas. Trabalharam para inspirar nos governantes a devoção à Igreja Católica Romana e o ódio aos protestantes. Os resultados foram horríveis perseguições em vários países. Muitos jesuítas serviam como legados papais.

Como mencionado, outro importante compromisso dos jesuítas foi com as missões. Em 1540, Francisco Xavier (1506-1552), o primeiro e o maior missionário jesuíta, e outros dois foram enviados à Índia, chegando em 1542. Os convertidos eram quase totalmente da baixa casta dos "intocáveis". Xavier descreveu assim seus métodos na Índia:

> Aos domingos, eu congrego todo o povo, homens, mulheres, jovens e velhos, e peço-lhes que rezem orações em seu próprio idioma. Nisso eles têm muito prazer, e alegremente vêm às reuniões [...] Eu dou o primeiro Mandamento, o qual eles repetem, então dizemos juntos: Jesus Cristo, Filho de Deus, concede-nos graça para te amar acima de todas as coisas. Depois de termos pedido essa graça, recitamos juntos o *Pater Noster*, e então chamamos, em um só acordo: Santa Maria, mãe de Jesus Cristo, consegue para nós a graça do teu filho para fazer-nos capazes de guardar o primeiro Mandamento. Em seguida, recitamos uma Ave Maria e procedemos da mesma maneira até completar os outros nove mandamentos. É como recitamos doze *Paters* e *Aves* em honra aos Dez Mandamentos, pedindo a Deus que nos dê graça para os guardar bem. (ERDMAS, 1977, p. 415)

Em 1549, Xavier estabeleceu o catolicismo Romano no Japão. Faleceu de febre na tentativa de entrar na China. A comunidade cristã que ele estabeleceu tem sobrevivido até hoje, apesar de muitos períodos de perseguição. Em 1581, Matteo Ricci (1552-1616) começou sua obra missionária na China. Em 1606, Roberto de Nobili (1576-1656) iniciou uma obra na Índia, em Mantura, visando as classes mais altas. Seus métodos provocaram críticas e, por fim, a proibição por parte do papa. Em 1586, os jesuítas iniciaram sua obra no Paraguai. É considerada a mais famosa experiência missionária dos jesuítas.

> Em 1610, começaram a reunir os índios em "reduções" ou aldeias, todas construídas dentro do mesmo plano, onde os habitantes eram mantidos em paz e aprendizagem da religião e das artes industriais. Mas eram conservados numa estrita dependência semi-infantil dos missionários, em cujas mãos estavam a administração do comércio e da agricultura. O sistema, muito admirado, acabou com a expulsão dos jesuítas em 1767 e poucos resultados permanentes. (WALKER, 1967, p. 109)

As missões jesuítas tiveram êxito nas possessões francesas da América do Norte e, especialmente, no Brasil. Para melhor supervisão do campo missionário e para eliminar as dissensões entre as várias ordens, o papa Gregório XV (1621-1623) fundou, em 1622, a Congregati de Propaganda Fide, por meio da qual todo campo missionário era supervisionado a partir de Roma. Segundo Walker (1967, p. 106),

> Sob a influência dos jesuítas, a confissão e a comunhão se tornaram mais frequentes nos países católicos. E para auxiliar o confessionário, a prática moral jesuítica foi gradualmente se desenvolvendo, principalmente após a morte de Inácio, e de modo especial na primeira parte do século 16, numa forma que provocou críticas não apenas dos protestantes, mas de muitos católicos. Para julgá-los com acerto, é preciso lembrar que esses tratados morais não representam ideia de comportamento, mas a mínima sobre a qual se pode conceder a absolvição, e também que a moralidade jesuítica enfatizava a tendência universal latina de considerar o pecado como uma série de atos definidos antes que um estado ou atitude do espírito.

O Concílio de Trento

Ao modelo de outros concílios realizados nos séculos anteriores, onde importantes assuntos que afetavam a Igreja eram debatidos pelos bispos, às vezes por anos seguidos, em 1545, o imperador Carlos V, mesmo sem a concordância inicial do papa Paulo III, convocou esse importante Concílio Geral da Igreja. O propósito era deliberar acerca dos efeitos profundos da Reforma Protestante na Igreja Católica e emitir um parecer final e oficial da Igreja de Roma sobre todos os eventos, as doutrinas e as influência protestantes. A cidade que recebeu esse importante evento foi Trento.

O Concílio de Trento foi dividido em três períodos: de 1545 a 1549; de 1551 a 1552; e de 1562 a 1563. A expectativa de Carlos V era efetuar a necessária e urgente reforma moral dentro da Igreja. Uma dieta católica, convocada quatro anos antes, produziu a surpreendente declaração: "Nós não somos justos ou aceitáveis diante de Deus por nossas próprias obras ou retidão, mas somos reputados por justos de acordo com os méritos de Jesus Cristo apenas." Inesperadamente, Lutero rejeitou o argumento, dizendo: "Escritores papistas alegam que têm sempre ensinado como nós no que concerne à fé e às boas obras, e que estão injustamente sendo acusados do contrário. Assim, o lobo se põe em pele de ovelha até ser admitido no aprisco." A reconciliação, para Lutero, era aparentemente impossível, e por razões que veremos ainda.

> **A ESPIRITUALIDADE PROTESTANTE**
> A justificação pela fé encontra seu fundamento desde a época de Abraão, como está escrito: "Abraão creu no Senhor, e isso lhe foi imputado como justiça" (Gn 15:6). No entanto, é no Novo Testamento que a pregação da justificação pela fé alcança seu apogeu através dos ensinamentos do apóstolo Paulo, que discorre amplamente sobre o assunto em suas cartas aos romanos, aos gálatas e aos efésios. Por exemplo: "Sendo justificados gratuitamente pela sua graça, pela redenção que há em Cristo Jesus [...] Concluímos, pois, que o homem é justificado pela fé sem as obras da lei" (Rm 3:24,28).

O evento (Concílio Ecumênico XIX, segundo os católicos) teve frequência escassa para um concílio ecumênico de tamanha importância. No dia da abertura, só compareceram quatro arcebispos, vinte bispos, quatro gerais de ordem monásticas e alguns poucos teólogos. O maior número de delegados, na segunda sessão, foi 59, incluindo, pelo menos, cinco delegados protestantes. Aos protestantes não foi dado o direito de votar, e nada de importante aconteceu em seu favor. A terceira sessão foi a maior. Cerca de 255 frequentaram as reuniões.

As divisões, o partidarismo, as intrigas e a disputa política intoxicaram aquele concílio do início ao fim. Os representantes do papa, demais bispos e enviados das potências europeias de então dificilmente conseguiam concordar em algo relevante. Mesmo nos artigos que marcavam posição contra a teologia reformada de Lutero, Calvino e Zwínglio, as disputas chocavam pelo comportamento rude e carnal dos presentes.

A disputa colérica entre os prelados chegou a tal nível que, na quinta sessão do concílio, em julho de 1546, o conflito tornou-se tão violento a ponto de o arcebispo de Palermo, de joelhos, com mãos levantadas e entre lágrimas, pedir aos cardeais que pusessem fim àquela cena horrível. O imperador Carlos V e o rei da França ocupavam-se principalmente com a união do Cristianismo ocidental com o objetivo de vencer os turcos e promover meios para suprimir o protestantismo. Para eles, reformas deveriam preceder definições doutrinárias. Os bispos espanhóis apoiaram o desejo de seu imperador Carlos V.

O desejo do papa, porém, era de que as definições doutrinárias deveriam preceder as reformas com o propósito de acabar com a heresia. Com ele concordaram os representantes italianos, que constituíam a maioria. Por fim, entraram em acordo que as doutrinas e reformas seriam discutidas alternadamente, mas que as decisões precisariam da aprovação do papa, assim fortalecendo sua supremacia. Todavia, até o papa teve de ceder à influência dos jesuítas, que prevaleciam no concílio, especialmente através dos teólogos jesuítas Lainez e Salmeron, que sempre apoiaram o antiprotestantismo.

Em 1547, devido à peste na cidade e a tendência do imperador de introduzir princípios doutrinários que satisfizessem os protestantes, o concílio foi transferido para Bolonha, na Itália. O papa Júlio III fez voltar o concílio para Trento em maio de 1551. Quanto às principais decisões, foi ordenado que se organizassem seminários para o preparo do clero, e que neles houvesse instrução bíblica; e que os bispos e o clero nas paróquias pregassem o Evangelho, isto é, deveriam ensinar o que é necessário à salvação. Foram tomadas medidas para a escolha de eclesiásticos honestos, retos e competentes. Deveriam ser pessoas de "boa família". Foi também reformada a vida monástica, e o concubinato do clero foi proibido. Os padres que administravam diversas paróquias foram obrigados a ficar com uma só, e deveriam residir nela.

Quanto à reforma doutrinária, o calvinismo, o zwinglianismo, o luteranismo e o anabatismo foram condenados. Os livros apócrifos foram incluídos no cânone das Escrituras, e decretou-se o anátema sobre todo aquele que não aceitasse todos como sendo inspirados em todos os seus aspectos. Quanto ao pecado original, declarou que o batismo lava esse pecado, mas a tendência pecaminosa permanece. Crescimento na fé vem pela observância dos mandamentos de Deus e da Igreja.

Foram reiterados os sete sacramentos sem modificações. Foi declarado que as Escrituras e as tradições são ambas fontes da verdade, mas só à Igreja pertence o direito da interpretação. Afirmou-se que a salvação é obtida por meio da fé e das obras. De acordo com Walker (1967, p. 107), "a Igreja fechou por completo a porta a qualquer compromisso ou modificação da doutrina medieval". Sendo assim, determinou finalmente que os decretos fossem feitos pela congregação do concílio, deixando que o papa decidisse sobre qualquer interpretação controvertida.

Nas suas longas dezenas de sessões, aquele concílio só reforçou as posições controversas das tradições medievais absolutamente incoerentes com as Escrituras canônicas estabelecidas pela própria Igreja nos primeiros séculos do Cristianismo. O Concílio de Trento condenou as doutrinas evangélicas protestantes em seus "Cânones de Justificação". Entretanto, na "Profissão Tridentina" de fé, publicada em 1564, na bula papal de Pio IV, o episcopado católico novamente define-se a si mesmo desta maneira:

- "Eu reconheço a Sagrada Escritura de acordo com o senso que a Santa Igreja Mãe tem mantido e mantém, à qual também pertence decidir sobre o verdadeiro sentido e interpretação." Em outras palavras, quem define o que a Bíblia quer dizer não é ela mesma, mas o que a Igreja achar que ela diz.

- "Eu declaro também que o verdadeiro Deus é oferecido na missa, um sacrifício adequado e propiciatório para vivos e mortos." Nada mais antibíblico e contrário ao que a própria Escritura afirma sobre o sacrifício de Cristo ser único, de uma vez por todas e uma única vez, de acordo com a carta aos Hebreus.
- "Eu mantenho resolutamente que há purgatório e que as almas ali detidas são ajudadas pela intercessão dos fiéis, do mesmo modo também pelos santos que reinam com Cristo e são venerados e invocados." Aqui a tradição mais absurda abandona de vez qualquer ortodoxia apostólica em favor de um conceito humano e indefensável. Se houvesse um purgatório como alternativa de remissão de pecados, onde as pessoas fossem "pagando o preço dos seus pecados através do sofrimento", onde ficaria o sacrifício substitutivo, perfeito, definitivo e suficiente de Jesus na cruz?
- "Os santos oferecem orações a Deus por nós, e suas relíquias devem ser veneradas." O fundamento bíblico para essa tradição em que santos defuntos tenham recebido de Deus especial poder intercessório e seus restos mortais conteriam virtudes mágicas para operar milagres simplesmente não existe.
- "Eu afirmo que o poder das indulgências foi dado por Cristo à Igreja." A indulgência, essa pretensa autoridade da Igreja para perdoar pecados à parte do sacrifício de Cristo, diminui e invalida a obra redentora do Calvário. "
- "Eu reconheço a Santa Católica e Apostólica Igreja Romana como mãe e senhora de todas as

> **A ESPIRITUALIDADE PROTESTANTE**
> A justificação pela fé não se limita à anulação de nossa condição de pecadores; também nos revela como viver a nova vida em Cristo. Assim, não andamos baseados em circunstâncias nem tampouco guiados pelas filosofias e modismos deste mundo — pelo contrário, levamos a sério a Palavra de Deus, que nos ilumina o caminho desse novo viver. O povo de Deus vive pela fé. Como dizem as Escrituras: "Porque nele se descobre a justiça de Deus de fé em fé, como está escrito: o justo viverá pela fé" (Rm 1:17).

Igrejas." Esse senhorio reivindicado pela Igreja Romana não tem qualquer base bíblica ou referência nos primeiros séculos da Igreja. Tal absurdo só se explica pela ganância por poder que sempre predominou na Sé romana.

- "Eu voto e prometo verdadeira obediência ao pontífice romano, o sucessor do bendito Pedro, o chefe dos apóstolos e o vigário de Jesus Cristo." A origem dessa tradição não encontra qualquer sustentação no que vemos no livro dos Atos dos Apóstolos ou no Novo Testamento. Muito menos se vê essa prática sendo sustentada nos primeiros séculos do Cristianismo.
- "Esta é a verdadeira fé católica, sem a qual ninguém pode estar no estado da salvação. Eu professo e verdadeiramente afirmo, voto e prometo, que Deus me ajude, a consequentemente guardar esta confissão até o último fôlego..." Com esta afirmação, o infeliz Concílio de Trento destituiu a autoridade e a primazia das Escrituras Sagradas. E, fazendo pior, colocou definitivamente a tradição da Igreja, com todas as suas incoerências e absurdos, em igual nível de autoridade ao das Escrituras Sagradas.

É esse catolicismo medieval, que retira absurdamente a centralidade e a suficiência de Cristo, que vai se tornando irremediavelmente mais "mariano" do que cristão. É com ele que a Reforma colide frontalmente e irreconciliavelmente. Com as conclusões finais do Concílio de Trento, o divórcio entre o romanismo papista e as igrejas reformadas é formalmente decretado. Fecharam-se as portas para qualquer entendimento.

A ironia de toda essa disputa é que, diante dessa violência absurda cometida contra as Sagradas Escrituras, contra a ortodoxia da Igreja e a toda a tradição dos primeiros séculos, os acusados de heresia eram justamente aqueles que pregavam um retorno às verdades e aos fundamentos estabelecidos inicialmente pela própria Igreja.

Outra ironia é que, no Concílio de Trento, alguns dos temas mais delicados e controversos foram debatidos e definidos por um grupo de não mais de sessenta representantes. Temas que trariam tantas consequências futuras foram tratados, definidos e homologados por um concílio esvaziado e sem nenhuma representatividade.

A Reforma não podia concordar com esse "Credo Tridentino" que adotou as conclusões do Concílio de Trento, finalmente homologadas pelo papado. Qualquer uma dessas adições feitas posteriormente à era apostólica era irreconciliável com as Escrituras originais e deveria mesmo ser prontamente rejeitada. Apesar da forte reação católica à Reforma, a Igreja Romana, como instituição, acabou por receber, adotar e incorporar muitas influências, de modo que, após a Reforma, ela nunca mais voltou a ser aquela Igreja medieval com a qual Lutero se confrontou. A Reforma marcou, assim, o nascimento da Igreja Católica atual.

CAPÍTULO 15
O AVIVAMENTO CATÓLICO

"Se somos guiados pelas divinas Escrituras, não poderíamos errar, porque aquele que fala nelas é o Espírito Santo." **João da Cruz**

À Reforma e à Contrarreforma deve ser acrescentado outro fato: o avivamento que surgiu no meio católico por volta de 1550 produziu uma nova onda de piedade mística e sincera devoção espiritual. Notáveis nesse movimento foram Teresa de Ávila (1515-1582) e João da Cruz (1542-1591). Esses dois santos são a expressão visível de um profundo e poderoso despertamento que passa a acontecer no meio Católico Romano.

Ainda que muitas de suas experiências místicas pareçam estranhas para os padrões protestantes, o fato mais fundamental é que esse movimento representou um profundo retorno ao senhorio absoluto de Jesus Cristo. Caracterizados pela sua extrema devoção a Deus e à Igreja, Teresa de Ávila e João da Cruz representam uma influência poderosa, renovada e profunda no ambiente católico. Com Paulo IV, cujo nome de batismo era Gian Pietro Carafa, a Contrarreforma chegou ao papado. Muitos abusos da Cúria foram tratados. Os papas eram mais retos na vida e, pelo ano de 1565, havia um espírito católico renovado pronto a pelejar e sofrer por sua fé. Esse zelo católico fez parar os novos avanços do protestantismo e inspirou uma nova esperança de reconquistar o que se havia perdido.

O reavivamento católico e a Contrarreforma foram bem-sucedidos em seu propósito de reconquistar as terras que foram perdidas ao protestantismo. Áustria, Boêmia, Caríntia, Polônia, Baviera, partes do Reno, Morávia e o sul dos Países Baixos permaneceram sob influência da Igreja Católica Romana.

Desenvolvimento do pietismo místico

Nesse desenvolvimento, a Espanha se notabilizou. Como mencionado, duas pessoas se destacaram. Uma delas é Teresa de Jesus de Ávila, no centro da Espanha, considerada por muitos como a mais importante mulher de toda a História espanhola. Era tomada pelo verdadeiro amor de Deus. Dizia ela: "Que todos entendam que o amor real de Deus não consiste em derramar lágrimas nem na doçura e na ternura que geralmente desejamos só porque nos consolam, mas em servir a Deus em justiça, fortaleza de alma e humildade."

Em 1536, Teresa entrou para o convento carmelita em Ávila. Depois de completar 40 anos de idade, começou a ouvir vozes interiores, ter visões e experimentar o que ela considerava revelações. Durante os primeiros 20 anos de sua vida monástica, viveu em uma constante luta espiritual, "não cabendo qualquer gozo sem Deus nem qualquer prazer no mundo". Dedicava muitas horas de cada dia em orações. Com o tempo, a condição melhorou, mas não de repente. Foi ajudada pela contemplação de uma imagem de Cristo sofredor e pelas *Confissões* de Agostinho.

Começou a experimentar longos períodos de comunhão com Deus. Então veio a fase de "união e êxtase". Certa vez,

A ESPIRITUALIDADE PROTESTANTE

Martinho Lutero sabia muito bem que sua vida corria sérios riscos. Apesar do perigo que o rondava, Lutero, resignado, compareceu perante as autoridades de Roma naquela famosa Dieta de Worms, que tinha todo o poder de silenciar sua voz naquele mesmo dia. Ao fim do julgamento, ele fez a seguinte afirmação perante a assembleia: "A menos que possa ser refutado e convencido pelo testemunho da Escritura e por claros argumentos (visto que não creio no papa nem nos concílios, pois é evidente que todos eles frequentemente erram e se contradizem), estou conquistado pela Santa Escritura citada por mim. Minha consciência está cativa à Palavra de Deus. Não posso e não me retratarei, pois é inseguro e perigoso fazer algo contra a consciência. Esta é a minha posição. Não posso agir de outra maneira. Que Deus me ajude. Amém." Martinho Lutero faleceu de derrame cerebral em 1546, aos 63 anos, em sua cidade natal, Eisleben. Apesar de não planejar o início de uma nova Igreja, Lutero tornou-se o pai espiritual da Igreja Luterana, que conta com dezenas de milhões de membros e está presente na maioria dos países ao redor do mundo.

caiu num arrebatamento espiritual que a deixou paralisada durante oito meses. Em sua autobiografia, ela descreve um êxtase em que um serafim apareceu a ela, carregando uma lança com fogo na ponta. Com essa lança, trespassou-lhe o coração, deixando-a inflamada com um grande amor para com Deus. Para ela, aquilo simbolizava a união mística do cristão com o seu Senhor. "Teresa escreveu sobre suas experiencias místicas, mas não deu ênfase a elas porque reconheceu os perigos tanto quanto o valor delas [...] Ela provou que o misticismo podia estimular reforma prática."

Em 1562, fundou o Convento Inicial das Freiras Carmelitas Reformadas Descalças, em Ávila, porque achava as regras relaxadas demais em seu convento. Em 1567, iniciou suas viagens por todo o país, estabelecendo conventos carmelitas reformados. Durante sua vida, fundou 32 conventos desse tipo. Ela sempre esteve envolvida em longos períodos de oração e contemplação, sempre demonstrou uma fé viva e um senso da imerecida misericórdia e do amor de Deus. Foi canonizada 42 anos depois de sua morte.

Quadro de Teresa de Ávila em êxtase espiritual na Igreja de Santa Maria Madalena, na Espanha.

Outro nome espanhol de fundamental importância também já mencionado foi João da Cruz (1542-1591), amigo íntimo de Teresa. Antes de chegar aos 20 anos, sentiu-se chamado à vida monástica e entrou para a Ordem dos Carmelitas em Medina, no ano de 1563. Estudou Teologia na Universidade de Salamanca. Quando tinha 25 anos, depois de ser ordenado sacerdote, foi escolhido por Teresa para ajudar na fundação de conventos para homens na reforma iniciada por ela. Alguma oposição surgiu por causa da "severidade e simplicidade" da reforma da ordem carmelita, o que resultou na prisão de João em Toledo, no ano de 1578.

Depois de libertado da prisão, João da Cruz serviu como prior de conventos em várias ocasiões, e como vigário provincial da Ordem Carmelita. Escreveu muitos textos líricos e três importantes obras de prosa: *A ascensão do Monte Carmelo*, *A noite escura da alma* e *A labareda viva do amor*. Esses textos consistem em poemas com comentários e instruções de como alcançar união com Deus. Cria profundamente que a alma precisa ser esvaziada de si mesma para que possa ser cheia de Deus. As Escrituras eram o guia de João da Cruz. "Se somos guiados pelas divinas Escrituras, não poderíamos errar porque aquele que fala nelas é o Espírito Santo." Foi canonizado em 1726, e duzentos anos depois, proclamado doutor da Igreja.

CAPÍTULO 16
NOVOS RAMOS BROTAM NA VINHA

"Não tenho visões e nem inspirações angélicas. Nem as desejo para não ser enganado. A Palavra de Cristo, por si só, é suficiente para mim.
Menno Simons

Os anabatistas, restauração e avivamento

O termo "anabatista" significa, literalmente, alguém que é batizado novamente. Os anabatistas tinham a convicção de que Lutero e Zwínglio não haviam chegado na profundidade necessária durante a Reforma que se iniciara décadas antes. Mais do que doutrina e estrutura, os irmãos anabatistas tinham sede genuína por um avivamento espiritual e profundo. Eles rejeitavam o conceito de Igreja estatal e clamavam por um profundo retorno à simplicidade, de acordo com as Sagradas Escrituras.

Os anabatistas rejeitavam o batismo infantil e rebatizavam todos aqueles que se juntavam a eles. A razão disso era terem chegado à conclusão de que a maioria dos cristãos naqueles dias nunca tivera uma experiência real de novo nascimento e conversão a Jesus Cristo. Eram apenas parte de uma massa humana ignorante, cuja experiência religiosa era meramente nominal. Ao focarem nisso, os anabatistas levaram o eixo da Reforma para mais perto da Igreja dos primeiros séculos, deixando para trás aquele tipo de cristianismo aceito por adesão, iniciado na era do imperador Constantino. Ao fazer essa distinção entre cristãos — os que se batizavam adultos e os demais, crentes nominais —, os anabatistas permitiram que suas congregações experimentassem um novo nível de vida espiritual e da presença de Deus.

Esse movimento teve suas origens em Zurique, em 1522, entre alguns homens piedosos, como Grebel e Félix Wanz, os quais se chamavam simplesmente de "irmãos". Infelizmente, só encontraram perseguição e morte. Em Zurique, o próprio Zwínglio participou dessas perseguições. Na Alemanha, Lutero também aprovou o "uso da espada pelo direito da lei". Tanto os católicos quanto os protestantes perseguiram cruel e vergonhosamente os irmãos anabatistas pelos séculos posteriores. Alguns eram colocados na roda de tortura até que fossem dilacerados e morressem; outros eram queimados vivos; muitos foram assados em vigas ou dilacerados com ferro incandescente; houve ainda outros enforcados em árvores e os que tinham partes do corpo cortados em pedaços até que morressem.

Podemos dizer que os anabatistas retornaram para o "espírito das Escrituras", enquanto as outras denominações reformadas se voltaram para a Teologia e para a letra das Escrituras. Em dois séculos, como veremos mais adiante, os luteranos, anglicanos e presbiterianos estariam lutando novamente contra o liberalismo, a frieza e a apatia espirituais. Já os anabatistas dariam à luz os mais vibrantes e relevantes movimentos dentro do Cristianismo.

Dois ramos proeminentes do movimento anabatista que chegaram até hoje desde a Reforma são os seguidores de Menno Simons, ou "menonitas", originários dos Países Baixos, e os seguidores do fabricante de chapéus Jacob Hütter, os huteritas, originários da Áustria, Morávia e Polônia. Hütter foi queimado na fogueira em 26 de fevereiro de 1536, em Innsburck, no Tirol. Nesses movimentos severamente perseguidos, podemos ver o Senhor da Igreja restaurando ainda mais a simplicidade da vida cristã com o batismo dos crentes por imersão, uma atitude pacifista, a busca pela expressão da beleza e da humildade de Cristo em uma vida profundamente identificada com o Senhor.

Em termos de estrutura organizacional, os anabatistas praticavam a completa separação entre o Estado e

> **A ESPIRITUALIDADE AVIVADA**
> "Senti que meu coração ardia de maneira estranha. Senti que, em verdade, eu confiava somente em Cristo para a salvação."
> João Wesley

a Igreja, assim como o compartilhamento dos bens, num estilo de vida comunitário. Para aquele modelo de Estado monárquico, em que a religião do rei deveria ser obrigatoriamente a religião do povo, essa postura anabatista era intolerável. É lamentável que Lutero e Zwínglio, tão radicais no seu discernimento, fossem incapazes de ver que esse era o passo seguinte na restauração da verdadeira e apostólica Igreja sobre a terra onde estava brotando aquela raiz numa terra seca. O início da decadência do Cristianismo começa exatamente por essa ingerência do Estado na vida da Igreja, quando reis e imperadores chegaram a ditar dogmas e impor práticas. Quão terrível foi o dogmatismo obtuso e o sectarismo denominacional comuns naquela época em que a Reforma Protestante e seus desdobramentos tornaram-se um farol para a Cristandade.

O movimento anabatista nasceu de duas origens independentes: Suíça e Países Baixos. O grupo na Suíça foi primeiramente chamado Irmãos e, mais tarde, anabatistas pelos seus inimigos. Eram profundamente versados nas Escrituras e viviam uma vida santa. Eram também rigorosos na disciplina e, ao mesmo tempo, calmos e pacientes nos sofrimentos. Vários nomes são dados a eles: menonitas, hutitas, irmãos anabatistas, batistas, *dunkards* ou *dunkers* e *amish*. Quanto à doutrina, os mais radicais favoreciam a comunidade de bens de acordo com o livro de Atos.

Criam que a Igreja é composta dos regenerados que fizeram uma profissão pública de sua fé e advogavam a liberdade de consciência. Sua teologia era agostiniana. Alguns aproximaram-se do arminianismo. Defendiam que a Santa Ceia deveria ser oferecida somente aos batizados. Os anabatistas se recusavam a tomar parte em guerras e negavam ao crente o direito de exercer cargos civis, assim como eram contra a pena de morte. Afirmavam ser as Escrituras Sagradas a única regra de fé e prática. Seu culto era bem simples, com leitura da Bíblia e oração, cânticos de hinos e um sermão. Sua organização era em um sistema de governo eclesiástico, com uma superintendência geral e uma clara interdependência das congregações locais.

O anabatismo na Suíça

Seu fundador foi Conrado Grebel (1498-1526). Era um seguidor de Zwínglio e se converteu em 1522. Em 1525, separou-se do mestre porque achava que a Reforma era conservadora demais. Ele insistia na separação entre a Igreja e o Estado, na abolição do batismo infantil e na oposição à guerra. O Conselho de Zurique decidiu exterminar os anabatistas. Assim, Grebel foi preso e, sem dúvida, teria sido executado, se não fosse vitimado antes pela peste. Morreu em 1526. Sua obra de reforma durou pouco mais de três anos.

Félix Mantz, em Zurique, foi o primeiro mártir dos anabatistas, e era profundo conhecedor das línguas originais das Escrituras. Foi lançado na prisão por ordem dos magistrados. Uma vez libertado, começou a pregar novamente, e por isso foi posto na prisão mais uma vez, sendo "barbaramente executado" por decreto do Conselho. A sentença segue:

> Porque ele tem batizado contra os regulamentos cristãos; porque é impossível conseguir-se dele, pela instrução e admoestação, que se retrate; porque projeta ganhar os que aceitaram a Cristo — nele creem e o seguem para juntá-los com outros pelo batismo, deixando, entretanto, muitos continuarem na sua fé; porque ele e os seus adeptos têm, por isso, se separado da congregação cristã e sediciosamente se ajuntado sob o aspecto de um movimento cismático, e procuram organizar em seita a seu gênero, com a aparência e a capacidade de uma congregação cristã; porque ele rejeita a pena de morte e se orgulha nas revelações seguras das epístolas do apóstolo Paulo com a finalidade de conquistar mais seguidores; porque tais doutrinas são injuriosas aos costumes gerais da Cristandade e conduzem ao escândalo, ao tumulto e à rebelião contra o governo, perturbando a paz universal, o amor fraternal e promovendo toda qualidade de males. Por isso, Mantz será entregue ao

A ESPIRITUALIDADE AVIVADA
Foi um teólogo alemão quem disse: "A Igreja Reformada sempre reformando!" Pode soar como um *slogan*, mas a frase evoca a inequívoca razão da Reforma Protestante — um alerta contra o comodismo usual no qual se costuma cair na repetição da mesma história. Pouco tempo depois, a própria Igreja Reformada foi confrontada por seus filhos, que pediam uma "nova reforma".

algoz, que lhe atará as mãos, embarcá-lo-á numa canoa e conduzi-lo-á ao baixo Huttli; deverá forçar-lhe as mãos atadas sobre os joelhos e empurrar um pau entre os seus joelhos e os cotovelos, e, assim amarrado, arrojá-lo na água, onde o deixará morrer e decompor-se para, dessa maneira, satisfazer a Justiça e ao Direito. E seus bens materiais serão confiscados pelos príncipes. (MUIRHEAD, 1951, p. 205).

Essa sentença terrível foi executada para a vergonha eterna de Zurique e de Zwínglio.

"Chegando ele ao lugar de execução, diz Bullinger (historiador hostil), sua mãe e seu irmão vieram e o exortaram a ficar firme; e ele perseverou na sua loucura até o fim; quando foi atado ao peso e ia ser lançado ao rio pelo verdugo, recitou em voz alta: *In manun tuas, Domine, commendo espiritum meum!*" ("Em tuas mãos, Senhor, entrego o meu espírito!"), sendo, depois, arrojado às águas e afogado."[19]

Outro mártir anabatista foi Miguel Sattler, ex-monge de São Pedro, em Friburgo, na Alemanha. Era conhecido por sua profunda piedade cristã. Os "Sete Artigos da Fé" relatados por Sattler foram adotados pelo Concílio Anabatista que reuniu-se em Schlatt em fevereiro de 1527. Aqui está um resumo dos artigos:

- O batismo deve ser administrado só aos adultos.
- A Igreja é composta de associações locais de cristãos regenerados e batizados.
- A excomunhão é o único modo de disciplina da Igreja.
- A salvação é uma experiência mística e é adquirida pela fé.
- A Igreja é congregacional — cada congregação tem o direito de escolher seus oficiais pelos quais a disciplina é administrada.
- Os cristãos não devem tomar armas nem exercer cargos civis.
- É proibido ao cristão fazer qualquer tipo de juramento.

-----
19 MUIRHEAD, 1951, p. 206.

Líderes menonitas holandeses são mortos por autoridades católicas em imagem publicada em 1660.

Satler preparou o caminho para os menonitas holandeses. Sua carta de despedida à sua congregação, escrita da prisão de Bintzdrop, foi uma verdadeira bênção apostólica. Concluiu a carta com as seguintes palavras: "Eu espero no meu Deus, orai sem cessar por todos os cativos. Deus esteja com todos vós. Amém!" O seu martírio aconteceu em 21 de maio de 1527.

Resolve-se entre o governador K.M. e M.S., e crê-se que é justo, que M.S. seja entregue ao algoz, que o conduzirá à praça pública e ali lhe rasgará a língua. Depois será lançado numa carroça, e ali mesmo, o algoz lhe furará o corpo duas vezes com um tenaz em brasa, e mais cinco vezes, enquanto é trazido ao portão. Isto feito, foi ele queimado como herege, seus irmãos foram decapitados, suas irmãs, afogadas, sua esposa, depois de muita reza, admoestação e ameaça, também foi afogada, não muitos dias depois, mantendo grande constância. (MUIRHEAD, 1951, p. 210)

Os anabatistas gradualmente desapareceram da Suíça.

O anabatismo na Alemanha e nos Países Baixos

Qualquer grupo que não se conformasse como a Igreja do Estado era denominado anabatista. Variava em doutrina, em contraste com o movimento na Suíça. O anabatismo na Alemanha e nos Países Baixos pode ser dividido em três períodos.

O primeiro período de 1525 a 1530, foi marcado pelos conservadores. Baltazar Hubmaier, que trabalhava em Wldshut e no norte da Suíça, foi elogiado por Eck, seu professor, que o classificou como o homem mais eloquente da Europa. Tornou-se anabatista em 1525. Ele não era contra o juramento, a magistratura nem à participação nas guerras. Outro anabatista "conservador" foi Marbec, considerado "o líder anabatista mais importante do século 16". Johann Loserth tornou-se anabatista em 1526. Ele escreveu *Verantwortung*, que é uma de suas obras mais importantes. O livro divide-se em duas partes. O assunto da primeira parte é o batismo, e a segunda trata da encarnação, da fé, dos patriarcas e profetas, da Ceia, entre outros assuntos.

O segundo período, bem mais radical, envolve outro grupo anabatista importante no período de 1530 a 1535. Melchior Hoffmann (1496-1543) foi um homem piedoso, de pureza de vida e extremamente visionário. Abraçou a Reforma luterana ainda moço e, durante algum tempo, foi apoiado por Lutero. Serviu como pregador leigo luterano na Dinamarca, Suécia e Holstein, e, mais tarde, tornou-se seguidor de Zwínglio quanto à Ceia do Senhor.

Em 1529, foi a Estrasburgo, onde teve seu primeiro encontro com os anabatistas.

A ESPIRITUALIDADE AVIVADA

Os puritanos na Inglaterra eram opositores ferrenhos da Igreja estatal anglicana, que parecia ter realizado uma meia-reforma. Na Alemanha, terra de Lutero, o pietismo surgiu como busca pela essência evangélica como modelo de vida, e não tanto pelos contornos teológicos e eclesiásticos, engendrados de controle e poder religioso. O pietismo anelava por uma celebração livre do Evangelho em comunidade e por meio da oração. João Wesley conhecia essa história de perto. Primeiro, porque ele mesmo era ministro da Igreja Anglicana, a religião oficial do Estado. Segundo, por ser admirador do movimento pietista alemão, de quem recebeu influências na formação de uma vida piedosa e santa, como o modelo dos grupos pequenos oriundos do movimento.

Apesar de suas doutrinas não serem anabatistas, aceitou a liderança de um grupo deles. Profetizou que o ano de 1533 seria a data do estabelecimento de Cristo na terra e que a cidade de Estrasburgo seria a Nova Jerusalém, e que ele mesmo era Elias, uma das testemunhas que havia de aparecer. Em 1533, foi lançado na prisão, onde permaneceu até sua morte, em 1543.

Nunca abandonou a esperança do cumprimento de suas profecias em curto prazo. Simplesmente mudou de uma data para outra quanto ao tempo da consumação. No livro de Hoffmann intitulado *A ordenança de Deus* encontram-se as sementes que inflamaram alguns dos seus discípulos, os quais levaram o seu ensino milenista ao extremo. As interpretações escatológicas errôneas de Hoffmann eram a causa principal do fanatismo que resultou nos erros de Munster.

João Mathys, padeiro de Harlem, assumiu a liderança dos "exaltados" logo depois da prisão de Hoffmann. Afirmava ser o profeta Enoque, e espalhou sua propaganda por todos os Países Baixos e partes vizinhas da Alemanha. Em 1534, João Benkelesen de Leyden dirigiu-se para Munster. Agora se dizia que Estrasburgo fora rejeitada por causa da incredulidade, e que Deus havia escolhido Munster para ser a Nova Jerusalém. Um grande número de fanáticos correu para Munster e conseguiu tomar o governo da cidade. Expulsaram aqueles que eram contra a nova ordem. Munster foi sitiada pelo bispo católico, e Mathys foi morto em combate.

Logo após a morte de Mathys, João de Leyden foi proclamado rei com apenas 25 anos. A poligamia foi estabelecida e a comunidade de bens tornou-se obrigatória. Qualquer oposição foi "sangrentamente abafada". João de Leyden proclamava que Munster era o Monte Sião, que o Reino de Deus seria estabelecido e que ele mesmo seria o rei Davi. A cidade se encheu de gente vindo de toda a parte.

A culpa dessas desordens foi lançada pelos cronistas católicos e luteranos contemporâneos sobre os anabatistas e copiada por historiador após historiador. Houve, é verdade, nesse movimento de Munster diversos chefes e muitos anabatistas, alguns dos quais tão alucinados quanto outros, mas houve também luteranos e cristãos de outros credos nesse meio. (MUIRHEAD, 1951, p. 227)

Os católicos e protestantes se preocupavam com os acontecimentos de Munster, e a sitiaram em 9 de fevereiro de 1534. Houve mais três conflitos, um em maio e outro em agosto, com o bispo à frente de um exército, e o final em 24 de junho de 1535. Quando o bispo, com tropas católicas e luteranas, tomaram posse da cidade, os chefes que sobreviveram foram cruelmente executados.

O episódio de Munster foi forte golpe no anabatismo na Alemanha. A população julgou esse fanatismo como característica do movimento, e o mero nome anabatista tornou-se vergonhoso.

O terceiro período define melhor o movimento anabatista e é bem mais bíblico e ponderado. O mais célebre líder anabatista dessa fase foi Menno Simons (1492-1559), outrora um sacerdote católico romano holandês. Em 1536, uniu-se com os obenitas (Irmandade Menonita Holandesa, fundada por Obbe Phillips em 1533-1534). Menno Simons deu aos anabatistas o nome menonitas. Em 1541, foi a Amsterdã, onde passou dois anos pregando e escrevendo. Em pouco tempo, os menonitas tornaram-se o movimento evangélico mais numeroso e mais influente nos Países Baixos. Em 1543, foi para o nordeste da Alemanha, principalmente, Colônia e Holstein, onde trabalhou arduamente até sua morte, em 1561.

O anabatismo na Inglaterra, América do Norte e em outros lugares

A ESPIRITUALIDADE AVIVADA
Madame Guyon (1648-1717), mística francesa que escreveu sobre oração e intimidade com Jesus Cristo, influenciaria João Wesley a respeito da vida de oração e meditação nas Sagradas Escrituras. Guyon, que nunca deixou a Igreja Católica Romana, sofreu oposição e perseguição em sua própria igreja a ponto de ser encarcerada por doze anos na Bastilha, em Paris.

Discípulos de Menno Simons foram para a Inglaterra no século 17, onde foi organizada, em 1612, a primeira igreja batista ou anabatista da Inglaterra. Era arminiana em doutrina já antes disso. Em 1616, Henrique Jacob estabeleceu uma igreja em Southwark, que era calvinista em doutrina, chamados Batistas Particulares. A primeira colônia menonita na América do Norte foi estabelecida em Germantown, na Pensilvânia.

A Igreja denominada Menonita ainda existe na Alemanha, na América do Norte e nos campos missionários desses países, assim como no Brasil. Os huteritas ainda existem, seguidores de Jacó Hütter, que foi martirizado por volta de 1536, em Innsbruck. Deixou a Irmandade Huterita bem organizada. O grupo floresceu na Morávia e, por causa de perseguição, fugiu para a Romênia e a Rússia. Hoje há grupos nos Estados Unidos, especialmente em Dakota do Sul, e também no Canadá.

Os *amish*, tradicionais extremistas entre os menonitas, cuja origem era a Suíça, sob a liderança de Jacó Ammann, ainda permanece até nossos dias. Por exemplo, há um bom número nos Estados Unidos, especialmente no Estado de Pensilvânia. Vários grupos de batistas de hoje afirmam que a sua origem está no movimento anabatista. Os *dunkards* ou irmãos permanecem até o dia de hoje. Assim, o mais perseguido dos ramos do protestantismo sobreviveu e ainda permanece como uma das expressões da Reforma Protestante.

CAPÍTULO 17
OUTROS RAMOS DA REFORMA

"Tenho guardada no meu peito uma chave chamada 'promessa' que poderá abrir todas as fechaduras do castelo da dúvida." **João Bunyan**

Após 20 anos do início da Reforma inglesa, muitos crentes começaram a desejar uma restauração mais completa e mais pura da vida apostólica na Inglaterra. Por toda a Europa, essa busca pela vida profunda tornou-se resultado da Bíblia nas mãos do povo. Aqueles puristas ou "puritanos" — como passariam a ser chamados — opunham-se à adoração fria, ritualizada da Igreja da Inglaterra, e continuamente buscavam maior simplicidade na adoração e maior pureza bíblica em todos os assuntos de fé e moral.

Além desses puritanos, indo mais longe, encontramos os não-conformistas — "independentes" ou "congregacionais" — surgindo a partir de 1530. Os congregacionais creem que o governo da igreja deve ser exercido pela congregação, que, reunida, em assembleia, elege seu pastor e seus líderes. É o tipo de igreja democrática, que determina os próprios destinos, mas, por vezes, pode ser confusa e dividida.

Esses irmãos cortaram todos os laços com a Igreja Anglicana da Inglaterra, com o presbiterianismo e com o episcopalismo, dizendo que a igreja local era a verdadeira base para toda a vida da Igreja. Isso marca o início dos congregacionais e do movimento dos batistas. A Igreja Cristã Evangélica, que também é congregacional, muito se aproxima desse movimento. Os ingleses diferiam dos anabatistas do continente na sua rejeição aos elementos apocalípticos e revolucionários. Os batistas se distinguiam dos independentes ingleses porque rejeitavam o batismo infantil e criam que deveria ser ministrado apenas a crentes adultos, na água, e a maior parte dos batistas era calvinista na doutrina. Em 1791, havia uma divisão arminiana chamada Batistas do Livre Arbítrio. Nos anos 1600, também surgiram os Batistas do Sétimo Dia, chamados assim porque observavam o sábado judaico.

Talvez o mais impressionante batista primitivo seja o autor do clássico *O Peregrino*, João Bunyan, (1628-1688), preso por sua fé por doze anos na cadeia de Bedford pela monarquia. Sob severa perseguição, muitos daqueles independentes fugiram para a Holanda e vários finalmente ganharam passagem no famoso navio Mayflower, que velejaria de Plymonth em 1620 para a América, estabelecendo ali as primeiras das treze colônias inglesas.

Forte perseguição veio por James I, "rei da Grã-Bretanha, França e Irlanda". Tal título foi dado a ele no prefácio da versão da Bíblia King James, de 1611. O monarca defendeu fortemente a doutrina opressiva de Stuart, do "Direito Divino do Reis". No seu absolutismo, James declarou que sujeitaria e oprimiria os puritanos até fora do país, se necessário. Foi o mesmo rei que, em 1611, autorizou aquela versão da Bíblia que traz o seu nome, não superada até o dia de hoje por sua beleza e estilo, ultrapassada apenas em exatidão, em termos de tradução, pela American Standard Version, de 1901.

A Reforma na Inglaterra na última metade do século 17

Houve uma profunda crise na Inglaterra envolvendo o Parlamento e a Coroa inglesa em meados do século 17. O Parlamento advogava uma monarquia parlamentarista e constitucional que pusesse fim ao absolutismo monárquico. O desenlace dessa crise foi a execução do rei Carlos I, em 1649. Segundo esse novo princípio, haveria liberdade e tolerância concedidas a todos, exceto às seitas extremas.

Os *quakers* ou "amigos" foram perseguidos. Oliver Cromwell, o "Lorde Protetor", não se identificou com qualquer denominação, mas foi praticamente congregacional e independente. Seu sucessor no Governo

> **A ESPIRITUALIDADE AVIVADA**
> João Wesley era leitor do famoso clássico espiritual *Imitação de Cristo*, de Tomas à Kempis. Os ensinamentos do livro por certo influenciaram a compreensão de Wesley a respeito da vida interior, da meditação e da oração.

foi o filho Richard. Não era um homem de força, e anarquia foi o resultado daquele período conturbado. Em 1660, os realistas (em favor do rei) e os presbiterianos uniram-se para restaurar a monarquia, com Carlos II, filho do rei Carlos I, que fora decapitado.

Com Carlos II (1660-1685) houve a restauração da Igreja Nacional Anglicana, aquela que existia antes da vitória dos Puritanos. O Parlamento exigiu que todos os ministros declarassem sua aprovação e uso do Livro Comum de Oração revisado. Os que recusaram conformar foram perseguidos. e o resultado foi a Grande Expulsão (1662): cerca de 2 mil ministros, entre presbiterianos (puritanos), congregacionais e batistas, foram expulsos de suas igrejas. O Partido Puritano estava, pela primeira vez, fora da Igreja da Inglaterra, tornando-se dissidente.

Os fundamentos da Igreja Livre se lançaram naqueles tempos. Os dissidentes foram fortemente perseguidos. Atos oficiais proibiam frequência às reuniões da igreja sob penas severas. A oposição ao puritanismo resultou numa onda terrível de imoralidade. Depois da severidade puritana, a situação descambou para o outro extremo. Parecia que o puritanismo tinha sido aniquilado, mas havia realizado uma obra duradoura no povo inglês que não podia ser aniquilada.

James II (1685-1688) tentou transformar a Igreja Nacional em Católica Romana. A nação revoltou-se contra ele e apelou para William de Orange III, da Holanda, cuja esposa era Maria, filha de James II, para que viesse com um exército defender a liberdade do país e o protestantismo. Em 1668, William chegou com seu exército. Esse movimento foi chamado "Revolução Gloriosa". Em 13 de fevereiro de 1689, William III e Maria tornaram-se soberanos da Inglaterra. A Revolução decidiu que o poder pertencia ao povo, e que a Inglaterra deveria continuar protestante. A liberdade de culto foi reafirmada, exceto para a Igreja Católica.

Os *quakers* ou Sociedade dos Amigos

Jorge Fox (1624-1691), fundador da Sociedade dos Amigos, era um dissidente. "Foi um dos poucos gênios religiosos da História inglesa."[20] Guilherme Penn escreveu sobre Fox o seguinte:

> Ele possuía um extraordinário talento ao manusear as Escrituras. Mas, acima de tudo, era poderoso na oração. O quadro mais vivo que já observei foi sua oração. Sua personalidade irradiava santidade, a majestade e o amor de Deus. Os pecadores se apavoravam e, muitas vezes, tremiam em sua presença. (ALLEN, p. 1958, p. 28)

Jorge Fox se converteu em 1646, aos 19 anos. Assistiu a uma festa mundana para a qual foi convidado por alguns crentes nominais. Ficou tão revoltado pelo contraste entre aquela vida cristã superficial e a prática que começou a procurar a realidade espiritual. Foi um indivíduo importante no movimento dissidente e realizava um ministério itinerante. Durante sua vida, Fox foi preso oito vezes. Foi perseguido por Oliver Cromwell e Carlos II. Descobriu Deus como a "luz interior". Segundo ele, dentro do coração de cada homem há uma faísca de vida divina.

Segundo Fox, a Igreja deve ser guiada diretamente pelo Espírito Santo. Credos são desnecessários. Isso foi aplicado à pregação e ao ensino religioso. O sentido é: se a pessoa não possui uma palavra vinda diretamente de Deus, é melhor ficar quieta. A religião verdadeira consiste numa experiência pessoal que se expressa na vida transformada e consagrada. Ele

> **A ESPIRITUALIDADE AVIVADA**
> A vida de João Wesley ajuda a compreender a diferença radical entre religiosidade e espiritualidade viva. A grande maioria das pessoas confunde religião com aquilo que se considera experiência pessoal, viva e transformadora com Jesus Cristo. A aparente semelhança não quer dizer que sejam iguais, pois a mensagem do Evangelho retira o homem do veio religioso para uma experiência relacional com a pessoa de Jesus Cristo, que se dá tanto pela Palavra quanto pela ação vivificadora do Espírito Santo.

---
20 WALKER, 1967, p. 160.

desprezava tudo que cheirava a formalismo. Todos os homens deveriam ser tratados com amor.

Participação em guerras era algo ilícito para um cristão. Os sacramentos eram desnecessários — os sacramentos verdadeiros seriam virtudes interiores e espirituais. A escravidão era considerada uma coisa horrível, e juramentos não eram necessários para confirmar a palavra de um cristão genuíno. As Escrituras constituíam a Palavra verdadeira de Deus, mas a revelação não estava limitada a elas. O ministério profissional era rejeitado — deveria haver um chamado real vindo de Deus. Os cultos podiam ser realizados em qualquer lugar. Um templo consagrado para a igreja existir e adorar a Deus era dispensável.

Usavam de simplicidade no vestuário e na maneira de viver. A primeira sociedade *quaker* reuniu-se no norte da Inglaterra, em 1652. Antes de 1661, não menos de 3.179 pessoas, incluindo Fox, haviam sido presas, sendo que quatro delas foram enforcadas. "Havia cerca de 57 mil *quakers* na Inglaterra no fim dos primeiros quarenta anos de avivamento. Eles eram mais numerosos do que os católicos romanos, presbiterianos, independentes e batistas combinados."[21] Os *quakers* possuíam um grande zelo missionário. Missionários foram enviados a Jerusalém, Índias Ocidentais, Alemanha, Áustria, Holanda e América do Norte.

William Penn

Em 1681, William Penn (1644-1718) tornou-se dono e governador da província que veio a ser chamada Pensilvânia, concedida por Carlos II em pagamento a uma dívida que a Coroa tinha com seu pai. Em 1682, a Filadélfia foi fundada. Aqui está um trecho do tratado com os índios, redigido por Penn:

---

21   ALLEN, 1958, p. 29.

Grande Espírito que me criou, criou a vós e a todos os homens, saiba que eu e meus filhos desejamos viver em paz e em amizade com os índios. Os nossos filhos e os índios devem ser irmãos uns dos outros; todos os caminhos devem ser abertos e livres; as portas dos brancos devem ser abertas aos índios e as portas dos índios, aos brancos, e todos devem acolher uns aos outros como amigos. Esta liga e estes laços de amizade devem fortificar-se cada vez mais e se conservar vivos e puros, sem máculas ou ruga, enquanto as águas fizerem correr os ribeiros e rios, e enquanto existirem o sol, a lua e as estrelas. (ALLEN, 1958, p. 29)

A colônia cresceu rapidamente, e Penn classificou sua tarefa como o "experimento santo".

CAPÍTULO 18
A GUERRA DOS TRINTA ANOS

"O país [Alemanha] havia sido revolvido durante uma geração, de um extremo ao outro, por exércitos rapinantes e sem lei." **Williston Walker**

Essa guerra (1618-1648) aconteceu entre os príncipes católicos e protestantes, e o principal motivo foi a violência da Contrarreforma com seu forte desejo de reconquistar todas as terras que foram perdidas. A agressividade imposta pelos católicos contra os reformadores da Boêmia, onde muitos templos foram queimados e muitos camponeses, expulsos de suas terras, foi outro motivo secundário.

A causa imediata foi desencadeada em maio de 1618, por uma tentativa do imperador Matias, do Sacro Império Romano-Germânico, em consolidar seu domínio na Boêmia. Apesar de os Habsburgos dominarem a Boêmia havia um século, os tchecos do país tinham conservado seu próprio rei. Quando, finalmente, o trono da Boêmia ficou vago, em 1618, Matias conspirou para fazer com que a coroa coubesse a um parente seu, o duque Fernando de Estíria. Mediante pressões, induziu a Dieta Boêmia a eleger Fernando II como rei. Os líderes tchecos ressentiram-se disso, uma vez que tanto as tradições nacionalistas quanto as protestantes eram a força majoritária no país.

  O desfecho foi a invasão do palácio do imperador, em Praga, quando ele planejou demolir duas igrejas luteranas, contrariando a liberdade religiosa. Aquele episódio ficou conhecido como a "Defenestração de Praga". Houve, assim, a invasão do palácio por nobres tchecos e a proclamação da

Boêmia como um Estado independente, tendo como rei Frederico, o eleitor calvinista palatinado. Os Habsburgos católicos, entretanto, logo trataram de abafar violentamente a revolta boêmia e punir Frederico. Isso arrastou à ação os governantes protestantes do norte da Europa. Não somente os príncipes alemães, mas também os reis da Dinamarca e da Suécia se juntaram à guerra contra a agressão austríaca.

Gustavo Adolfo, rei protestante da Suécia, estava determinado a defender sua fé contra as constantes ingerências dos Habsburgos. Ele queria converter o Báltico em um lago sueco, e viu nos ataques imperiais contra os portos alemães na região um perigo imediato para seu reino. Entre as batalhas mais notáveis do período de trinta anos, quando morreram quase 8 milhões de pessoas, está a de Ponto de Dessau, sobre o rio Elba.

Em 25 de abril de 1626, Albrecht von Wallenstein derrotou o exército protestante sob Ernst de Mansfeld. Na Batalha de Lutter, em 27 de agosto de 1626, as tropas de Cristiano IV, rei da Dinamarca, foram derrotadas pelo marechal João von Tilly. Houve vitória após vitória para os católicos. Seguiu-se, em 6 de março de 1629, um edito imperial, o Edito da Restituição, que ordenou a restituição aos católicos de todas as propriedades eclesiásticas que haviam sido passadas às mãos de protestantes desde 1552, assim como a expulsão dos protestantes dos territórios governados pelos católicos e o reconhecimento exclusivo dos luteranos, privando, assim, as demais denominações, como os calvinistas, de direito a culto.

> **A ESPIRITUALIDADE AVIVADA**
> Os dogmas e as formas religiosas rígidas, bem como as políticas eclesiásticas, quase sempre operam a partir de referenciais que muitas vezes não se norteiam pela genuína graça de Jesus Cristo, fonte inesgotável de vida espiritual. Talvez seja por isso que a religiosidade, por melhor que pareça, não satisfaz a sede que a alma tem de Deus. "A minha alma tem sede Deus, do Deus vivo; quando entrarei e me apresentarei ante a face de Deus?" (Sl 42:2).

Na Batalha em Lutzen, perto de Leipzig, em 15 de novembro de 1632, a vitória foi dos protestantes. Gustavo II, rei da Suécia, perdeu sua vida, mas sua obra foi duradoura. Ele havia convertido em letra morta o Edito da Restituição no norte da Alemanha, e sua memória é merecidamente lembrada pelo protestantismo alemão.

A Paz de Westfália

A Paz de Westfália (27 de outubro de 1648) pôs fim à Guerra dos Trinta Anos, concedendo ao calvinismo e ao luteranismo os mesmos direitos. Nesse compromisso, católicos e protestantes foram colocados no mesmo nível de igualdade no Império Romano-Germânico, exceto na Boêmia e na Áustria, onde não foi concedido aos protestantes privilégio algum. Foi estabelecido também que em todas as partes do império fossem conservadas as formas de religião protestante e católica, como havia em 1624. Assim, o Edito da Restituição foi completamente abandonado, encerrando o período da Reforma no continente.

Os resultados da Guerra dos Trinta Anos sobre a Alemanha foi tal que nenhum outro país sofreu tanto com as horríveis consequências do conflito.

> O país havia sido revolvido, durante uma geração, de um extremo ao outro, por exércitos rapinantes e sem lei. A população decaíra de 16 milhões a menos de 6 milhões. Os campos estavam devastados. O comércio e a indústria, destruídos. Acima de tudo, a vida intelectual estagnara, a moral se tornara áspera e corrupta, a religião estava gravemente prejudicada. Um século após o término da guerra, suas devastadoras consequências ainda não tinham sido sanadas. Poucas evidências de vida espiritual foram percebidas nesse tempo. Refletindo a confiança de sincera piedade em meio à tensão em grande parte, pertence a obra do talvez máximo escritor luterano de hinos, Paulo Gerhardt (1607-1676). Nos seus primeiros anos, também tiveram lugar as principais atividades do estranho e profundo místico protestante Jacó Bohme (1575-1674), de Gorlitz. (WALKER, 1967, p. 130)

A Paz de Westfália marca o fim da Reforma no continente. Portanto, cabe aqui uma breve avaliação do movimento. Por todas as suas características, foi mais do que uma reforma — foi uma revolução. O Evangelho e a experiência religiosa foram colocados no primeiro plano. A fé tornou-se uma realidade do indivíduo com o Deus da graça. O resultado dessa experiência é a satisfação pessoal, tendo a Palavra se tornado a base da fé, em vez da tradição da Igreja. Reconheceu-se que o Evangelho é tão simples que pode ser aplicado à humanidade. O movimento protestante reconfigurou não apenas a Europa, mas todo o mundo que surgiria desses dois séculos tumultuados. Como foi dito, o movimento reformador redefiniu a sociedade, a cultura e a geopolítica mundial para sempre. Bem mais que um movimento histórico, foi um profundo mover de Deus na terra.

CAPÍTULO 19
O PIETISMO

"A Igreja é o pilar e o alicerce da Verdade, feita de pedras vivas e membros vivos, numa casa espiritual da qual Cristo é o cabeça." **Jorge Fox**

O frescor espiritual do pietismo

Para entender o surgimento do misticismo evangélico de Jorge Fox e dos *quakers*, bem como o aparecimento do pietismo de homens como Felipe Spener, Augusto Francke, conde Von Zinzendorf e os Wesleys, precisamos entender algo da estéril ortodoxia na qual a Reforma tinha se degenerado no século 17.

Depois de Lutero e Calvino, o século 17 estava destinado a ser dominado pelo escolasticismo protestante. A Bíblia tornou-se um arsenal, um campo de batalhas no qual doutrinas eram provadas ou derrotadas. O Evangelho era tratado como doutrina e arcabouço intelectual, ao invés de ser visto como o poder de Deus para a Salvação do homem. O cristianismo era apresentado como uma religião do pensamento, sem a ênfase correspondente na condição reta do coração. Essa abordagem fez da idade ortodoxa uma época de grandes controvérsias teológicas. Tal esterilidade abriu espaço, como reação, para o pietismo e para uma profunda espiritualidade evangélica.

A espiritualidade de Jorge Fox

Filho de um tecelão presbiteriano, Jorge Fox (1624-1691) foi ensinado na religião puritana e cedo foi influenciado pelos anabatistas. Tendo se desiludido com a Igreja organizada, com sua esterilidade espiritual e seu ministério meramente intelectual, Fox deixou sua casa para vaguear de um lado para outro até viver sua experiência de transformação e um novo nascimento em 1646, aos 22 anos.

Nesse tempo, Fox teve uma revelação sobre a importância da "luz interior" habitando dentro de cada ser humano, conforme João 8:12. Quem a seguisse seria guiado à Luz da vida, Cristo Jesus. No caso particular de Fox, quando todas as suas esperanças no homem haviam desaparecido, ele ouviu a voz interior que dizia: "Há um, Cristo Jesus, que pode corresponder à tua expectativa..." No ano seguinte, as perambulações de Fox deram à luz um importante ministério itinerante que durou 40 anos em todas as partes da Inglaterra, Escócia, Holanda e América.

Jorge Fox em gravura antiga.

Há duas características permanentes no tempestuoso ministério de Fox. A primeira era sua severa denúncia contra o clero dos seus dias. Cedo em sua carreira, ele ergueu o seu pé numa congregação e publicamente declarou: "Chamas tu este lugar uma igreja, ou esta multidão mista uma igreja? A Igreja é o pilar e o alicerce da Verdade, feita de pedras vivas e membros vivos, numa casa espiritual da qual Cristo é o cabeça; mas ele não é o cabeça de uma multidão mista ou de uma casa velha, composta de cal, pedras e madeira."

Assim, Fox começou sua implacável oposição ao cristianismo organizado e sua forma religiosa estéril. Ele denunciou o clero, insistindo que todo membro é um sacerdote diante de Deus, seja homem ou mulher.

Excluiu toda liturgia, até mesmo as músicas e as canções. Seus seguidores estavam juntos para "esperar pelo Espírito", e apenas falariam, orariam ou exortariam quando movidos pelo Espírito Santo. Ele, do mesmo modo, refutou os sacramentos, aceitando-os apenas como algo espiritual, e não como uma realidade literal que precisasse ser praticada.

A segunda característica do ministério profético de Fox foi sua natureza carismática dinâmica. Quando ele orava, o poder de Deus se manifestava de uma maneira tão maravilhosa que mesmo o prédio parecia tremer, e alguns dos presentes declaravam: "Isso é como nos dias dos apóstolos, quando, no Pentecostes, a casa em que eles estavam tremeu." Em 1648, uma congregação anabatista dispersa em Nottingham, Inglaterra, juntou-se a ele. Em 1652, a primeira comunidade *quaker* foi formada em Preston Patrick, Norte da Inglaterra. *Quaker*, que significa "tremedor", era, inicialmente, um nome pejorativo, mas logo foi adotado pelos seguidores de Fox.

Em 1656, Fox tinha 56 pregadores itinerantes associados. Em 1661, havia mais de 4 mil *quakers* dissidentes nas prisões inglesas por causa do Ato de Blasfêmia, lei inglesa que proibia o tipo de "distúrbio público" que os *quakers* supostamente geravam. Uma ofensa adicional foi a sua recusa de fazer juramento, carregar armas ou executar serviço civil. Missionários *quakers* viajaram para a Europa Continental, Ásia, África e Índias Ocidentais. Em 1682, William Pen, o mais eminente pregador *quaker*, fundou uma colônia na América do Norte, a Pensilvânia, tendo obtido uma concessão do rei Carlos II.

Por causa de certos extremos, usualmente presentes em toda renovação carismática, o quakerismo começou a ser normatizado por Fox em 1660. Diretrizes foram estabelecidas para a formação e a

> **A ESPIRITUALIDADE AVIVADA**
> João Wesley, "tição tirado do fogo", nasceu no dia 28 de junho de 1703. Era o 15º dos dezenove filhos de Samuel e Suzana Wesley. O pai era pastor da Igreja Anglicana. Sua mãe, cristã devota, alfabetizou os filhos na leitura da Bíblia. João Wesley era ainda menino quando a casa onde moravam pegou fogo. Ele, que dormia no segundo andar, foi resgatado por último. Nunca esqueceu daquela experiência. Anos mais tarde, adquiriu uma pintura de uma casa tomada por chamas na qual se lia: "Não é este um tição arrebatado do fogo?"

disciplina das congregações locais, onde os presbíteros eram os líderes do rebanho. Mesmo que reorganizar o movimento não fosse sua intenção original, na época de sua morte, em 1691, o modelo construído até hoje os caracteriza. Sínodos *quakers* passaram a ser realizados e congregações foram formalmente organizadas. Um sistema de doutrina *quaker* foi criado por Roberto Barclay, o hábil teólogo do movimento. Mas, de maneira geral, aqueles místicos evangélicos marcaram um passo adiante na restauração e no restabelecimento da vida de Deus na Igreja.

Aspectos que caracterizaram o pietismo

Como vimos, nos séculos 16 e 17, os homens rapidamente esqueceram o piedoso entendimento de Lutero de que "o coração da religião jaz na experiência pessoal". A justificação pela fé tornou-se mais letra morta do que uma experiência. Por causa da severidade da reação dos reformistas contra a "justiça pelas obras" do catolicismo, a ênfase da Reforma mudou para o lado oposto e parou.

O pietismo luterano do século 17, formado por Felipe Spener e August Francke, tornou-se um apelo à renovação da verdadeira religião pessoal nas mesmas bases dos princípios luteranos. O pietismo era um movimento de renovação dentro do luteranismo intelectual, visando uma religião simples, espiritual e do coração. Foi chamado "justificação experimental", "santidade pessoal" e "evangelismo apostólico". Ali estava um grupo de homens cujo coração Deus havia tocado.

Deus, de fato, havia mobilizado Felipe Jacob Spener (1635-1705), clérigo luterano e iniciador do pietismo alemão. O que tinha sido iniciado por Spener foi completado por August Hermann Francke (1663-1727), da Universidade de Halle, o grande centro pietista destinado a suprir a Europa com professores, pastores, missionários e leigos piedosos. O pietismo foi um movimento de vida curta dentro da igreja, mas também destinado a renovar profundamente aquela fria ortodoxia.

Os pietistas ensinavam que a regeneração do homem acontece não no batismo, mas numa experiência de conversão. A ênfase pietista era concentrada na edificação da vida do cristão com estudos da Bíblia em casa, em reuniões de oração e no envolvimento de todos os crentes no trabalho de ganhar os perdidos e edificar os convertidos. Também havia foco em missões estrangeiras entre os judeus, no Oriente e Novo Mundo (América). Havia uma visão de comunhão entre todos os crentes das diferentes denominações, em um amor que transcendia diferenças doutrinárias. O movimento logo se estendeu na direção norte para os países escandinavos, Dinamarca e Noruega. Na Noruega, a renovação produziu Hans Nielsen Hauge (1771-1824), famoso luterano, pregador leigo e avivalista.

Para os oponentes, o perigo do pietismo estava em suas tendências rumo ao subjetivismo na experiência espiritual, quase perdendo o elemento objetivo da justificação pela fé, e em seu moralismo que quase tendia ao farisaísmo, especialmente no perigo de julgamento daqueles que eram diferentes deles. Mesmo diante disso, podemos dizer que o pietismo foi um poderoso despertamento espiritual que surgiu primeiramente na Alemanha, dentro das frias estruturas luteranas que haviam perdido muito de sua vida e de seu vigor espiritual originais. Apesar de surgir em solo alemão, esse marcante movimento acabou por influenciar todo o protestantismo na Europa e nos Estados Unidos ao estimular uma viva e fervorosa devoção a Deus por parte de cada crente.

O pietismo se opunha à ênfase que fora dada à doutrina pura e aos sacramentos como os elementos principais da vida cristã. Tendo Johann Arndt (1555-1621), um reconhecido místico alemão, e Jorge Fox como precursores e influenciadores, o pietismo surgiu como um vento maravilhoso a revigorar toda a Igreja de Cristo. A obra *O verdadeiro cristianismo*, de Arndt, traduzida para muitas línguas, estimulou Spener em especial. Seu alvo foi uma reforma moral e espiritual na Igreja. Ele estava insatisfeito com as controvérsias sobre a doutrina que caracterizavam a pregação daquele tempo. O clero era indigno, e entre os leigos havia muita imoralidade e uma vida dissoluta. Ele reforçou a importância de uma conversão genuína e de uma profunda espiritualidade.

Em 1663, Spener tornou-se pastor em Estrasburgo. Pregava contra o declínio da Igreja e chamou seu povo a voltar à vida religiosa dos primeiros dias da Reforma. Em 1666, Spener tornou-se o principal pastor na cidade de Franklin. Ali, em 1670, reuniu um "pequeno grupo" de pessoas em sua casa para a leitura da Bíblia, oração e discussão dos sermões pregados nos domingos nas igrejas. O propósito era o aprofundamento da vida cristã. A essas *classes* foi dado o nome "*collegia pietatis*", de onde se originou o nome "pietista". Mais tarde, outros grupos surgiram e se multiplicaram naturalmente.

Em 1615, ele publicou o *Pia Desiderio* [Desejos piedosos], que enfatizou a regeneração, o estudo particular da Bíblia, o sacerdócio universal dos leigos, a piedade pessoal e a disciplina. Era de acordo com a teologia luterana, exceto por um ponto: o milênio na terra. Foi acusado, por causa disso, de heresia pelos luteranos.

Alguns dos grupos pietistas afastaram-se do culto e da Ceia do Senhor, o que levou os religiosos a opor-se às reuniões de Spener. Em 1686, ele aceitou alegremente um convite para ser pregador oficial da Corte, em Dresden. Mas também ali seu ministério não foi fácil. Houve hostilidade da parte das universidades de Saxônia, Leipzig e Wittenberg, até que o príncipe eleitor João II se sentiu ofendido por ser reprovado por Spener em função de suas constantes bebedeiras.

Em 1691, aceitou o convite do príncipe eleitor de Brandemburgo, Frederico (1688-1701), mais tarde rei Frederico I da Prússia (1701-1713), para ser pastor em Berlim. Recebeu apoio de seu soberano, apesar de não ganhá-lo para o pietismo. Assim, seu ministério foi feliz e bem-sucedido até sua morte, em fevereiro de 1705.

Outro importante líder pietista foi Augusto Hermann Francke, professor da Universidade de Leipzig. Em 1686, Francke e outros professores da universidade, sob a influência de Spener, organizaram o clube Collegium Philoblium, um grupo

> **A ESPIRITUALIDADE AVIVADA**
> Wesley foi missionário nos Estados Unidos, onde foi evangelizar os índios da Virgínia em 1735, e lá dedicou dois anos a um trabalho missionário fracassado. Como ele mesmo dizia: "Fui à América evangelizar os índios, mas quem me converterá?" Em crise espiritual, Wesley retornou ao seu país. Na viagem de volta, em 1738, conheceu um grupo de missionários da Igreja Morávia, e ficou impressionado com o testemunho daquela gente alegre e fervorosa, de influência pietista e carismática.

para o estudo educacional da Bíblia. Em 1687, experimentou o novo nascimento em um dos grupos. Em 1690, Francke e outros foram obrigados a sair da universidade por causa de uma série de discursos sobre a Bíblia que provocaram controvérsias e oposições. Após sua saída, aceitou um convite para servir como diácono em Erfurt. Em 1691, entretanto, foi expulso pelas autoridades.

Em 1692, foi nomeado para lecionar na Universidade de Halle, fundada no mesmo ano, formalmente inaugurada em 1694. Tornou-se membro oficial do corpo docente teológico em 1698. Foi por sua influência que Halle tornou-se um importante centro do pietismo, que cresceu muito em prestígio. Em 1695, Francke inaugurou uma escola para crianças pobres, e tal foi sua fama que, em 1696, estabeleceu a escola de adaptação à Pedagogia. No ano seguinte, acrescentou uma escola de latim. Quando morreu, em 1727, havia 2,2 mil crianças sob instrução pietista. Além daquelas instituições, ele fundou o famoso orfanato que abrigava 134 crianças à época de sua morte. Tais instituições foram iniciadas sem recursos e mantidas exclusivamente pela fé.

Francke foi um grande líder missionário num tempo em que o protestantismo não reconhecia sua responsabilidade. Por influência sua, em 1705, Bartolomeu Ziegenbalg e Henrique Piütchau, ambos estudantes de Halle foram à Índia como missionários, enviados por Frederico IV, da Dinamarca. Eram os primeiros missionários protestantes na Índia. Estabeleceram-se em Tranquebar, uma possessão dinamarquesa.

Durante o século 18, pelo menos sessenta missionários saíram da Universidade de Halle, consolidando sua importante influência como grande centro espiritual. Um dos mais famosos foi C.F. Schwarte, o qual trabalhou de 1750 até a sua morte (1798), na Índia.

O pietismo deu ênfase à operação do Espírito Santo como poder iluminador e regenerador na vida cristã, e transformou poderosamente a qualidade espiritual dos pregadores e sua mensagem. Abriu também muito mais espaço à atividade dos obreiros leigos, insistindo numa conversão genuína baseada numa experiência pessoal e definida. Manteve uma atitude ascética em relação às coisas mundanas, como as diversões, o baile, jogos de cartas e outras atividades. Ele se concentrava no estudo bíblico e destacava a santificação progressiva pelo poder do Espírito Santo.

O pietismo quebrou a força da fria ortodoxia luterana, mas não produziu nenhum substituto para os melhores teólogos históricos. Enfatizou mais os elementos espirituais na religião do que os elementos intelectuais, o que, segundo alguns críticos, abriu o caminho para a rápida propagação do "Iluminismo" do século 18. Muirhead (1951, p. 93) afirma:

> No século 18, o espírito crítico racionalista da Inglaterra e da França invadiu a Alemanha e encontrou o campo intelectual pela decadência da ortodoxia e a fraqueza do pietismo, resultando na rápida extensão do Iluminismo, como se intitulava o movimento que se iniciou com o advento de Wolff e seus sucessores.

A grande e maior influência do pietismo, entretanto, foi sobre o movimento morávio, em Herrnhut, na Alemanha. Especialmente o avivamento de 1735 e as resultantes missões morávias, sobre o notável avivamento na Inglaterra do mesmo século. Esse movimento de retorno à piedade simples e intensa impactou poderosamente o ambiente religioso e, acima de tudo, deu grande contribuição à vida espiritual dos protestantes na Alemanha. "O pietismo restaurou a vitalidade da Igreja Alemã."[22]

Para resumir, o pietismo surgiu do reconhecimento de que as coisas não estavam bem com o cristianismo institucional e convencional. Esforçava-se para renovar o espírito original do Evangelho. Estimulava uma pregação evangélica calorosa nos púlpitos, onde, até então, prevalecia uma ortodoxia monótona e sem vida. Expressou-se na formação de comunidades para o aprofundamento da vida espiritual. Introduziu uma nota nova de intensidade e fervor. Deu impulso à obra educacional e missionária.

A poderosa renovação pietista era uma antecipação do avivamento do século 18. "O que o pietismo realizou na esfera social e nas missões estrangeiras foi, pelo menos, um penhor daquele Espírito prometido na Bíblia àqueles que verdadeiramente creem, e estão entre os mais esplêndidos

---

22 EERDMANS, 1977, p. 442.

atos de realização que se acham na História da Igreja."[23] Esse movimento toma, por isso, seu lugar na sequência dos renascimentos e despertamentos espirituais.

Madame Jeanne Guyon e o ambiente católico francês

O principal nome e a maior influência do pietismo na França católica veio da mulher que ficaria conhecida como Madame Guyon. Sua influência e seu ministério profundo e poderoso marcaram a vida de inúmeros importantes homens de Deus não só em sua geração, mas através dos séculos. Jeanne Marie Bouvier de la Motte Guyon nasceu em 13 de abril de 1648. Sempre fora uma criança negligenciada por seus pais. Logo cedo, recebeu influência dos escritos de São Francisco de Sales, tendo vivido num ambiente de muita piedade e espiritualidade. Aos 16 anos, foi dada em casamento a Jacques Guyon, que tinha 38 anos. O casamento durou 12 anos e foi extremamente difícil por conta dos abusos que ela sofria constantemente por parte da sogra. Teve cinco filhos, dos quais apenas três sobreviveram.

Janne Guyon ficou viúva aos 28 anos. Sua espiritualidade foi muito influenciada, inicialmente, pelo padre católico François de La Combe, e entre seus seguidores mais influentes figura François

> **A ESPIRITUALIDADE AVIVADA**
> Ao chegar à Inglaterra, João Wesley foi visitar um culto da Igreja Morávia na rua Aldersgate, em Londres. Era dia 24 de maio de 1738. Enquanto ouvia a leitura do prefácio ao *Comentário de Romanos* de Lutero, sentiu seu coração estranhamente "aquecido" e aceitou a Cristo como único capaz de salvá-lo de seu pecado. Aquela experiência espiritual extraordinária é assim narrada em seu diário: "Cerca das oito e quinze, enquanto ouvia a preleção sobre a mudança que Deus opera no coração através da fé em Cristo, senti que meu coração ardia de maneira estranha. Senti que, em verdade, eu confiava somente em Cristo para a salvação, e que uma certeza me foi dada de que ele havia tirado meus pecados e que me havia salvado da lei do pecado e da morte. Comecei a orar com todo poder por aqueles que, de uma maneira especial, me haviam perseguido e insultado. Então testifiquei diante de todos os presentes o que pela primeira vez sentia em meu coração."

.....
23   WOOD, 1960, p. 28.

Fenelon. Através de Fenelon, os ensinos de Jeanne Guyon ganharam proeminência entre os nobres da França e nos círculos da corte francesa. Em suas experiências com Deus, Guyon entendeu que o Espírito Santo reside no crente, e que voltar-se para dentro do espírito humano é o lugar e a forma de se encontrar com a presença de Deus. Sua poderosa e profunda espiritualidade a levou a um nível de grande intimidade com o Senhor e a ser modelo de vida piedosa e de oração para muitos. Para ela, a salvação acontecia pela graça, mediante a fé, e não por obras, seguindo os ensinamentos de Santo Agostinho, Lutero e Calvino.

Guyon escreveu vários livros, mas o mais importante deles, sem sombra de dúvida, foi *Experimentando as profundezas de Jesus Cristo*, em que relata, em forma de manual de oração, o seu método simples de contatar Deus dentro do espírito humano. Esse livro é considerado um clássico, e das obras mais importantes na História cristã, reconhecido por inúmeros líderes evangélicos, como o conde Zinzendorf, João Wesley, os *quakers*, Jessie Pen-Lewis e Watchman Nee.

Em função de sua influência e de seus ensinos na França, que massacrou a Reforma Protestante, Guyon foi lançada na famigerada Torre da Bastilha, onde os criminosos e traidores da coroa francesa eram aprisionados. Ali permaneceu por sete anos até 21 de março de 1703. Morreu aos 69 anos, sendo fiel à Igreja Romana que havia classificado seus livros na lista de obras proibidas, mandara queimá-los e a colocara na prisão. Veja, a seguir, uma porção adaptada do primeiro capítulo de *Experimentando as profundezas de Jesus Cristo*:

A ESPIRITUALIDADE AVIVADA

Foi durante uma vigília de oração com seu irmão Carlos e amigos — entre eles, o famoso evangelista Jorge Whitefiled — que Wesley recebeu a plenitude do Espírito Santo. Como ele mesmo relata: "Cerca das três horas da manhã, enquanto estávamos orando, o poder de Deus caiu tremendamente sobre nós a tal ponto que muitos gritaram de alegria e outros caíram no chão, vencidos pelo poder de Deus. Tão logo nos recobramos um pouco dessa reverência e surpresa na presença de Sua Majestade, começamos a cantar a uma só voz: 'Nós te louvamos, ó Deus; te reconhecemos como Senhor'!"

Enquanto você lê este livro, pode sentir que simplesmente não é uma daquelas pessoas capazes de uma profunda experiência com Jesus Cristo. A maioria dos cristãos não percebe que é chamada para uma relação profunda e interior com o seu Senhor. Todos nós fomos chamados às profundezas de Cristo, tão certo quanto fomos chamados para a salvação. O que quero dizer quando falo dessa relação profunda e interior com Cristo Jesus? De fato, é algo muito simples. É apenas voltar-se e render seu coração ao Senhor. É a expressão de amor por ele dentro do seu coração. Neste exato momento, Deus está dentro de você, e isto é um fato sagrado.

Querido leitor, há ouro disponível para você. Esse ouro é muito mais facilmente obtido do que você jamais poderia imaginar. Está à sua disposição! O propósito deste livro é lançar você nesta exploração e nesta descoberta. Faço-lhe um convite: se você tem sede, venha às águas vivas. Não gaste seu precioso tempo cavando poços que não têm águas (Jo 7:37; Jr 2:13). Se você está faminto e nada pode achar para satisfazer a sua fome, então venha. Venha e ficará satisfeito. Você, que é pobre, venha! Você, que está aflito, venha! Você, que está abatido com seu fardo de miséria e de dor, venha! Você será confortado! Você, que está enfermo e precisa de um médico, venha! Não hesite por causa das suas enfermidades. Venha ao seu Senhor e mostre a ele todas as suas doenças, e elas serão curadas!

Querido filho de Deus, seu Pai tem seus braços de amor largamente abertos, e o modo de achá-lo é encontrando-se com ele dentro de você agora mesmo.[24]

---

24 GUYON, Jeanne. *Experimentando as Profundezas de Jesus Cristo*. São Paulo: Vida, 2018, p. 8.

CAPÍTULO 20
AS CIÊNCIAS E AS FILOSOFIAS MODERNAS

"A mente é um papel branco no qual a sensação escreve suas impressões." **João Locke**

Mesmo durante o Renascimento, já havia constante choque entre as ciências e a religião, entre os novos descobrimentos científicos e a Igreja Católica, que nunca lidou bem com qualquer inovação ou questionamento da tradição. Durante o período caracterizado como Idade Moderna — que, de acordo com a Historiografia, começa com a conquista de Constantinopla pelos turcos otomanos, em 1453, e termina com a Revolução Francesa, em 1789 —, veremos um enorme avanço das ciências que culminará com o método científico, no século 19.

O método científico tem como premissa o empirismo, uma doutrina filosófica e epistemológica que coloca o conhecimento como resultado da experiência prática, verificável através dos sentidos, experimentos, provas e de instrumentos científicos. A partir desse pressuposto, os cientistas poderão adotar o método científico para formular teorias a partir de experimentos e experiências concretas, podendo testar hipóteses e corrigir falhas de formulações teóricas anteriores. Isso levará a humanidade a descobertas importantes e a constantes choques com os religiosos.

Cientistas importantes

Nicolau Copérnico (1473-1543), polonês, é famoso pelo desenvolvimento do sistema heliocêntrico, publicado no ano de sua morte. Galileu Galilei (1564-1642), de Pisa, na Itália, deu ao mundo o termômetro pêndulo e, acima de tudo, aplicou o telescópio ao estudo da Astronomia. Da mesma forma, o triunfo da teoria de Nicolau Copérnico foi devido aos esforços de Galileu Galilei. Sua dissertação, no seu escrito "Diálogo", de 1632, trouxe grande oposição por parte dos filósofos e eclesiásticos. Foi, no ano seguinte, obrigado pela inquisição a renegar suas descobertas.

Sir Isaac Newton (1642-1727), em sua obra *Principia*, demonstrou matematicamente que as órbitas dos planetas são explicáveis pela lei da gravitação. A verdadeira demonstração popular da teoria de Copérnico mostrou que a terra não era mais o centro de todas as coisas, mas um mero ponto num vasto campo com inúmeros outros astros de tamanho muito maior, e todos se movendo em obediência à lei inalterável da gravidade.

Frontispício da obra "De Systemate Mundi", de Galileu, representando Aristóteles, Ptolomeu e Copérnico.

Filósofos importantes

René Descartes (1596-1650), católico, considerado por muitos o pai da Filosofia moderna, nasceu na França, mas passou a maior parte de sua vida intelectual nos Países Baixos. Afirmava que todas as concepções devem ser duvidadas até que sejam provadas, e qualquer prova adequada deve ter a certeza de uma demonstração matemática. O princípio de todo conhecimento é a dúvida. Não pode haver qualquer progresso verdadeiro enquanto não há um ponto a partir do qual não se pode duvidar. Esse ponto de partida achou em sua própria existência como ser pensante. "Mesmo que duvidando, penso, logo existo."

Entre seus escritos, destacam-se o *Discurso do método*, de 1637; *Primeira filosofia*, de 1641; e *Principia*, de 1644. A crença de René Descartes foi a causa de muitos se desviarem da fé cristã. Por exemplo, Baruch Spinoza, judeu, usando os princípios de Descartes, tornou-se panteísta. Cria em Deus, mas sua concepção era bem diferente da dos cristãos. Segundo Spinoza, Deus e a natureza são a mesma coisa. Ele não acreditava na Criação, no propósito de Deus ou em milagres. Viu no universo uma só substância.

Gottfried W. Leibnitz (1646-1716) era luterano, alemão, estadista, filósofo e monástico. Ao seu entender, o número de substâncias é infinito. Cada um é uma dessas substâncias que ele chamou de "mônada", um centro de força individual. Todas as ideias que a mônada possui são inatas e podem ser tocadas. Quanto maior e mais clara a consciência, mais a mônada se aproxima do divino. Deus é a mônada original, cuja percepção de tudo é clara. Os homens alcançam o conhecimento pela elucidação, pelo esclarecimento, pela

A ESPIRITUALIDADE AVIVADA
"O mundo é minha paróquia" ("I look upon all the world as my parish"). O ministério de Wesley tem um novo início a partir do momento em que recebeu a "plenitude do Espírito Santo". Fora de sua Igreja Anglicana, que não reconhecia o seu ministério nem lhe dava oportunidade em seus seus templos, Wesley foi para as praças e ruas pregar ao ar livre, num encontro direto com o povo que estava fora da Igreja oficial. Sua pregação evangelística levou centenas de milhares a aceitar Jesus Cristo como seu Salvador pessoal.

ilustração das ideias inatas. Segundo ele, somente é conhecimento real o que se sente e plenamente se entende.

João Locke (1632-1704) foi um filósofo inglês. Sua crença era de que a religião é razoável, isto é, não contraria a razão. Tinha pouca paciência com o mistério na religião, e advogava que a moralidade é um mandamento divino. Ele também negou a existência de ideias inatas. Dizia ele que "a mente é um papel branco no qual a sensação escreve suas impressões".

Locke defendia a liberdade religiosa e civil. Insistiu que o homem tem direito natural à vida, à liberdade e à propriedade. Ele escreveu o *Ensino sobre a inteligência humana* (1690), onde nega a existência de ideias inatas. Levou muitos leitores ao ceticismo. Escreveu também o *Tratado sobre o Governo* (1690), em que afirma que todos os homens têm direito natural à vida, à liberdade e ao uso privado de suas propriedades. João Locke influenciou profundamente a formação da teoria política na Inglaterra e nos Estados Unidos. Ele escreveu também *Cristianismo razoável* (1695), em que defende a razoabilidade do Cristianismo e sua lógica racional.

CAPÍTULO 21
O CRISTIANISMO NAS AMÉRICAS

"A liberdade sem obediência é confusão, e a obediência sem liberdade é escravidão." **William Penn**

O Cristianismo nas Américas é uma importação do Velho Mundo, e chegou com os colonizadores. A depender de suas origens europeias, aqueles pioneiros trouxeram sua religião praticada no Velho Continente. Nas Américas Central e do Sul, o catolicismo romano vinha sendo dominante desde os tempos coloniais. Já na América do Norte, prevaleceu um protestantismo com grande variedade de denominações. Além disso, especialmente nas novas colônias inglesas que se estabeleceram na América do Norte, inúmeras levas de refugiados iriam buscar liberdade religiosa e segurança, lançando os fundamentos dos Estados Unidos que conhecemos hoje.

América Central e América do Sul

A conversão ao catolicismo romano na América Central e do Sul aconteceu em maior parte devido às ordens monásticas: os franciscanos, os dominicanos e os jesuítas. Na primeira metade do século 16, os franciscanos iniciaram trabalhos na Venezuela, no México, no Peru, na Argentina e foram os primeiros missionários no Brasil. Em 1526, os dominicanos foram ao México, e logo depois ao Peru, à Colômbia e à Venezuela. Em 1549, os jesuítas começaram sua obra no Brasil, em seguida na Colômbia. Aproximadamente em 1568, estavam no Peru, e no século 17, no Equador, na Bolívia e no Chile. Sua obra no Paraguai começou em 1587. As universidades do

México e de Lima, no Peru, "as mais veneradas instituições de ensino do Novo Mundo", foram fundadas em 1551.

Os pioneiros na América do Norte

Os huguenotes foram os primeiros missionários a trazer o Cristianismo aos atuais Estados Unidos. Em 1562, um grupo estabeleceu uma colônia em Porto Royal, na Carolina do Sul, e no período 1564-1565, outro grupo se fixou na Flórida, próximo a onde se encontra hoje a cidade de Santo Agostinho. A primeira colônia foi abandonada, e na outra, os habitantes foram massacrados pelos espanhóis católicos.

Santo Agostinho, a mais antiga cidade dos Estados Unidos, foi fundada pelos espanhóis católicos em 1565. Durante muitos anos, trabalharam entre colonos e os índios. Mas quando a Flórida tornou-se uma possessão inglesa, em 1763, esse trabalho se extinguiu. Em 1598, os espanhóis oriundos do México fundaram uma colônia no Novo México, a qual tornou-se uma sede missionária onde os índios receberam uma cristianização imediata, ainda que fraca e superficial. Em 1680, houve uma rebelião por parte dos índios. Após essa revolta, as estações missionárias espanholas voltaram a ser estabelecidas, o que foi a origem do catolicismo no sudeste dos Estados Unidos.

As missões francesas exploraram os Grandes Lagos, por isso estabeleceram pontos militares comerciais e religiosos desde o Golfo de São Lourenço à foz do Mississipi. Muitos missionários, principalmente os jesuítas, trabalharam arduamente em ambos os lados dessa linha de postos, lançando os fundamentos de vários centros. Quando, porém, o Canadá tornou-se possessão da Inglaterra, em 1763, extinguiram-se os trabalhos dos franceses. "Os fundamentos religiosos dos Estados Unidos tinham de ser lançados pelos protestantes",[25] e isso impediu o catolicismo romano de ter hegemonia na América do Norte.

.....
25 NICHOLS, 1960, p. 260.

Fachada de igreja construída pelos missionários franciscanos no sudoeste dos Estados Unidos.

O Cristianismo nas primeiras colônias inglesas na América do Norte

A Virgínia foi a primeira das treze colônias dos Estados Unidos, em 1607, quando um pequeno grupo se mudou para lá. Roberto Hunt, clérigo da Igreja Anglicana, ministro piedoso, dirigiu os trabalhos até sua morte. No início, o elemento puritano da igreja exerceu grande influência. Em 1631, foi indicado um governador, que perseguiu os puritanos até o ponto de expulsar muitos deles. A Igreja Anglicana mantinha estrita conformidade com a Igreja da Inglaterra na colônia. Nominalmente, o bispo de Londres era responsável pela Igreja da colônia, mas os ministros enviados por ele, em geral, eram de pouca influência na vida do povo.

A colônia de Plymouth, na Baía de Cape Cod, na Nova Inglaterra, teve como motivo da colonização seu inconformismo religioso. Eram "separatistas", e haviam saído da Igreja da Inglaterra porque não a consideravam mais uma Igreja verdadeira. Sofreram severa perseguição até que muitos deles fugiram para os Países Baixos, onde havia liberdade religiosa. Depois de alguns anos, emigraram para a Nova Inglaterra.

Em 21 de dezembro de 1620, aproximadamente uma centena de "peregrinos" desembarcaram do navio Mayflower, na Baía de Cape Cod. Eram cristãos profundamente comprometidos com Deus. O líder era o presbítero William Brewster (1560-1644). O primeiro ano foi extremamente difícil para aqueles colonos, e muitos morreram. Os sobreviventes prosseguiram, perseverando sob a liderança de seu governador, William Bradford (1590-1657), homem sábio e dedicado que soube liderar em tempos extremamente árduos.

A Colônia de Baía de Massachusetts foi o destino de emigrantes também por motivo religioso. Tornou-se um refúgio para os puritanos, que foram terrivelmente perseguidos na Inglaterra. A primeira colônia permanente foi em Salém, Massachusetts, em 1628. Os colonos eram, em sua maioria, espirituais e pioneiros corajosos. Alguns eram ricos e treinados em diversas atividades profissionais.

A "Nova Holanda", atual Nova York, era simplesmente o local onde uma empresa comercial da Companhia Holandesa das Índias Ocidentais estabeleceu seus negócios. Os colonos não eram gente de zelo religioso, como os holandeses. Além disso, a Igreja Reformada da Holanda não se preocupava muito com a condição espiritual da colônia. Em 1628, foi organizada uma Igreja Reformada na ilha de Manhattan. Dessas origens surgiu a Igreja Reformada dos Estados Unidos.

As Colônias de New Haven (1638) e de Connecticut, perto de Hartford (1636), foram estabelecidas sob a liderança espiritual de João Davenport (1597-1670). Tomás Hooker (1586-1647) era o principal ministro. Em 1638, a igreja foi fundada em Hartford. Os colonos eram puritanos, e os colonos de Connecticut eram imigrantes de Massachusetts. Os de New Haven provinham diretamente da Inglaterra.

A Colônia de Maryland foi estabelecida no território doado por Carlos I a Jorge Calvert, Lord Baltimore, em 1634. Ele e seus descendentes governaram a colônia por muito tempo. Os Calvert eram católicos muito liberais, cuja política, desde o início, era de liberdade religiosa. Dois jesuítas acompanharam os primeiros colonos. Eram os primeiros padres nas treze colônias. Apesar de a colônia ser fundada e dirigida por católicos, a maioria da população era constituída de ingleses protestantes. Mais tarde, havia também uma presença marcante de puritanos presbiterianos.

A intolerância religiosa dos puritanos de Massachusetts foi a razão para a fundação da colônia de Rhode Island. O fundador foi Roger Williams, um ministro instruído, eloquente e inteligente. Foi banido de Massachusetts em 1635. Em 1637, Williams organizou, na cidade de Providence, a primeira igreja batista do Novo Mundo. As Carolinas do Norte e do Sul foram colonizadas na última parte do século 17. A Igreja da Inglaterra foi estabelecida na Carolina do Sul no ano de 1706, e na Carolina do Norte em 1715. Esses trabalhos pioneiros se tornaram ineficientes por causa da variedade de religião entre o povo — huguenotes, presbiterianos, batistas, *quakers* e outros.

Como já vimos, a Pensilvânia era uma colônia *quaker*, fruto do pietismo desde o início. O fundador era William Penn, que a estabeleceu, em 1682, com dois propósitos: servir de refúgio para seus companheiros de religião, que estavam enfrentando terrível perseguição, e como empreendimento comercial. Milhares de *quakers* ingleses e do país de Gales se estabeleceram na colônia. Por volta de 1700, a população chegou a 20 mil pessoas. Era gente de nobre caráter e profunda piedade. O governo *quaker* ofereceu liberdade religiosa, atraindo representantes de outras confissões protestantes, entre elas, os batistas da Inglaterra; os menonitas da Alemanha e da Suíça; os batistas germânicos (*dunkers*); os alemães reformados; e os luteranos da Alemanha.

A colônia da Geórgia foi fundada em 1733 pelo general Oglethorpe, um filantropo inglês. O propósito foi providenciar um refúgio para os perseguidos que fugiam de leis consideradas injustas. Os primeiros colonos constituíam um grupo de prisioneiros condenados por motivos religiosos e luteranos exilados do arcebispado de Salzburgo. Toda aquela gente encontrou liberdade para praticar sua religião nas colônias, além da garantia de que seus empreendimentos não sofreriam interferência do Governo. Era comum que os perseguidos por razões religiosas na Europa perdessem suas posses e seus bens para o Estado, o que não acontecia nas colônias.

Os pesados impostos cobrados dos cidadãos também não existiam nas colônias, além de haver ampla liberdade para a educação dos filhos dentro de qualquer fé professada pela família. Aquele ambiente logo permitiu um dinamismo econômico e uma prosperidade que não aconteceria em outros países das Américas.

O contraste com a colonização católica no sul

O tipo de colonização estabelecida pela Inglaterra foi fundamentalmente diferente daquela estabelecida pelos países católicos. Valores como liberdade religiosa, democracia e livre iniciativa eram inerentes ao tipo de sociedade que ali foi sendo estabelecida. Além disso, o perfil dos colonos que foram para a América do Norte, com seu cristianismo protestante, estabeleceu os fundamentos para a construção de um novo modelo de sociedade. Essas colônias foram profundamente impactadas pelo anseio por liberdades civis e novas relações com o Estado.

A noção protestante de que Deus abençoa o trabalho e a ética permitiu a formação de uma incipiente indústria e o desenvolvimento da agricultura e do comércio local e internacional, que logo se desenvolveram. Muitos dos colonos eram trabalhadores cuja técnica foi sendo aprimorada. Assim, a iniciativa e o empreendedorismo foram marcas fundamentais daquele tipo de sociedade que, desde cedo, foi estabelecida nas primeiras colônias. Aqueles trabalhadores protestantes, em sua maioria, passaram a demandar cada vez maior liberdade em relação à Inglaterra.

O governo inglês, que impôs pesadas taxas nas novas colônias, foi cada vez mais confrontado com a exigência de liberdade. O princípio "no taxation without representantion" (não haverá impostos sem que haja representatividade) foi levando o povo da colônia a pressionar a metrópole por direitos no século seguinte. Para o povo das colônias, era inconcebível pagar impostos sem que houvesse um representante sequer no parlamento inglês, em Londres.

Ainda que os jesuítas e as demais ordens monásticas católicas missionárias nas Américas Central e do Sul tivessem feito um grande trabalho evangelizador, seu papel plantando escolas foi o de treinar as elites e um pequeno grupo de privilegiados. Isso determinou também a fundamental diferença entre os dois modelos de colonização, a protestante *versus* o modelo católico.

Na América protestante, todos eram ensinados em função da necessidade de ler e interpretar a Bíblia. A educação era para todos. Esse fator educacional faria toda a diferença no desenvolvimento econômico dessas colônias no futuro. O modelo jesuíta de treinar as elites coloniais levou países como o Brasil a lutar com o analfabetismo até o século 21. Além disso, os modelos de igrejas protestantes e congregacionais que se estabeleceram carregavam a gênese da participação dos membros nos assuntos de suas congregações. Essa participação democrática produziu uma sociedade participativa que logo deixaria de aceitar as imposições do governo inglês, provocando a independência ainda no século 18 — diferentemente da América Latina, onde a passividade e a dependência da Espanha e de Portugal se perpetuariam até o século 19.

CAPÍTULO 22
FILOSOFIAS SECULARES: O DEÍSMO

"Deus está acima da razão e da capacidade do homem de compreender as coisas sobrenaturais e espirituais." **William Law**

O deísmo representa Deus como um "Grande Mecânico". De acordo com seus adeptos, o ser humano estava às vésperas de sua emancipação em relação às superstições que o sufocaram no passado e entrando numa era melhor, na qual governaria a si mesmo puramente pela razão. O deísmo recebeu muita influência de pensadores e cientistas como Locke e Newton. O primeiro via o cristianismo como algo fundamentado na razão, e o segundo tinha a concepção de que o universo é um reino de leis criadas por um Ser supremo, mas que agora funcionaria de maneira mecânica e invariável. Outra influência veio do contato com outras nações cujas civilizações e religião eram bem mais antigas que a europeia.

Para o deísmo, Deus existe, é necessário adorá-lo e há uma religião universal racional em harmonia com as leis da natureza. A revelação que Deus dá nunca é contrária à razão. O Deus do deísmo é menor do que o Deus do teísmo, pois ele tem poder, sabedoria e outros atributos, mas não possui onipresença. Segundo esse conceito, ele criou o mundo, mas depois retirou-se e o deixou. Criou leis no mundo físico e no mundo espiritual. Aquele que as desobedece sofre as consequências. Por isso, Deus deve ser adorado e honrado por uma vida obediente à lei moral. Todas as crenças religiosas que não podem ser reconciliadas com a razão são superstições, e devem ser rejeitadas.

Há um problema fundamental no deísmo: ele fecha a porta a toda verdade além daquela que parece natural, desprezando doutrinas cristãs centrais, como a encarnação e a graça. O sobrenatural e os milagres não são provas da revelação. O ser humano só pode discernir as leis de Deus por meio da razão, por isso, o deísmo destrói o Cristianismo histórico e a autoridade das Escrituras. Foi uma escola de pensamento muito negativa para a Igreja, mas não chegou a constituir ateísmo puro. Alguns deístas importantes na Inglaterra foram:

Herbert de Cherbury (1583-1648)

De acordo com sua crença, há uma simples e primitiva religião racional, na qual esse Deus autoexistente deve ser adorado e servido por meio de uma vida virtuosa. O homem pode e deve arrepender-se de seus pecados, e depois da morte há galardão para os justos e virtuosos, bem como castigo para os ímpios.

João Tocard (1670-1722)

Segundo ele, o Cristianismo não é mentiroso.

Antônio Collins (1676-1729)

Filósofo e teólogo britânico prolífico e provocativo, escritor e autor dos *Discursos do livre pensamento*.

Mateus Tindall (1657-1733)

Escreveu *O Cristianismo é tão antigo quanto a Criação*, por vezes chamado "a Bíblia deísta". William Law, um reconhecido pastor anglicano, replicou a Tindall em 1732, dizendo:

> A razão não apenas não acha a verdade na religião, mas é ela a causa de todas as desordens de nossas paixões e corrupções em nossos corações. Deus está acima da razão e da capacidade do homem de compreender as coisas sobrenaturais e espirituais. Sua própria vontade é sabedoria, e a sabedoria é sua vontade. (WALKER, 1967, p. 182)

François Marie Arouet, mais conhecido como "Voltaire" (1694-1778)

Seus escritos influenciaram profundamente a Revolução Francesa do século 18. Ele cria na existência de Deus e numa religião natural que consistia numa moralidade simples. Rejeitou a autoridade da Bíblia e também a Igreja. Em 1793, houve uma tentativa dos revolucionários de estabelecer o culto à "deusa Razão". Voltaire era um mordaz crítico dos cristãos, e um dos grupos em especial a receber suas críticas foram os *quakers* pelo tipo de prática em que os crentes literalmente tremiam ao orar. Como deísta, ele desprezava o sobrenatural e tudo o que não se podia comprovar.

Benjamin Franklin (1706-1790)

O mais importante entre os deístas americanos, é considerado um dos "pais fundadores" dos Estados Unidos. Nas seleções de cartas de Benjamin Franklin há uma a Ezra Stiles, reitor da Universidade de Yale, que havia lhe interrogado acerca da sua crença:

> Aqui está o meu credo: creio em um Deus, Criador do universo que ele governa por sua providência. Que ele deve ser adorado. Que o mais aceitável serviço que prestamos a ele é o bem aos outros filhos dele. Que a alma do homem é imortal e receberá a justiça na outra vida quanto à sua conduta nesta vida. Estes eu considero os princípios fundamentais de toda a religião pura, e respeito-as, como o Senhor os respeita, em qualquer seita na qual os encontro.

Ele tinha algumas dúvidas quanto à divindade de Cristo, mas disse que não era dogmático sobre o assunto porque nunca o estudou, e achava o estudo desnecessário, sendo que esperava saber a verdade com menos esforços. "Todas as seitas aqui na Filadélfia, e existe grande variedade delas, têm experimentado meu apoio com assinaturas para construir seus novos lugares de adoração, sendo que

---

A ESPIRITUALIDADE AVIVADA
João Wesley tornou-se um grande evangelista. Certa vez, ele disse: "Dai-me cem homens que nada temem, senão o pecado, e que nada desejam, senão a Deus, e eu abalarei o mundo!"

nunca me opus a qualquer das suas doutrinas. Espero partir deste mundo em paz com todas elas." (STEWART, 1958, p. 32-33)

Tomás Jefferson (1743-1826)

Nas seleções de suas cartas, há uma dirigida ao seu sobrinho, datada de 10 de agosto de 1787. Aqui está um trecho:

> Sua razão é suficientemente madura para examinar o assunto de religião [...] Coloque a razão seguramente no seu trono e chame ao tribunal dela todas os fatos, todas as opiniões. Duvide com ousadia até mesmo da existência de um deus, porque se há um, ele há de aprovar mais a homenagem da razão do que o medo desorientado [...] Leia a Bíblia da mesma maneira que você lê Tácito [...] Aqueles fatos na Bíblia que são contrários às leis da natureza devem ser examinados com cuidado. (STEWART, 1958, p. 29)

Ele então cita então Josué 10:12-15, onde se lê que o sol se deteve quase o dia inteiro.

Tomás Paine (1737-1809)

Filho de um *quaker* inglês, negou o nascimento virginal de Jesus. A Bíblia dele era a natureza. "A Palavra de Deus é a criação que nós contemplamos", dizia ele. Tomás Paine escreveu o *Senso comum* (1776), que muito inspirou a independência estadunidense; os *Direitos dos homens* (1791), em que defendeu os princípios da Revolução Francesa; e *A idade da razão* (1795), obra em que o deísmo foi apresentado numa forma muito agressiva. Combateu o Cristianismo, assim como o ateísmo.

Na Alemanha, o deísmo contribuiu para o desenvolvimento do Iluminismo e do Racionalismo com Cristiano Wolff (1679-1754), um racionalista e professor de Filosofia na Universidade de Halle, outrora centro do pietismo. Ali, o racionalismo levou todo zelo missionário a esfriar, destruindo todo o fervor espiritual anterior. Por fim, Wolff foi demitido de seu cargo na Universidade de Halle e passou para a Universidade de Marburgo.

Hermano Samuel Reimarus (1729-1781), professor de línguas orientais em Hamburgo, assimilou as ideias deístas em sua juventude, enquanto estava na Inglaterra. Gotthold Efraim Lessing (1729-1781) publicou os escritos religiosos de Reimarus. Sua obra *Educação da raça humana*, de 1780, espalhou na Alemanha culta a ideia de que o Cristianismo histórico não era relevante. Ao invés da Bíblia, seu guia era a razão, e o que o governava era o dever, sem esperança de galardão ou temor de castigo.

Alguns pensadores foram além do deísmo. Davi Hume, da Escócia (1711-1776), por exemplo, era um autêntico cético. Negou o argumento da existência de Deus como sendo a causa original, assim destruindo a base do deísmo tanto quanto do Cristianismo.

O deísmo como filosofia e sua ênfase sobre a liberdade intelectual abriram o caminho para a democracia política, promovendo a tolerância religiosa. Aonde chegou, pôs fim à influência da Sociedade de Jesus, os jesuítas. Isso aconteceu objetivamente em Portugal durante o governo do Marquês de Pombal, que promoveu reformas modernizantes e retirou prerrogativas e privilégios. O deísmo gerou um espírito de independência de Deus e de menor confiança na religião e nas Escrituras. Estimulou a dependência do ser humano de si mesmo, de seus sentidos e de sua própria capacidade. O homem tornou-se a própria suprema autoridade religiosa, gerando o pior do individualismo.

CAPÍTULO 23
O EXTRAORDINÁRIO AVIVAMENTO MORÁVIO

"Ainda que seja necessário o sacrifício dos meus bens, minhas honras e minha vida, farei o extremo para que esta pequena companhia dos discípulos seja preservada para ele, até que venha." **Conde Zinzendorf**

A Igreja Morávia tem sua origem na Reforma que surgiu na Boêmia de João Huss, que foi condenado pelo Concílio de Constança e queimado no ano de 1415. Em 1457, os seguidores de Huss se separaram em dois grupos antagônicos. O grupo mais notável se estabeleceu perto de Grunwald, na Morávia, antes uma província independente da Boêmia que fazia parte do Império Germânico, atualmente na República Tcheca. Esse grupo assumiu o nome de Igreja da Irmandade Unida e cresceu rapidamente. Por volta do ano de 1609, mais da metade dos protestantes na Boêmia pertenciam àquela igreja. Esse período de expansão e paz, entretanto, foi de curta duração. A revolta dos boêmios contra a monarquia resultou na Guerra dos Trinta Anos (1618-1648) entre os católicos e protestantes, como já mencionado.

No início da guerra, a Irmandade Unida enfrentou terrível perseguição. Mais de 36 mil famílias fugiram e foram espalhadas. Era por esse remanescente que João Amós Comenius, seu último bispo, fervorosamente orava. A petição dele em favor daquele remanescente foi: "Converte-nos a ti, Senhor, e seremos convertidos; renova os nossos dias como dantes" (Lm 5:21).

O jovem, cujo coração Deus estava preparando para ser líder daquela renovação era o conde Zinzendorf da Saxônia, na Alemanha. Ele, diante dessa oração disse:

Não pude ler sua oração de lamento — "Converte-nos a ti, Senhor, e seremos convertidos; renova os nossos dias como dantes" — sem resolver, naquele momento: farei tudo o que for possível para a realização dessa renovação. Ainda que seja necessário sacrifício dos meus bens, de minhas honras e de minha vida [...] farei o extremo para que esta pequena comunidade de discípulos seja preservada para ele, até que venha."[26]

O conde Nicolau Graf von Zinzendorf (1700-1760) nasceu em Dresden. Seu pai era oficial da corte eleitoral da Saxônia e amigo pessoal de Philipp Spener, o pietista. Faleceu quando Zinzendorf ainda era pequeno, e sua mãe casou-se de novo. Foi criado por sua avó, Henriquetta Catarina von Geradorf, uma baronesa pietista.

Aos 4 anos, Zinzendorf fez o seguinte pacto com Deus: "Querido Salvador, sê tu meu e eu serei teu." Ainda jovem, definiu seu lema: "Tenho uma paixão, a saber, Jesus e somente Jesus." Dos 10 aos 17 anos, estudou na Pedagogium de Francke, em Halle, uma escola pietista. Ali, Zinzendorf organizou, entre os meninos, a Ordem do Grão de Semente de Mostarda para promover piedade pessoal e a evangelização do mundo. Ao deixar Halle, entregou ao professor Francke uma lista de sete grupos dedicados à oração.

Após o término de seus estudos em Halle, ingressou na Universidade de Wittenberg, onde estudou por dois anos. Consagrou todo o tempo vago ao estudo de Teologia. Ainda que fosse pietista, seus estudos em Wittenberg criaram nele uma simpatia para com o luteranismo ortodoxo. No período de 1719-1720, empreendeu uma longa viagem à Holanda e à França. Durante a viagem, escreveu o seguinte a um amigo: "Se o motivo pelo qual me enviaram à França foi fazer de mim um homem mundano, declaro que isso é dinheiro gasto à toa porque Deus, em sua bondade, preservará em mim o desejo de viver somente para Jesus Cristo." Em Paris, uma holandesa perguntou:

— Boa tarde, conde, o senhor assistiu à ópera ontem à noite?
— Não, senhora — ele respondeu —, não tenho tempo para a ópera. Oh, brilhante desgraça.
(GREENFIELD, 1950, p. 26)

......
[26] GREENFIELD, John. *Power From on High*. Atlantic City: Evangelica Press, 1950, pg. 81.

Durante uma exposição de pintura na Galeria de Dusseldorf, Zinzendorf foi profundamente tocado pela obra Ecce Homo, representando a paixão de Cristo, especialmente tocado pelas palavras latinas: "Isto tenho feito por ti, que fazes tu por mim?" Em 1721, aceitou uma colocação judicial em Dresden, e em 1722, casou-se com Ermath Dorotéia, irmã do conde Henrique von Heuss, que foi uma fiel ajudadora.

Estátua num parque da Alemanha simboliza o conde Zinzendorf ensinando o Evangelho a crianças.

A renovação morávia

No mesmo ano de seu casamento (1722), Zinzendorf comprou uma propriedade de sua avó com o propósito de estabelecer uma irmandade religiosa para a evangelização do mundo. Permitiu que alguns dos cristãos da Morávia, sob a liderança do carpinteiro Cristiano Davi (1690-1731), ali se fixassem. Instalou João André Rothe como pastor. Nos anos que se seguiram, o lugar tornou-se um ajuntamento dos irmãos dispersos e assumiu o nome "Herrnhut" ("Abrigo do Senhor", em alemão).

Zinzendorf deixou sua posição judicial em Dresden para ser o líder espiritual de Herrnhut, e fixou residência ali. Sua tarefa não era fácil porque os refugiados eram de diversas opiniões: a maioria era da antiga Irmandade Morávia, mas também havia seguidores de Huss, Lutero, Zwínglio e Calvino. O propósito de Zinzendorf e Rothe, o pastor, era levar a Igreja de Herrnhut a fazer parte da denominação Luterana estatal, mas havia muita desunião, disputas e controvérsias.

O efeito da Guerra dos Trinta Anos foi muito destrutivo ao protestantismo na Boêmia e na província vizinha da Morávia. Os protestantes podiam existir somente escondidos. Sofreram horrível perseguição. "Eles estavam em paz com Jesus, mas brigavam uns com os outros", como expressa um dos hinos morávios escritos depois do derramamento do Espírito entre eles. Durante um tempo, parecia que a comunidade ia se autodestruir. Zinzendorf não somente orava, mas trabalhava, investindo nos irmãos, um por um, fazendo todo o possível para alcançar a paz entre eles.

O dia em que o avivamento chegou

Em 12 de maio de 1727, foi estabelecido um pacto entre Zinzendorf e os irmãos para buscar e dar ênfase aos pontos sobre os quais todos estavam de acordo e dedicar suas vidas ao serviço do Senhor, como Zinzendorf havia dedicado a dele. Os irmãos abriram suas casas para reuniões de oração e louvor, e a igreja conseguiu levar multidões aos cultos. Em 5 de agosto, Zinzendorf e quatorze irmãos passaram a noite em oração.

Ao meio-dia de 10 de agosto, durante uma reunião, sobreveio sobre o pastor

A ESPIRITUALIDADE AVIVADA
As sociedades eram grupos pequenos onde os convertidos dos cultos ao ar livre se reuniam para a instrução na fé. Contudo, pessoas de outras igrejas podiam participar também, já que as sociedades não eram igrejas. João Wesley não queria fundar uma nova igreja, e a prova é a de que ele nunca deixou de ser ministro da Igreja Anglicana.

Rothe o maravilhoso e irresistível poder de Deus. Ele caiu de joelhos, e junto com ele, toda a congregação foi profundamente tocada. Continuaram até meia-noite em oração, com muito choro e súplicas. Houve um definitivo ajuste na igreja. Os membros resolveram participar na adoração da Igreja Luterana e se submeter ao cuidado pastoral de Rothe, sob a condição de que poderiam governar suas atividades espirituais como uma sociedade distinta dentro da igreja. Foi em 12 de agosto de 1727 que os "Estatutos e injunções" foram aprovados por todos os membros da comunidade de Herrnhut.

Foi escolhida uma junta de doze anciãos como dirigentes e pessoas apontadas para os outros cargos, segundo os estatutos. Zinzendorf serviria como chefe geral. Para selar tudo isso, planejaram uma reunião de comunhão com a celebração da Ceia do Senhor para o dia seguinte. Com a comunidade reunida, teve início um genuíno Pentecostes moderno. Em 13 de agosto, pela manhã, cerca de trezentos irmãos reuniram-se no prédio da igreja de Berthelsdorf.

A maneira exata de como tudo aconteceu, ninguém presente podia descrever. O culto abriu com um hino, *Solta-me, ó Deus, de todas as minhas algemas*. Todos se ajoelharam enquanto cantavam o hino *Minha alma está prostrada diante de ti*. Muitos estavam tão compungidos que mal podiam cantar. A velha amargura, as palavras duras e a ira estavam desaparecendo num dilúvio de lágrimas. "Aprendemos a amar", alguém presente escreveu mais tarde. Um após outro abriu seu coração em confirmação e oração, e o Senhor ouviu e respondeu. O poema de James Montgomery descreveu aquele acontecimento assim, de acordo com Schattschneider (1956, p. 55):

> Ele os achou na casa de oração
> Em um só acordo reunidos,
> E da sua presença ali houve revelação
> Eles tremiam e choravam de regozijo
> Um copo batiam, um pão partiam,
> Um batismo compartilhavam, uma língua falavam
> Perdoados e perdoando

Saíram daquele lugar não sabendo se pertenciam à terra ou ao céu, e depois do culto, os membros seguiram seu caminho falando das bênçãos recebidas e reconciliando-se uns com os outros. Naquele mesmo dia, começou o que mais tarde foi conhecido como a "Festa do Amor". Os membros da congregação se reuniram em seis ou sete casas da comunidade e comeram juntos. Zinzendorf supriu a refeição. Logo se tornou costume de vez em quando realizarem uma Festa do Amor na igreja — uma simples refeição, quando os membros comiam juntos em expressão de amor mútuo. Anos depois, perante um auditório na Inglaterra, Zinzendorf deu o seguinte testemunho, de acordo com Greenfield (1950, p. 17):

> Nesse dia, há 27 anos, os membros da Congregação de Herrnhut reunidos na igreja de Berthelsdorf para a Ceia do Senhor estavam todos descontentes consigo mesmos. Não julgavam mais uns aos outros porque cada um tinha sido plenamente convencido de sua própria indignidade aos olhos de Deus, e cada um sentia que estava contemplando o rosto maravilhoso de Cristo.

Ó cabeça tão cheia de feridas
Tão cheia de dores e escárnio

Diante da visão do homem de dores que sabe o que é padecer, seus corações lhes mostravam que ele seria o seu único Pai e seu Sacerdote. Ele, Jesus, era quem instantaneamente estava transformando suas lágrimas em óleo de alegria e sua miséria em felicidade. Essa firme confiança os transformou, num momento, em um povo feliz. Essa alegria se manteve até este dia, e para essa mesma felicidade tem guiado muitos milhares de outros, por meio da memória e da ajuda da graça celeste uma vez dada a eles mesmos, e muitos milhares de vezes confirmada depois daquele dia.

O derramamento do Espírito era tão unânime que dois membros da igreja que trabalhavam a cerca de 20 milhas de distância e não estavam cientes da reunião receberam a mesma bênção. No dia 29 de agosto, houve um Pentecostes entre as crianças. Das 22h à 1h, meninos e meninas em lugares separados passaram aquelas horas em oração, choro e cântico. Assim, "todos foram cheios do Espírito Santo". Tal despertamento é considerado o marco da renovação da antiga Irmandade Unida Morávia. Os morávios se tornariam "o fermento vital do protestantismo europeu".

Foi imediatamente iniciada uma corrente de oração 24 horas por dia que durou mais de 100 anos ininterruptos. Em 26 de agosto, reconhecendo que, sob a Antiga Aliança, o fogo sagrado sobre o altar não foi permitido se apagar (Lv 6:12-13), 24 homens e 24 mulheres fizeram um pacto no qual cada um juramentou uma hora marcada por dia em oração. Logo o número foi crescendo para 77. Até as crianças começaram um plano semelhante entre si. E é notável que, mais tarde, nos campos missionários, o mesmo plano foi seguido.

Muitos hinos evangélicos foram escritos. O principal compositor de hinos do período foi o próprio Zinzendorf, que se tornou o "príncipe dos compositores de hinos alemães". O bispo Spangenberg, primeiro instrutor morávio de Wesley, também ocupa lugar de destaque entre os compositores. João Cennick foi o mais conhecido compositor morávio inglês durante o avivamento. Seus antepassados, membros da antiga Igreja Morávia, acharam refúgio na Inglaterra durante uma perseguição papal. Quando Cennick ouviu da renovação da igreja de seus pais e encontrou com seus líderes, homens como Zinzendorf e Spangenberg, tornou-se o maior pregador e evangelista na História da Igreja Morávia.

João Ganbold também era um reconhecido compositor da Igreja Anglicana que se tornou morávio. James Montgomery, escocês, fruto indireto do avivamento, foi o maior compositor de hinos que a Igreja Morávia produziu. Seus pais, João e Maria Montgomery, deram suas vidas como missionários morávios nas Antilhas. Incluem-se ainda o filho de Zinzendorf, Cristiano Renatus; João de Watteville, genro de Zinzendorf; e Louise von Hayn, uma das muitas filhas na fé de Zinzendorf.

O amor de Deus foi derramado em seus corações, e Hernhut tornou-se "um

> **A ESPIRITUALIDADE AVIVADA**
> Foi somente por ocasião da morte de João Wesley, no dia 2 de março de 1791, aos 87 anos, que o movimento metodista veio a se tornar igreja. Naquela época, a Igreja Metodista contava com 135 mil membros e mais de quinhentos pregadores itinerantes a serviço da nova denominação.

céu na terra". Cessaram as brigas e controvérsias. O "velho homem" foi crucificado. Sua paixão única foi contemplar a glória do Senhor e proclamar as Boas-Novas da salvação em Cristo, o "Cordeiro de Deus que tira o pecado do mundo". Todos se tornaram pescadores de homens. Todos testemunhavam de Jesus por palavra e por obra.

De acordo com Greenfield (1950), conta-se de uma condessa que tinha vivido segundo as normas do mundo. Era mulher da alta sociedade, sempre na companhia de reis, imperadores e príncipes. Um dia, porém, foi tomada de uma melancolia incurável. Os divertimentos e as recreações não lhe satisfaziam mais, e tudo parecia densas trevas.

Sob o costume de tirar medidas para sapatos dos seus fregueses, um humilde sapateiro morávio foi convidado para a casa da condessa. Quando ele entrou, ela foi tocada pela alegria que irradiava do rosto daquele homem. Enquanto ele estava cumprindo sua tarefa de tirar medidas para o sapato, ela foi tão profundamente impressionada com aquele semblante feliz que disse:

— O senhor parece ser um homem muito feliz!

— Sim — ele respondeu —, eu sou sempre muito feliz.

— O senhor é muito diferente de mim — a senhora de alta classe disse. — Eu sou tão miserável quanto alguém pode ser. O senhor poderia me dizer por que está tão feliz?

— Sim — o sapateiro morávio respondeu. — Tenho prazer em lhe dizer. Jesus perdoou todos os meus pecados, ele me ama e me faz sempre feliz.

O sapateiro terminou sua tarefa e foi embora. A condessa meditou nas palavras dele, e isso a levou à oração e à convicção. O resultado foi sua conversão. Ela se tornou uma poderosa testemunha para Cristo entre as pessoas de renome, especialmente na corte do imperador Alexandre I, da Rússia.

A teologia dos morávios tornou-se Cristo. Seu credo consistia em uma só palavra: a cruz. Suas orações, suas liturgias, seus hinos, sua conversação e seus sermões possuíam um tema, a saber, as chagas, o sangue e a morte de Jesus.

A consequência direta desse maravilhoso derramamento foi um grande impulso missionário. Cinquenta anos antes do início das missões estrangeiras modernas com William Carey, a Igreja Morávia de Hernhut abriu o caminho para os países pagãos. O próprio Carey foi inspirado pela revista missionária inglesa que eles publicavam. Numa reunião de seus irmãos batistas, jogou uma cópia sobre a mesa e disse: "Vede o que os morávios têm feito! Não podemos nós seguir seu exemplo e, em obediência ao nosso Mestre celestial, ir a todo o mundo e pregar o Evangelho aos pagãos?" (GREENFIELD, 1950, p. 20)

Os missionários partiram para as terras mais remotas: Groenlândia, Labrador, as colônias inglesas na América do Norte, as Antilhas Índias, Suriname, diversos países da África, Turquia, Egito, Lapônia e Inglaterra. No decorrer de 25 anos, mais de uma centena de missionários partiu de Herrnhut. Por volta de 1792, 65 anos após o avivamento, Hernhut havia enviado trezentos missionários "aos confins da terra". Os dois testemunhos a seguir mostram algo da espiritualidade e da dedicação desses missionários com coração inflamado de paixão pelas almas perdidas.

Certo chefe de uma tribo de índios da América do Norte, velho obreiro da Igreja Morávia, disse, perante um concílio morávio nos Estados Unidos:

> Fui um ancião e envelheci no meio deles. Sei o que se passa com os pagãos. Um pregador veio até nós, desejando nos instruir, e começou por provar que há um Deus somente. Assim dissemos a ele: "Volta para onde vieste. Pensas que somos ignorantes disto?" Em outra ocasião, veio outro pregador e nos instruiu, dizendo: "Não furtarás, não tomarás bebidas fortes nem permitirás mentiras." Mas nós lhe respondemos: "O senhor é louco, pensas que não sabemos disso? Vai embora, aprende tu mesmo e depois ensina a teu povo a não fazer estas coisas. Porque quem são piores bêbados, ladrões ou mentirosos do que teu povo?" Assim, nós o mandamos embora também. Algum tempo depois, veio um dos irmãos morávios ao meu rancho e assentou-se ao meu lado. O que me disse era mais ou menos o seguinte: "Eu venho a ti em nome do Senhor do céu e da terra. Ele te informa que alegremente te salvará e te libertará do estado miserável em que estás. Para isso, ele se fez homem e deu a sua vida pelos homens, derramando seu sangue por eles." Depois disso, deitou-se numa tábua no meu rancho e, exausto da viagem,

caiu em sono profundo. "Que tipo de homem é esse? Aqui fica ele, dormindo sossegadamente. Eu poderia matá-lo e jogá-lo na mata, mas ele não está preocupado com isso." Assim, suas palavras não saíram da minha mente [...] o sangue de Cristo foi derramado por mim [...] Achei aquilo estranho e fui revelar aos outros. Dessa forma, começou o despertamento em nosso meio. (GREENFIELD, 1950, p. 54)

Conta-se de outro missionário morávio que foi às Antilhas para um trabalho entre os escravos. Achou que saíam para o serviço tão cedo e voltavam tão tarde que estariam cansados demais para prestar atenção à sua mensagem. Reconheceu que seria impossível alcançá-los para Cristo. Além disso, ele era branco e eles, negros, e era um homem branco que os estava oprimindo. Reconheceu que não podia pregar-lhes, a não ser enquanto estivessem trabalhando. Por isso, vendeu-se ao patrão deles e tornou-se um escravo. Trabalhava e sofria com eles. Enquanto trabalhavam, testemunhava-lhes de Cristo. Logo o amor de Cristo começou a penetrar-lhes no coração e muitos foram salvos. Foi a identificação daquele missionário com os escravos que lhes mostrou seu amor para com eles e, portanto, abriu caminho para levá-los a Cristo.

Esse agir do Espírito Santo entre os morávios foi o precursor do grande avivamento do século 18 na Inglaterra. No outono de 1735, 36 missionários partiram no navio Simmonds para a colônia da Geórgia. João Wesley e seu irmão, Carlos, estavam a bordo do mesmo navio, enviados como missionários aos índios da região. Durante a viagem, os morávios serviam os ingleses, fazendo as tarefas mais humildes e recusando-se a aceitar qualquer pagamento. Quando eram maltratados, não abriam a boca. Diziam: "Isso é para os nossos corações orgulhosos. Nosso querido Salvador fez muito mais por nós."[27]

Os morávios realizavam cultos a bordo do navio, e durante um desses cultos, levantou-se grande tempestade. Os ingleses gritavam em voz alta, mas os morávios continuavam a cantar. Depois disso, João Wesley, profundamente impressionado, perguntou a um deles:

---

27 Greenfield, 1950, p. 39.

— Os senhores não tiveram medo?

— Graças a Deus, não — respondeu o morávio.

— Mas suas mulheres e crianças não têm medo?

— Não — replicou ele —, nossas mulheres e crianças não têm medo de morrer.

Quando Wesley chegou à Geórgia, procurou ajuda espiritual do bispo morávio Spangenberg. As perguntas do bispo a ele quanto à certeza da salvação deixaram uma impressão duradoura sobre a vida inteira de Wesley. Ao chegar para ensinar aos índios o caminho da Vida foi "pesado na balança e achado em falta". Reconhecia que não estava preparado para morrer. Tal encontro foi fator crucial na história do metodismo. A amizade de Wesley com os morávios foi bem estabelecida desde então.

Em 1738, o avivamento começou na Inglaterra sob Pedro Doehler. Resultou na conversão de João e Carlos Wesley. Wesley escreveu em seu diário: "Pedro Doehler partiu de Londres a embarcar para Carolina. Ó, que obra começou Deus, desde que esse homem chegou à Inglaterra! Tal obra jamais cessará até que o céu e a terra passem."[28] Portanto, o avivamento na Inglaterra do século 18, no qual os Wesleys eram vultos destacados, foi, em grande medida, resultado do avivamento de 1727 em Hernhut, que se tornou uma "cidade edificada sobre o monte" que não podia se esconder. De todas as partes da Europa, pessoas iam lá para serem salvas ou batizadas com Espírito Santo. A visita que João Wesley fez foi determinante. Veja, a seguir, um texto sobre essa visita.:

> "Finalmente Deus me tem concedido o desejo do meu coração", ele escreveu para seu irmão, Samuel. "Estou com uma Igreja cuja conversação está no céu, na qual há a mente que estava em Cristo, e que anda como ele andou." Em seu diário, escreveu: "Com muito prazer teria gastado minha vida aí; mas meu Mestre me chamou para trabalhar em outra parte da vinha. Ó, quando é que esse Cristianismo encherá a terra como as águas cobrem o mar? Quatro vezes tive o gozo e a bênção de ouvir Christian David, um carpinteiro, pregar. Três vezes ele descreveu o estado daqueles

.....
28 BUYERS, Paul Eugene. São Paulo: Imprensa Metodista, 1965, p. 24.

que são fracos na fé; que são justificados, mas ainda não têm um coração novo, puro; que têm recebido perdão dos seus pecados através do sangue de Jesus, mas que não têm recebido a constante permanência do Espírito Santo. Isso ele novamente explicou usando as Escrituras que descrevem o estado dos apóstolos entre a morte do nosso Senhor e a descida do Espírito Santo. Eles tinham fé; se fosse o contrário, ele não poderia ter orado por eles para que "sua fé não desfalecesse". Todavia, não tinham recebido o dom do Espírito. (GREENFIELD, 1950, p. 69-70)

Zinzendorf e os morávios após o avivamento de 1727

Hernhut tornou-se uma comunidade semimonástica sem votos ou celibato, ligada profundamente ao Senhor pela oração e pelo culto diário. Em 1728, as crianças enviadas por seus pais eram criadas segundo as regras do orfanato de Halle, e eram colocadas sob direção específica. A comunidade também regulamentava a escolha de cônjuges nos casamentos. O ideal de Henrhut era uma comunidade separada do mundo, mas pronta para seguir a Deus em qualquer lugar para onde fosse enviada.

O movimento enfrentou oposição da parte dos luteranos ortodoxos e dos pietistas. Em 1736, Zinzendorf foi banido da Saxônia por causa das "perturbações" causadas por sua influência. Ele continuaria sua obra no oeste da Alemanha e em outras partes do continente, especialmente nas províncias bálticas. Em 1737, Zinzendorf foi ordenado bispo em Berlim. Em 1738, fez uma viagem às Antilhas Ocidentais.

No ano seguinte, achava-se em Londres, onde passou alguns meses esperando uma embarcação para a Pensilvânia, na América do Norte. O moravianismo em Londres estava bem estabelecido e progredindo. Logo após sua chegada, Zinzendorf foi convidado a falar à Comunidade de Fetter Lane, composta por morávios e anglicanos. Apesar de sua imperfeição na língua inglesa, suas mensagens sobre a graça e acerca do sangue de Jesus, que às vezes duravam horas, criaram uma grande fome pela Palavra. Logo o lugar e o pátio anexo estavam superlotados de ouvintes.

Em dezembro, de 1741, Zinzendorf chegou a Nova York, e no dia de Natal, deu o nome de Belém à colônia morávia na Pensilvânia. A cidade tornou-se a sede do movimento na América do Norte. O ano que Zinzendorf passou nos Estados Unidos foi muito ativo: iniciou missões entre os índios, organizou oito congregações morávias e criou um trabalho itinerante sob a superintendência de Pedro Bohler.

Em 1743, Zinzendorf voltou para a Europa e constituiu Spangenberg como bispo de toda a obra na América. Em 1745, a Igreja Morávia possuía uma organização completa com bispos, presbíteros e diáconos. Foi reconhecida como uma Igreja na Prússia em 1742, e em 1747, a Inglaterra a reconheceu como a antiga Igreja Protestante Episcopal. Mas Zinzendorf permaneceu com sua teoria da *ecclesiola in ecclesia* — uma sociedade de cristãos dentro da Igreja estatal luterana. Em outras palavras, a Igreja Morávia não seria uma denominação separada. Tal ideia prejudicou muito o crescimento. Como disse um historiador morávio,

> Ninguém fez tanto para preservar viva a Igreja Morávia; todavia, as ideias desse mesmo homem quase a destruíram [...] Conservava pequena a Igreja na Alemanha, quase matou-a inicialmente na Inglaterra e prejudicou seu crescimento na América. Durante cem anos depois da morte de Zinzendorf, a Igreja cresceu normalmente somente nos campos missionários. (SCHATTSCHNEIDER, 1956, p. 96)

Poucos anos depois da chegada à Inglaterra, Irlanda, Escócia e Gales, por causa do princípio *ecclesiola in ecclesia*, não lhes foi permitida a organização em igrejas. Em função disso, a Igreja Morávia quase morreu e teve seu avanço limitado. Somente em 1850 os morávios ingleses abandonaram totalmente o conceito, e pelo fim do século 19, a igreja estava começando a ocupar seu lugar como denominação. Todavia, o número total de morávios nas ilhas britânicas ainda era pequeno.

Em 1747, foi suspenso o banimento de Zinzendorf e, no ano seguinte, a Confissão de Augsburgo foi aceita pelos morávios. Em 1749, a Igreja Morávia foi reconhecida pela Saxônia como parte da Igreja estatal, ainda que com ofícios próprios. De 1749 a 1755, Zinzendorf passou a maior parte de seu tempo na Inglaterra. Gastou seus bens pelos morávios até quase falir, mas eles assumiram a responsabilidade pelas dívidas, que foram sendo saldadas aos poucos.

Os últimos anos de Zinzendorf foram dedicados ao pastorado em Herrnhut. Ele ficou viúvo em 19 de junho de 1756, e seu único filho também faleceu. Depois da morte da esposa, Zinzendorf parecia ter perdido algo de sua energia. Frequentemente ficava doente, e em 9 de maio de 1760, partiu para seu lar celestial. As últimas palavras proferidas à família e aos amigos foram preservadas:

> Eu vou para meu Salvador. Estou pronto. Não há nada para me impedir agora. Não posso dizer quanto eu vos amo. Quem poderia ter crido que a oração de Cristo, "que todos sejam um", pudesse ser tão maravilhosamente cumprida em nosso meio? Eu somente pedi as primícias entre os pagãos, e milhares me têm sido dados. Não somos nós como seremos no céu? Não vivemos juntos, como os anjos? O Senhor e seus servos compreendem uns aos outros. Estou pronto. (GREENFIELD, 1950, p. 70)

Poucas horas depois, enquanto Zinzendorf pronunciava a bênção de Números 6:24-26, aquele homem de Deus partiu para estar com seu querido Salvador e Senhor. Mais de 4 mil pessoas assistiram ao seu funeral, entre os quais, muitos ministros morávios da Holanda, Inglaterra, Irlanda, América do Norte e Groenlândia. De acordo com Schattschneider (1956, p. 98), "assim passou desta terra o santo patrono da Igreja Morávia. Ele não era perfeito e nem todas as suas ideias eram sábias, mas, em pura devoção à causa de Cristo e na prontidão de cumprir a vontade de Deus segundo ele a viu, ninguém resplandeceu mais brilhante".

Em 1957, a Igreja Morávia celebrou 300 anos de existência com 300 mil membros no total. Nessa data, havia três vezes mais membros nas igrejas e nos campos missionários do que nas igrejas-mães. Tudo indica que a Igreja vai permanecer "até que Ele venha".

A Igreja Morávia, à qual Zinzendorf renovava e inspirava, estava firmemente estabelecida, tanto que a sua morte não comprometeu sua solidez. Foi oportuno, no entanto, que a direção prática recaísse sobre Spangenberg, mandado retornar da América para Hernhut em 1762. Ele a dirigiu até sua morte, 30 anos depois. Não possuía o gênio e o entusiasmo de Zinzendorf, mas tinha igual devoção, grande senso prático e alta capacidade organizadora. Sob sua liderança sábia e vigorosa, o moravianismo se fortaleceu e cresceu; o que provocava crítica foi corrigido. Sua obra tranquila, não aparatosa, foi totalmente merecida. A Igreja Morávia ocupou lugar de respeito entre a família cristã, exercendo ampla influência através de seu zelo missionário e trabalho na diáspora. (WALKER, 1967, p. 202)

Assim se cumpriu o desejo de Zinzendorf, pelo qual arduamente dedicou todo o seu ser — corpo, alma e espírito. Ainda que os morávios tenham sua própria denominação, organização e estrutura, que devem ser reconhecidos, seu poderoso impacto para toda a Igreja é incalculável e inestimável.

REFERÊNCIAS

"A investidura de João Paulo I". *In* Manchete, ed. 1.378, 16 de setembro de 1978, p. 4-11.

ALDUNATE, Pe. Carlos; SUENENS, Cardeal Leão; J. Scandian, D. Silvestre; McKINNEY, D. Joseph; MACNUTT, Pe. Francis, *A experiência de Pentecostes*: A Renovação Carismática na Igreja Católica (4ª ed.) São Paulo: Loyola, 1982.

ALLEN, William E. *História dos avivamentos religiosos*. Rio de Janeiro, Casa Publicadora Batista, 1958, p. 28.

_____ . "The Revival Movement: Special Commemoration", *in Worldwide Revival Movement*, ed. 23. Belfast: 1959.

_____ . "The '59 Revival in Ireland: The United States of America, England, Scotland and Wales", *in Revival Stories*, ed. 2. Belfast: Revival Publishing Company, 1955.

ALMANAQUE ABRIL. São Paulo: Editora Abril, 1980.

ANDERSON, William K. *Espírito e mensagem do protestantismo*. São Paulo: Imprensa Metodista, 1953.

BAITON, R. H. *Lutero*. Buenos Aires: Sudamericana, 1955.

BALESTRO, Virgílio Josue. *A paz na terra*: Encíclica do papa João XXIII. São Paulo: FTD, 1963.

BARRETO, Augusto Menna. *Elogio da loucura*. São Paulo: Martin Claret, 2000.

BEMSON, Clarence H. *History of Christian Education* [História da Educação Cristã]. Chicago: Moody Press, 1943.

BETTENSON, H. *Documentos da Igreja Cristã*. São Paulo: Juerp, 1961, p. 231-238.

BOLETIM DA VISÃO MUNDIAL. Edição Documento, ano I, ed. 3, maio de 1981.

BOYER, Orlando. *Heróis da fé*. Rio de Janeiro: Livros Evangélicos, 1961, 3ª ed. vol. I e II.

_____. *Gifts*. Rio de Janeiro, Livros Evangélicos, 1958, 3ª ed.

BURCKLAND, A.R; WILLIAMS, Lukyn. *Dicionário bíblico universal*. São Paulo: Editora Vida, 2010.

BURKE, Peter. "Problemas causados por Gutenberg: a explosão da informação nos primórdios da Europa moderna", in "Estudos Avançados", vol. 16, ed. 44. São Paulo: jan-abr 2002.

BUYERS, Paul Eugene. *Trechos do Diário de João Wesley*. São Paulo: Imprensa Metodista, 1965. _____. *João Wesley, avivador do Cristianismo na Inglaterra*. São Paulo: Imprensa Metodista, 1957 (2ª ed.)

BREDENSEN, Harold. *Awakening at Yale* [Despertamento em Yale]. Chicago: Christian Life Publications.

CAIRNS, Earle E. *O Cristianismo através dos séculos*. São Paulo: Vida Nova, 1984.

CAMPOS, J.L. *Dicionário Inglês-Português Ilustrado*. São Paulo: Edições Lep, 1951.

COLEMAN, Robert E. *One Divine Moment* [Um momento divino]. New Jersey: Fleming H. Revell, 1970.

COMPROMISSO (brochura do Congresso Brasileiro de Evangelização). Belo Horizonte: 1983.

CONCÍLIO MUNDIAL DE IGLESIAS. Buenos Aires: Imprensa Metodista, 1954.

CONCLUSÕES DE MEDELLÍN. II Conferência Geral do Episcopado Latino-Americano. São Paulo: Paulinas, 1984 (5ª ed.)

CONDE, Emílio. História das Assembleias de Deus. Rio de Janeiro: 1960 (1ª ed.)

CONN, Harvie; STURZ, Richard. *Teologia da Libertação*. São Paulo: Mundo Cristão, 1984.

COWMAN, Lettie B.; COWMAN, Charles E. *Missionary Warrior* [Guerreiro Missionário]. Los Angeles: The Oriental Missionary Society, 1947 (8ª ed.)

D'AUBIGNE, J.H. Merle. *História da Reforma do 16º século*. São Paulo: Casa Editora Presbiteriana.

DAVIDSON, F. *Novo comentário da Bíblia*. São Paulo: Vida Nova, 1963.

DAVIS, George T.B. *When the Fire Fell* [Quando o fogo caiu]. Filadélfia: The Million Testament Campaigns, 1948.

DOUGLAS, J.D. (ed). *The New Bible Dictionary* [Novo dicionário bíblico]. Grand Rapids: Eerdmans, 1962.

DREHER, Arno. *Martim Lutero*. São Leopoldo: Sinodal, 1983.

EERDMAN'S HANDBOOK TO CHRISTIAN BELIEF. Grand Rapids: William B. Eerdmans, 1982.

EERDMAN'S HANDBOOK TO CHRISTIAN IN AMERICA. Grand Rapids: William B. Eerdmans, 1983.

ELLIOT, Elizabeth. *The Savage My Kinsman* [O selvagem My Kinsman]. Nova York: Harper and Brothers; Londres: Hodder e Stroughton, 1961.

ELLIS, William. *Billy Sunday, The man and His Message* [Billy Sunday, o homem e sua mensagem]. Chicago: Moody Press, 1959.

ELSON, Robert T. "Pope John XXIII" ["Papa João XXIII]. *In Life Magazine*, ed. outubro de 1962.

_____. "The Pilgrimage of Pope Paul the Sixth" ["A peregrinação do papa Paulo VI"] *in Life*, ed. outubro de 1964.

ENSLEY, Francis Gerald. *João Wesley, o evangelista*. São Paulo: Imprensa Metodista, 1965.

ERMAN, Raymond. *Finney vive ainda:* o segredo do avivamento em nossos dias. Belo Horizonte: Renovação Espiritual, 1962.

ESBOÇO HISTÓRICO DA ESCOLA DOMINICAL DA IGREJA EVANGÉLICA FLUMINENSE – 1855-1932. Rio de Janeiro, 1932.

EVANGELIZAÇÃO NO PRESENTE E NO FUTURO DA AMÉRICA LATINA. *In Conclusões da III Conferência Geral do Episcopado Latino-Americano de Puebla de Los Angeles*. 8ª ed. São Paulo: Paulinas, 1986.

FALVO S. *A hora do Espírito Santo*. São Paulo: Paulinas, 1975.

FERM, Virgilius. *Pictorial History of Protestantism* [História pictórica do Protestantismo.] Nova York: Philosophical Library, 1957.

_____. *An Enciclopedia of Religion* [Uma enciclopédia da religião.] Nova York: Philosophical Library, 1955.

FINNEY, Charles G. *Short Life of Charles Grandison Finney* [A curta vida de Charles Grandison Finney.] Antrim: Revival Publishing Company, 1948.

FISCHER, Harold A. *Avivamentos que avivam*. Rio de Janeiro: Livros Evangélicos, 1961.

FORELL, George Wofgang. *The Luther Legacy* [O legado de Lutero]. Augsburg: Publishing House, 1983.

GEE, Donald. *Acerca dos fons espirituais*. 3ª ed. Rio de Janeiro: Livros Evangélicos, 1958.

GLOVER, Robert Hall. *The Progress of World-Wide Missions* [O progresso de missões mundiais]. Nova York: Harper e Brothers, 1960.

GONZALEZ, Justo L. *História Ilustrada do cristianismo*. São Paulo: Vida Nova, 2011.

_____. *E até os confins da terra* — Uma história ilustrada do Cristianismo. São Paulo: Vida Nova, 1978.

_____. *A era dos reformadores*. São Paulo: Vida Nova.

GRAHAM, Billy. *Padrões bíblicos para o evangelista*. Minneapolis: World Wide Publications, 1984.

GREENFIELD, John. *Power From on High* [Poder do alto]. Atlantic City: Evangelica, 1950.

HAHN, Carl J. "Revival in Brazil". *In The Revival Movement*, ed. janeiro a março de 1953.

HALLEY, Henry H. *Manual bíblico*. São Luiz: Livraria Editora Evangélica, 1961.

HESS, Lucy. *Billy Graham in Paris* [Billy Graham em Paris]. Vol. 86, ed. 3, março de 1987.

HILLERBRAND, Hans. *The Protestant Reformation* [A Reforma Protestante]. Harper: Torchbooks.

HUGHES, Philip. *História da Igreja Cristã*. 2ª ed. São Paulo: Dominius, 1962.

HUBERT, Jedin. *Concílios ecumênicos*. EUA: Herder, 1961.

IN OTHER WORDS. Wyclife Bible Translators. Vol. 8, ed. 4, verão de 1982.

INTRODUCING THE AMERICAN SUNDAYSCHOOL UNION (folheto). Filadélfia: American Sunday School Union.

JACKSON, Jeremy C. *The Church Through Twenty Centuries — No Other Foundation* [A Igreja através de vinte séculos — Nenhum outro fundamento]. Westchester: Conerstone Books, 1980.

JOHNSTONE, Patrick J. ST. G. *Batalha mundial* — Guia para intercessão pelas nações. 2ª ed. São Paulo: Vida Nova, 1981.

_____ *Batalha mundial*. 3ª ed. 1987.

JOSEFO, Flávio. *História dos hebreus*. São Paulo: Editora das Américas, 1956.

KANE, J. Herbert. *Understanding Christian Missions* [Entendendo as missões cristãs]. Grand Rapids: Baker Book House, 1878.

KELLY, J.N.D. *Early Christian Doctrines* [Doutrinas dos cristãos primitivos]. Nova York, HarperOne, 1978.

KEMPIS, Tomás à. *Imitação de Cristo*. Livro III, "Da consolação interior", capítulo 1, "Da comunicação íntima de Cristo com a alma fiel". Domínio Público.

KLOPPENBURG, Boaventura. *Compêndio do Vaticano II* — Constituições, decretos, declarações. 15ª ed. Petrópolis: Vozes, 1982 (15a ed.)

KNIGHT, A.E.; ANGLIN, W. *História do Cristianismo*. 3ª ed. Rio de Janeiro: Casa Publicadora das Assembleias de Deus, 1955.

LATOURETTE, Kenneth. *A History of Christianity* [Uma história do Cristianismo]. Nova York: Harper and Row, 1954.

_____. *História del Cristianismo*. 5ª ed. El Paso: Casa Bautista de Publicaciones, 1983.

LESSA, Vicente Themudo. *Lutero*. 4ª ed. São Paulo: Casa Editora Presbiteriana, 1960.

LEWIS. T. Vaughan. "Deus visitou o país de Gales". *In Arauto*, ano IV, ed. 41, 1961.

LINDSELL, Harold. *The Holy Spirit in the Latter Days* [O Espírito Santo nos últimos dias]. Nashville: Thomas Nelson, 1983.

LOPES, Ilídio Burgos. *A reforma religiosa do século XVI*. São Paulo: Livraria Independente Editora, 1955.

LUTERO, Martinho. *Da liberdade cristã*. Domínio público.

_____. *Do cativeiro babilônico da Igreja*. Domínio público.

_____. *À nobreza cristã da Alemanha*. Domínio público.

MACY, Paul Griswold. *A história do Conselho Mundial de Igrejas* (livreto). Rio de Janeiro: Imprensa Metodista.

"Milagre no Vaticano — A história secreta da eleição de João Paulo II." *In Fatos & Fotos Gente*. Ed. 897, 30 de outubro de 1978, p. 3-11.

MOFFETT, Hugh. "The Pilgrimage of Pope Paul the Sixth" ["A peregrinação do papa Paulo VI"]. *In Life Magazine*, vol 56, ed. 3, janeiro de 1964, p. 18-30.

MUIRHEAD, H. H. *O cristianismo através dos séculos*. 3ª ed. Rio de Janeiro: Casa Publicadora Batista, 1951.

MURCH, James de Forrest. *A aventura ecumênica* — Uma análise do Conselho Mundial de Igrejas. São Luís: Livraria Editora Evangélica, 1963.

_____. *Co-operation Without Compromise: A History of the National Association of Evangelicals* [Cooperação sem comprometimento: uma história da Associação Nacional dos Evangélicos]. Grand Rapids: Eerdmans, 1956.

NEWMAN, Albert Henry. *A Manual of Church History* [Um manual da História da Igreja]. Filadélfia: American Baptist Publication Society, 1903-1904.

NICHOLS, Robert Hastings. *História da Igreja Cristã*. São Paulo: Casa Editora Presbiteriana, 1954 e 1960.

PERSON, B.H. *The Vision Lives: A Profile of Mrs. Charles e Cowman* [A visão vive: uma biografia da senhora Charles E. Cowman]. Los Angeles: Cowman Publications, 1961.

PEQUENO DICIONÁRIO MICHAELIS. 27ª ed. São Paulo: Melhoramentos, 1989.

PINTONELLO, Aquilez. Os papas — Síntese histórica, curiosidade e pequenos fatos. 3ª ed. São Paulo: Paulinas, 1986.

POLOCK, John. *Crusades: 20 Years With Billy Graham* [Cruzadas: 20 anos com Billy Graham]. Minneapolis: World Wide Publications, 1969.

_____. *To All the Nations: The Billy Graham Story* [A todas as nações: a história de Billy Graham]. San Francisco: Harper & Row, 1985.

Presbiterianismo no Brasil 1859-1959. São Paulo: Casa Editora Presbiteriana, 1959.

RANAGHAN, Kevin; RANAGHAN, Dorothy. *Católicos pentecostais*. Pindamonhangaba: O.S. Boyer, 1972.

REILY, Duncan A. *História documental do Protestantismo no Brasil*. São Paulo: ASTE, 1984.

_____. *História da Igreja: série em marcha*. São Bernardo do Campo: Imprensa Metodista, 1988.

_____. *A influência do metodismo na reforma social da Inglaterra no século XVIII*. Rio de Janeiro: Junta Geral de Ação Social da Igreja Metodista do Brasil, 1953.

"Return of the Native". *In Time Magazine*, vol. 121, ed. 26, 27 de junho de 1983, p. 6-15.

SALVADOR, J.G. *O Didaquê: os ensinos dos apóstolos*. São Paulo: Imprensa Metodista, 1957.

São Francisco de Assis, escritos e biografias: Crônicas e outros testemunhos do primeiro século franciscano. Petrópolis: Vozes, 1981

SCHAFF, Philip. *History of Christian Church* [História da Igreja Cristã]. Grand Rapids: Eerdmans, 1952-1953.

SCHATTSCHNEIDER, Allen W. *Through Five Hundred Years: A Popular History of the Moravian Church* [Por quinhentos anos: uma história popular da Igreja Morávia]. Winston Salem: Comenius Press, 1956.

SCHOFIELD, Hugh J. *A Bíblia estava certa*. São Paulo: Ibrasa, 1961.

SCOTT, Benjamin. *As catacumbas de Roma*. Porto: Tipografia Progresso, 1923.

SHIPPS. "Notas da aula 'História da Igreja'." Asbury Theological Seminary. Wilmore, Kentucky, E.UA.

SILVA, Ismael J. *Notas histórias sobre a missão evangelizadora do Brasil e de Portugal*. Rio de Janeiro, 1960-1961.

SOUZA, Alcindo Muniz de. *História Medieval e Moderna para o segundo ano colegial*. 4ª ed. São Paulo: Companhia Editora Nacional, 1955.

STEWART, James Alexander. *Quando desceu o Espírito*. Belo Horizonte: Renovação Espiritual.

STEWART, Randall. *American Literature & Christian Doctrine* [Literatura estadunidense e doutrina cristã]. Baton Rouge: Louisiana State University Press, 1958.

STOTT, John. *Comenta o Pacto de Lausanne: uma exposição e comentário*. São Paulo: ABU/Visão Mundial, 1983.

STREAM, Carol. *Christianity Today* [Cristianismo hoje]. Illinois: Tyndale.

"Teresa de Ávila, testemunha do mistério de Deus". *In* Perspectiva Teológica, v. 35 (2003), p. 155-186.

THE Catholic Encyclopedia. *Pope Clement VII* [Papa Clemente VII]. Domínio público.

_____. *Pope Alexander VI* [Papa Alexandre VI]. Domínio público.

The Concord Desk Encyclopedia. Nova York: Concord Reference Books: 1982.

"The Pope in America". *In Time Magazine*, vol 114, ed. 16, 15 de outubro de 1979, p. 8-28.

TOGNINI, Enéas. *Vidas poderosas*. São Paulo: Edições Enéas Tognini, 1967.

TUCKER, Ruth A. *E até os confins da terra* — Uma história biográfica das missões cristãs. São Paulo: Vida Nova, 1986.

VAN HALSELMA, Thea B. *João Calvino era assim*. São Paulo: Vida Evangélica, 1968.

WALKER, G.S.M. *The Growing Storm* [A tempestade crescente]. The Paternoster Press, 1961.

WALKER, Williston. *História da Igreja Cristã*. São Paulo: ASTE, 1967.

WESLEY, João. *A perfeição cristã*. Casa Nazarena de Publicações, 1981.

WILDERMUTH, Wesley. "Founders Who Didn't Found" ["Fundadores que não fundaram"]. *In OMS Outreach*, ed. 3, 1976, p. 19.

WINTER, Ralph D. *The Twenty-Five Unbelievable Years* [Os 25 anos incríveis]. 4ª ed. Pasadena: William Carey Library, 1970.

WOOD, A. Skevington. *The Inextinguishable Blaze* [A chama inextinguível]. Londres: Eerdmans/The Paternoster Press, 1960.

WOOD, Robert D. *In These Mortal Hands: The Story of the Oriental Missionary Society — The First 50 Years* [Nessas mãos mortais: a história da Sociedade Missionária Oriental — Os primeiros 50 anos]. Greenwood: OMS International, 1983.

grupo novo século

Compartilhando propósitos e conectando pessoas
Visite nosso site e fique por dentro dos nossos lançamentos:
www.gruponovoseculo.com.br

Ágape

- Editora Ágape
- @agape_editora
- @editoraagape
- editoraagape

agape.com.br

Edição: 1ª
Fonte: PT Serif